Sawut Muhammad
サウト・モハメド

ウイグル人と民族自決

全体主義体制下の民族浄化

集広舎

はじめに

二十世紀前半、中国共産党（以後「中共」と略）は共産革命、抗日戦争、内戦を経て、一九四九年に「新中国」と呼ばれる中華人民共和国（以後「中国」と略）を建国させた。中共は共産主義のイデオロギーを掲げ、政権樹立前後に周辺諸民族を併呑し、清帝国の領土をほぼ全域継承した。現在、多民族国家である中国には政府により公式に認められた民族が五十六あり、主要民族の漢民族以外の五十五の民族は「少数民族」と称されている。

中共は成立当初、「少数民族」に対し、分離独立を前提にした民族自決権を認め、連邦国家の成立を提唱していた。しかし、革命が成功する前後、それを否定し、民族自治制度を採用した。すなわち、「少数民族」が集中的に居住している地域の主要民族に一定の自治権を与え、内政を自民族で決められるという仕組みである。しかし、この民族自治制度では諸民族の政治的権利はほとんど認められておらず、当初、約束された文化的権利も削減され、民族自治制度は有名無実化した。

中共の強権的な支配、民族自治制度の形骸化などの問題により、「少数民族」に不満が募り、しばしば紛争が起きている。中共は自らの統治を揺るがす民族問題の存在を認めるどころか、漢民族のナショナリズムを高揚させつつ、「少数民族」を漢民族に強権的に同化させようとしている。

「少数民族」が苦境に直面する中でも、ウイグル人の状況が最も深刻である。二〇一七年から「新疆ウイグル自治区」の各地で「再教育キャンプ」と呼ばれる強制収容施設が作られ、そのことは二〇一八年ごろから国際社会の注目を集めるようになった。

本書では民族自決権や人権、歴史などの視点からウイグル問題にアプローチし、中国における民族問題解決の糸口を探ることを目的としている。

ウイグル問題は大きくは二つに分けられる。すなわちウイグルの歴史認識の問題と現実の政治問題である。本書の第一章では歴史の問題について検討し、ウイグル人の起源と略史、中国に編入された経緯、ウイグル人の反植民地闘争などを概観する。第二章では中共の民族政策を整理し、中華民国時代から「新中国」成立後の民族政策の変遷を確認する。中共の強権的な支配の実態については第三章で検証し、ウイグル自治区における人権侵害、搾取、同化、差別の問題点を詳述する。第四章では民族自決についての法的概念を検討する。民族自決権の発祥、法的概念としての確立、そして国際連盟及び国際連合それぞれの時期での発展についてまとめ、中国政府が国際法に反している状況を明らかにする。第五章ではそもそも中共はなぜ少数民族を弾圧するのか、その根源的な要因として、漢民族の「中華大一統」観念と地政学上の考えに着目する。最後に第六章でウイグル人はこの苦境にどう対応すべきか、今後の解決の道について検討したい。

現在、ウイグル人が住んでいる地域についての呼称はウイグル人と中国政府の間で異なる。中国政府は清朝が押し付けた「新疆」（新たな領土）という名前を採用しているが、これは一八七七年に左《さ》宗棠《そうとう》が東トルキスタンを制圧した際に「漢民族の新しい領土」という意味で名付けたものであり、漢民族の支配と植民地主義を象徴する名称である。一般的にウイグル人側は、清朝支配以前の伝統的呼称「東トルキスタン」を使う。本書においても本来は「東トルキスタン」を使うべきであるが、現在の政治、行政システムを語る際、混乱を避けるために、清朝や中国政府から使われた「新疆省」や「新疆ウイグル自治区」をそのまま使うことにする。

本文中には「漢族」、「漢人」、「漢民族」という言葉があるが、民族の意味合いで使うときは「漢民族」あるいは略して「漢族」を使う。民族の意味合いではなく中国本土の人々を指すときには、「漢人」という言葉を使う。

本文中の人名は敬称略とする。人名は初出の際は姓・名の正式名で表示し、それ以後は姓のみで略すが、ウイグル人の場合は慣例的に名で略す。

目次

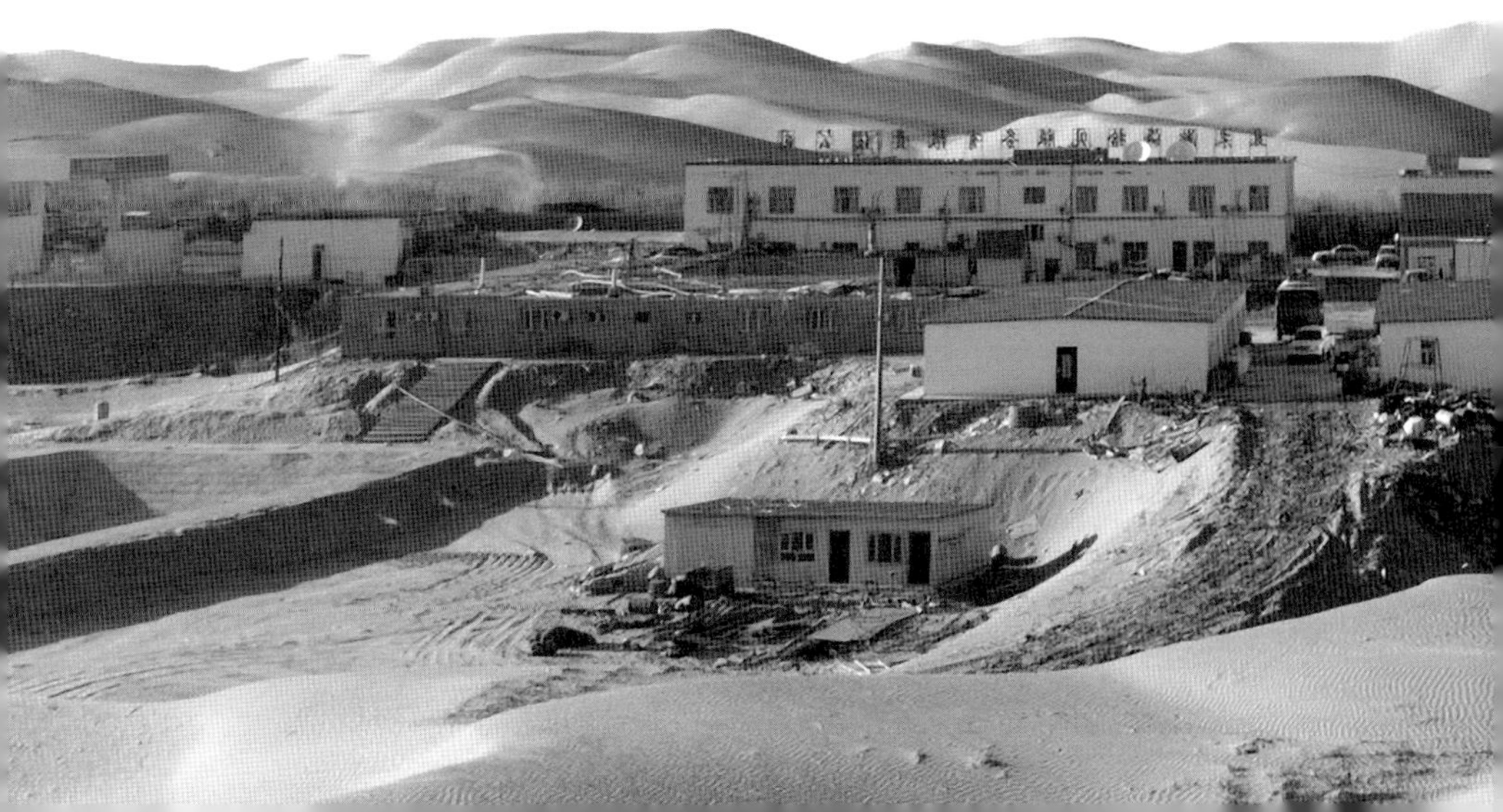

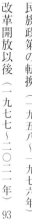

超级
5065204

ياشىسۇن ئىتتىپاقلىق
团结万岁
喀什
1952-2012

ياشىسۇن ۋەتەن
祖国万岁

第一章 ウイグル略史

習近平政権になってから、宗教に対する締め付けが強まり、ウイグルの地域で宗教施設（モスク）が壊されるケースが相次いでいる

出典：UHRP (Uyghur Human Rights Project) HP, Demolishing Faith: China sharpens hacking to hound minorities, home and abroad,2021/1/4, https://uhrp.org/news/demolishing-faith-china-sharpens-hacking-hound-minorities-home-and-abroad/

中央アジアの考古学的研究は十九世紀後半に始まり、ドイツ、ハンガリー、ロシア、イギリス、フランス、スウェーデン及び日本などの国々の考古学者、探検家などにより、多くの遺跡・史料が発見された。特に漢文の史料を読める日本の学者は大きな貢献をしている。これらの研究によって二十一世紀の現在に至って中央アジアの遊牧民族の姿がわかってきた。しかし、漢民族を中心とした中国では、「中華民族」の輝いた歴史は認められるものの、遊牧民族の歴史はあまり認められず、場合によっては歪曲されてきた。

第一節　認められない遊牧民の歴史

中国の史書にも匈奴《きょうど》・鮮卑《せんぴ》・柔然《じゅうぜん》・突厥《とっけつ》・鉄勒《てつろく》・回鶻《かいこつ》・蒙古など遊牧民族の名前がみえる。しかし、今の中国は秦の始皇帝が長城の内側の中原、すなわち黄河と長江の中下流における平原の農耕地帯を統一したことは認めているが、一方、匈奴の単于《ぜんう》をはじめ、遊牧民が長城の外の遊牧地域を統一したこと、北方草原で遊牧帝国が振興したことは認めていない。つまり、遊牧民あるいは遊牧国家は中国史において十分な取り上げ方はされていない。

現在、中国の歴史認識は中共の革命運動の歴史に偏り、実証的な分析よりも「革命に貢献したか、反対したか」で「善か悪か」を判断してしまう先入観を抱えている。中国政府は中華民族を構成する各民族は全て平等であると主張するものの、漢民族の「栄えある伝統」や「輝かしい過去」が持ち出され、一方、ウイグル人が文化的、経済的に漢民族よりも遅れているとし、ウイグルの歴史についてしばしば歪曲もされている。

中国政府の公式の発表では、「新疆は漢王朝（前漢、前二〇六～二四年）の時期から中国という統一的多民族国家の不可分の構成部分となり始めた」と主張し、この地域は古代から漢民族の居住地であり、そこに住む「人民」は伝統的に漢人の王国に帰順し、その支配を受け入れてきたと主張する。(一) 最後には中華人民共和国と毛沢東がウイグル人を「解放」したという「歴史」が語られている。(二) つまりウイグル人が過去に国家を建てたこと、東トルキスタンの原住民であることなどはすべて否定され、元から「中華民族」であるとされているのである。

　中国ではウイグルの歴史に関する研究も自由にできない。一九八九年、トルグン・アルマスは『ウイグル人』という歴史書を著し、ウイグル人自ら自分たちの歴史を描いたが、本の内容が体制側の主張を否定するものとされて出版は禁止された。(三) 一九九〇年代にアルマスは批判キャンペーンを受け、事実上軟禁されて亡くなった。

トルグン・アルマス

　一九九五年、ウイグル人留学生トフティ・トゥニヤズ（留学前は全国人民代表大会民族委員会に勤務）は東京大学大学院人文社会系研究科の博士課程に入り、ウイグル史と民族関係を専門としていた。一九九八年、博士論文に必要な歴史資料の収集のため一時帰国した際、中国で逮捕され、翌年「国家分裂扇動」と「不法に国家秘密を獲得した」という罪状で懲役十一年という重刑を科された。(四) しかし問題とされている罪状の内実は、ウイグル自治区の文書館における目録の複写と、日本におけるシルクロード関係著書の出版計画であった。(五) トフティの釈放や日本への出国を求め、彼の恩師や東京大学の同僚などが奔走するほか、二〇〇八年に胡錦濤国家主席が訪日した際や二〇〇九年の日中外相会談などの場においてこの問題が提起され、(六) 日本の一般市民や政治家など幅広い層がこの問題に関心をもっていた。しかし、二〇〇九年にトフティは釈

放されたが、出国は認められず、二〇一五年に軟禁状態で亡くなった。[七]

トフティ・トゥニヤズ

このようなエスノセントリズム（自民族中心主義）のもとで、ウイグル人の歴史研究は厳しく制限され、概ねウイグル人の歴史やアイデンティティを肯定する研究はタブーとなっている。つまり、ウイグル人の誇りは許さないのである。さらに習近平政権は現在多様な民族や文化の存在を認めず、国民国家の理念と伝統的な「天朝」体制を混同して、諸民族を「中華民族」に吸収しようとする一元的、閉鎖的歴史観を強調している。

しかし、客観的な歴史の研究結果は、中国が古来より統一多民族国家であったとする中国政府の公定の歴史とは異なり、遊牧民はアジアの「客」ではなく「主役」の一員であるとする歴史を示している。現在のウイグル問題も歴史認識の問題と中共の強権的統治の問題に分けることができる。本章では中国国内及び海外の文献や資料を利用し、ウイグル人の略史を、匈奴、突厥、ウイグル、モンゴルと満洲の五つの時代ごとに検討していきたい。

第二節　ウイグルの発祥

現代考古学の研究によると、トルファン（現代中国名「吐魯番」、昔の中国語で「高昌」）にある交河古城では文化遺跡に関する発掘が最も多いという。[八]これらの遺跡から東トルキスタンでは新石器時代から人類が生活し、文化を生み出したことがわかる。彼らはウイグル人の形成と直接関係があるとされている。[九]

中国の歴史書で初めて登場するのは司馬遷の『史記』である。(一〇)司馬遷はウイグルの祖先を二世紀頃の「丁零《ていれい》」であると記している。丁零は最初匈奴の支配下にあったが、後に独立し、カシュガル地方に移動し、中国人から高車と呼ばれるようになる。六世紀にアヴァール（柔然）とエフタルに挟撃されて衰退し、(一一)鉄勒という名称になり、七世紀に東突厥に服属したとされる。八世紀には鉄勒は九つの部族に分かれ、トクズ・オグズ（九つの鉄勒）といわれるようになった。後にトクズ・オグズ諸部には有力な部族ウイグルが台頭し、七四〇年にウイグル汗国（回紇汗国）を建国した。

　このような流れでウイグル人は初めは匈奴に服属し、その後同じテュルク系の突厥に服属していたトクズ・オグズの中の一部族であると理解されるのが一般的である。(一二)つまりウイグル人の祖先はモンゴル高原からタリム盆地のオアシス地帯の至るところで活動し、そのうちの東部にいた遊牧集団がウイグル汗国を作ったのである。

　他方、前五世紀からタリム盆地のオアシスや山間盆地に定住あるいは半定住した人々が独立した都市国家・カシュガル（疏勒）、クチャ（亀茲）、カルシャル（焉耆）、トルファン（高昌）、ホータン（于闐）、ロプノール（楼蘭）などを形成し、交易により栄え、歴史上「城郭諸国」と称された。(一三)彼らはウイグル人の形成に直接関係があると思われる。

第三節　ウイグルと匈奴

　匈奴は、紀元前三世紀頃から五世紀半ばまでの間にモンゴル高原を中心に栄えた騎馬遊牧民族である。中国の古代国家、夏・殷・周・秦・漢と隣接していた。中国の伝説や史書では昆夷、混夷、恭奴など様々な名前で呼ばれ、西洋の文書ではフン「Hun」と称されている。[一四] 中国側で匈奴と名付けられた最古の記述は司馬遷の『史記』であるが、『史記』「匈奴列伝」の各所には匈奴を「胡」と称した部分がある。[一五]「胡」という概念は元々北狄の総称で、戦国時代以降では専ら匈奴を指している。漢族の祖先は春秋戦国の時代から北方の遊牧民族を異民族と認識していた。

　前三世紀、中国が急速に統一の方向に向かい、前二二一年、秦の始皇帝は残りの六か国を滅ぼして統一国家・秦を築き上げた。一方モンゴル高原には鼎立していた東胡《とうこ》、匈奴、月氏《げっし》などの騎馬遊牧国家があったが、匈奴が他の二大勢力を破ってモンゴル高原を支配した。つまり秦の始皇帝の積極的な行動で中国が史上初めて統一したとき、北方の遊牧民族も統一国家を作り上げたのである。

　戦国時代、匈奴は国境を接している国々（斉、燕、趙）と度々戦争を起こし、これらの国々は防衛のために国の北部に壁を築いてその防御に努めた。[一六] 匈奴と秦の二つの大国が出現してから国境地帯で度々戦争が起き、始皇帝は北辺の守りを固めるため、燕、趙、秦の北に作られている国境の壁をつなげて、東は遼東（現在の遼寧省遼陽市）、西は甘粛省臨洮（現在の甘粛省岷県）に至る「万里の長城」を完成させた。その後の漢、隋、明など歴代にわたって延長、補強され、現代の形になった。明以後、「万里の長城」の建設は停止され、現在は防御システムではなく、観光施設として知られている。総延長距離は東端の遼寧省虎山から西端の甘粛省嘉峪関まで約八八〇〇キロメートルとされている。[一七]

　秦が前二一〇～二〇六年の民衆蜂起によって崩壊し、それによって新しい長命な政権、前漢（西漢、前二〇六～八年）が成立した。中国や日本では漢が成立する直前の項羽と劉邦が争った「楚漢戦争」はよく語られるが、しかしこの戦いは中国の内戦に過ぎない。当時、ユーラシア東部では最初の大国同士による戦いがあり、すなわちそれは、新興遊牧国家の「単于・冒頓《ぼくとつ》」と新生統一中国の「皇帝・劉邦」の間の戦いだった。(一八)

この匈奴と漢の間の大戦では、冒頓は劉邦が自ら率いる大軍を分断し、漢軍を山西の平城（山西省大同市）で包囲した。漢軍は七日間も食料の補給ができなくなり、結局、劉邦は辛うじて逃げ帰ることはできたものの、毎年多額の絹製品、酒、米などを匈奴に貢納するという一方的な和平条約を結ばざるを得なかった。(一九)中国の歴史では「白登之囲」（白登の囲み）と称される。漢は劉邦、その次の文帝・景帝に至るまで、匈奴の単于を兄、漢の皇帝を弟として、漢王室の娘を公主と称して単于に贈り、毎年多額の絹と食料を送ってその甘心を買うなど、屈辱的な関係が続いていたのである。(二〇)しかし、中国の史家は匈奴を単なる従属国とみなしている。

当時、西域と呼ばれたタリム盆地周辺のオアシスには独立した城郭諸国が分布していた。その中でロプノール（楼蘭）、烏孫《うそん》、呼掲《こけい》などを含むそれらは「西域三十六国」と呼ばれた。(二一)強大な軍事力を持ち、漢軍を破った匈奴はタリム盆地の諸国をも統一した。(二二)

漢の武帝のとき、匈奴に対する従来の消極策をやめ、充実した国力を背景に積極策に転換した。前一三八年、漢は西域諸国との間で外交関係を樹立し、月氏と連合して匈奴を挟撃、また西域を植民地化する目的でキャラバン路の調査をするために張騫《ちょうけん》を西域に派遣した。遊牧民族からみれば、張騫は中国が派遣した最初のスパイといえる。

漢人にとって未踏の地である西域諸国に関する最新情報が武帝に報告され、武帝は西域の状況に詳しい張騫、将軍衛青、霍去病《かくきょへい》、李広利などを派遣し、匈奴に対する遠征を展開した。漢は軍事作戦で優勢となり、西域諸国との間で様々な形で条約を締結し、漢と大宛の間で結ばれた平和条約は中国と中央アジアの一国とが締結した最初の条約とされている。(二三)このとき、漢は西域に都護や軍事的監督官を置いたこともあるが、中国ではこれを西域における正式の支配の始まりと解釈する。しかしこれは外交的関係の責任者であって、西域における所領の直接統治とは無関係であるとみられる。(二四)現在の世界では戦略のために、米軍は全世界に、ロシアは中央アジアやシリアなど外国に軍事基地を置いているが、これは米国とロシアがその国を直接支配したわけではない。昔、漢が西域に軍事基地を置いたことも同様とみるべきであろう。

これら一連の戦争で匈奴は牧地である河西走廊、収入源であるオアシスの一部を漢に奪われて衰退に向かった。しかし漢は匈奴の支配を完全に奪うことはできなかった。(二五)中国の史料でこの一連の争いは「三通三絶」と呼ばれている。(二六)

前五四年、匈奴では単于の位をめぐって内部紛争が発生し、東西に分裂した。東匈奴は漢に服属してその後援を受けることになった。一方、西匈奴は西に移動して天山北麓に本拠地を置き、烏孫や丁零などをしばしば破ったが、前三六年には漢軍に敗れて西匈奴は瓦解した。

漢王朝は冊封体制や和親などの懐柔策によって周辺国との関係を維持していた。匈奴に対しても同様に、王家か後宮から女性を選び匈奴王に嫁がせた。有名な話としては漢の元帝のときに、古代中国四大美人の一人に数えられる王昭君が匈奴の単于に贈られた。

四八年に匈奴で再び内紛や天候異変があり、南北に分裂した。(二七)南匈奴は中国王朝に降伏し、徐々に中国社会の中に取り込まれていく。一方、北匈奴は中央アジアの多くの部分を支配し続けた。しかし北匈奴の勢力が弱まり、支配下にあった遊牧集団は次第に自分たちが支配者になる機会を狙い始めた。北匈奴は東から鮮卑・烏《う》桓《がん》、北から丁零、南から南匈奴・後漢の攻撃を受けて、事実上崩壊して西方に移動し、二世紀中頃に天山北方にいたことを示す記録を最後に、中国の史書からその姿を消した（二八）（匈奴が追い払われてからモンゴル高原を制覇したのは鮮卑だった）（二九）。

やがて中国の晋代の八王の乱を契機に匈奴系・鮮卑系などの諸族が中国北部から中部まで侵入し、中国スタイルの独自の王朝北魏（三八六～五三四／五三五年）を建てて、華北を二世紀近くにわたって支配した（三〇）。

鮮卑の後にモンゴル高原の覇者となったのはアヴァール（柔然）である。アヴァール人は四世紀後半の北魏の治世にシャロン（社崙）の下で東部草原とタリム盆地北部に帝国を打ち立て、約二世紀の間彼らは勢力を保った。アヴァールは匈奴の国土をある程度まで回復させ、テュルク系を含む多くの民族を支配していたが、五五五年に突厥《とっけつ》の攻撃を受けて壊滅した（三一）。これにより突厥が東はモンゴル高原から西はカスピ海北岸辺りまで広がり、突厥という国家が登場する。

第四節　ウイグルと突厥

テュルク人は自ら自分を「Türk」と称しているが、中国の史書では突厥と記している（三二）。突厥の意味については色々な説があるが、一般的に認められているのは『テュルク諸語集成』の解釈による、「強者、力を持つ者」の意味である。

突厥の起源は丁零に遡るとされる。丁零の諸部族は民族として形成されたが、まだ国家としての体裁を整えていなかった。やがて南下してアルタイ山脈やトルファン、天山山脈に移り住んだ彼らは中国の史書で突厥と呼ばれた。突厥は初めアヴァール（柔然）の支配下にあり、鍛冶の技術を持ち、かつ勇猛果敢な性格であったことから、急速に力をつけていき、テュルク系諸族の中で最強部族となった。

　五五二年にトゥマン（土門）を首長とする突厥は、同胞であるウイグル人や他のテュルク系の人々を率いてアヴァール（柔然）に反旗を翻した。そして部族首領である土門がイリグ・カガン（伊利可汗）として即位し、突厥汗国を建国した。[三三]七四五年に滅亡するまで約二百年間、ユーラシア大陸の広大な地域を支配する帝国を築き上げた騎馬遊牧民の国家である。ユーラシア大陸及び周辺の文明に重大な影響を与えた。現在のトルコ共和国は、自国の建国を突厥が建国された五五二年だと定めている。

　五五四年、突厥はササーン朝ペルシャと同盟を結んで勢力を西トルキスタンに拡大し、五六八年に絹貿易紛争がきっかけで東ローマ帝国と同盟関係を結んで、ササーン朝ペルシャと対立し、また東ローマ帝国が突厥の支配から逃れてきたアヴァールと同盟を結んだことに怒って、五八一年、東ローマ帝国の統治下にあるクリミア半島を包囲した。[三四]突厥が東西に進出する中でウイグル人も大きな役割を果たした。[三五]突厥は諸大国の隋朝・ササーン朝ペルシャ・東ローマ等と関係を持ったことから、国際政治の重要なアクターであったことがわかる。[三六]

　六世紀の終わりまでに中国は隋（五八一～六一八年）によって再統一され、再び中央ユーラシアに勢力を伸ばそうとしていた。漢人は直接支配できない遊牧民の人々に分裂の種をまいて非常に効果的な成果を出している。隋は突厥に対して「遠交近攻」政策をとって、突厥同士を離反させ、長期的な内部紛争に陥れようとした。[三七]隋の離反策により東西に分裂し、東突厥と西突厥が並立する状況になり、モンゴリアを占めた政権を東突厥、トルキスタンを占有した政権を西突厥と呼ぶのが一般的である。[三八]

　しかし隋は突厥より短命だった。七世紀初頭、唐（六一八～九〇七年）の建国者となる李淵が東突厥と同盟を

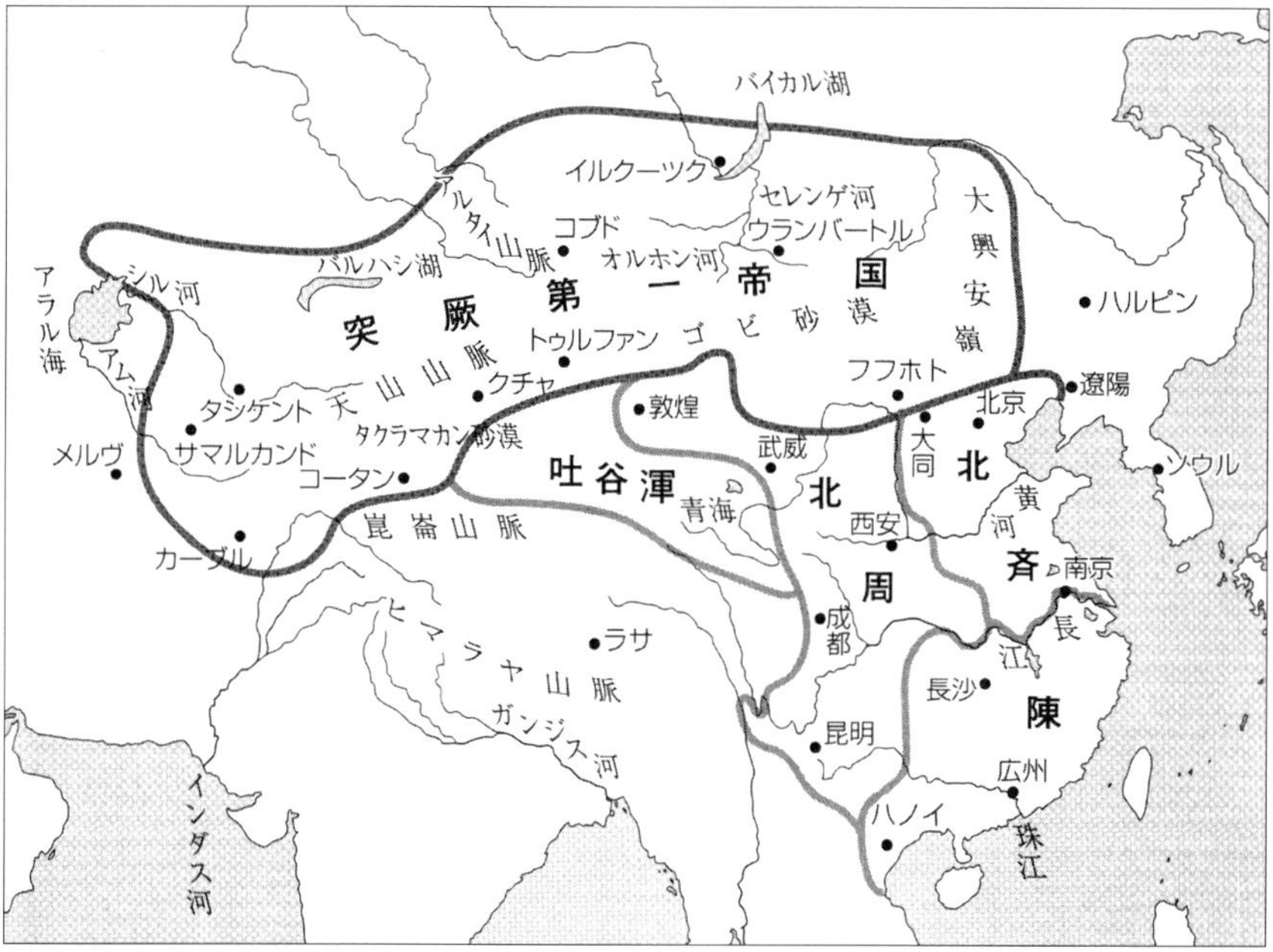

図－1　突厥（第1）帝国の最大領域と中国の諸国家
出典：森安孝夫『シルクロードと唐帝国――興亡の世界史 第5巻』講談社、2007年、146頁

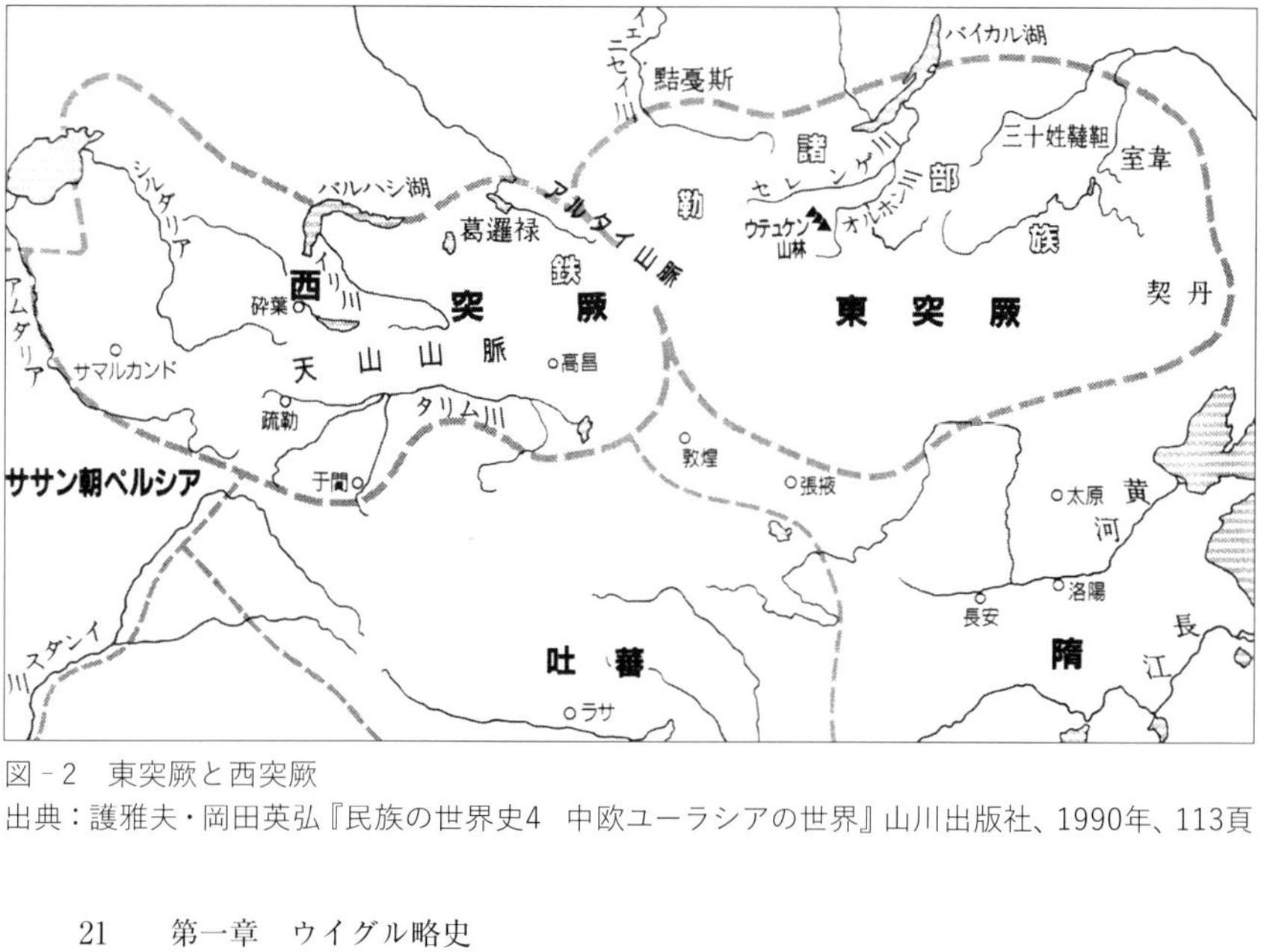

図－2　東突厥と西突厥
出典：護雅夫・岡田英弘『民族の世界史4　中欧ユーラシアの世界』山川出版社、1990年、113頁

結んで蜂起すると、隋が滅びて唐が建国された。[三九] 唐も遊牧民族に対して中国の伝統的な政策を用いる。すなわち遊牧民族を分裂させ、破壊させ、支配する策である。[四〇] 七世紀まで東西突厥の対立関係が続き、唐も隋と同じ「遠交近攻」策を用いた。唐は突厥の内部紛争を煽って火をつけ、鉄勒諸部の反乱、天候不順による畜産の損失などが重なって、六三〇年、東突厥は唐に降伏して滅亡した。[四一] 大きな脅威がなくなった唐は、シルクロードを支配するため、トルファン（高昌）、カルシャル（焉耆）、クチャ（亀茲）、チャチ（石国）などに遠征した。[四二]

一方、西突厥はトルキスタンのトルファン（高昌）、クチャ（亀茲）、カシュガル（疏勒）、ホータン（于闐）、カルシャル（焉耆）、チャチ（石国）、ブハラ（安国）などの城郭諸国を支配していたが、のちに内部紛争が頻発し、国力が弱まり、六五八年に唐に滅ぼされた。[四三]

六八二年に東突厥の一族クトゥルグ（骨咄禄）が独立に成功し、後に鉄勒諸部を次々に征服し、再び復興した。[四四] 歴史上、突厥第二汗国と称される。東突厥は唐に降伏して約五十年後に再び独立するが、オルホン川沿いにある突厥が建てた石碑ではこの五十年間の唐の政策に対するテュルク人の怨嗟が以下のように述べられている。[四五]

> 貴族と平民の不和のゆえに、また老若を対立させ貴賤を対立させる中国の狡智と欺瞞の上に、テュルク人は自分の帝国の崩壊をもたらし、自ら可汗失墜の原因を創った。

突厥第二汗国が支配していた八世紀には、鉄勒諸族の中でトクズ・オグズ（九つのオグズ＝九姓鉄勒）と呼ばれる有力な部族連合ができ、トクズ・オグズといわれるようになった。このトクズ・オグズは突厥が柔然を滅ぼすのに力を貸した。後には強力な部族連合となり、その中からウイグル（回紇）人が台頭した。七四四年、突厥第二汗国支配下あるトクズ・オグズが蜂起して、東突厥を滅亡させた。

ウイグル（Uyghur）とは彼らの自称であり、連合、団結、同盟の意味であるとされる。中国では六～七世紀の鉄勒時代に「烏護」、「烏紇」、「韋紇」、やがて「迴紇」、「回鶻」などの訳語を用いた。モンゴルの時代は「畏兀儿」、清朝の時代は「回部」、「纏回」などの語を使った。今は公式に「維吾爾族」（略称は「維族」）とされている。

八世紀、突厥第二汗国は転落の坂を転がり始め、七四一年以降トクズ・オグズ部族連合のウイグルがカルルク（葛邏禄）、バスミル（抜悉蜜）といったテュルク系部族などとともに突厥第二汗国を攻め、ついに突厥第二汗国を滅ぼした。七四四年にウイグル汗国が成立した。歴史上はオルホン・ウイグル汗国とされている。中国の史書では「回紇汗国」「回鶻汗国」と書かれている。

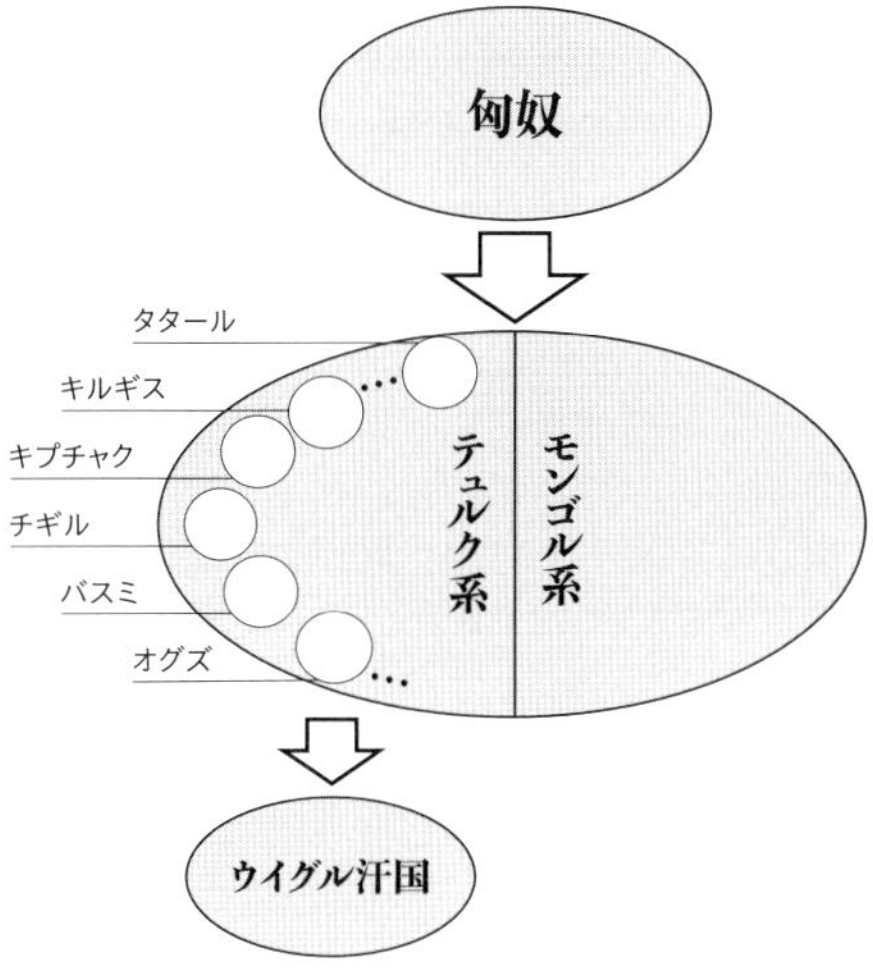

図－3　北方遊牧民族関係図
出典：トルグン・アルマス（東綾子訳）『ウイグル人』（集広舎、2019年）から筆者が作成

ここに初めてウイグル汗国が誕生した。そしてクトゥルク・ビルゲ・キョル・カガン（懐仁可汗）が初代の首領になり、ウイグル汗国は突厥と同じく狼をシンボルとして旗に飾り、突厥に代わってモンゴル高原を支配するようになった。[四六]
「北方遊牧民族関係図」（図－3）のように北方民族は匈奴という民族連合体からテュルク系とモンゴル系に分かれ、ウイグル人はテュルク系に属している。
中国では七世紀初めから統一政権・唐が支配していたが、西域の南に位置するチベット高原では七世紀初め頃チベット（吐蕃）が政治的に統一された。この頃、中央ユーラシア

では西に勢力を伸ばそうとした唐と、この地域の伝統的な勢力であるテュルク系、そして新たに台頭したチベットの三国鼎立状況が常態化した。

七五一年、唐はアラブ軍と中央アジアの覇権をめぐってタラス地方（現在のキルギス領）で戦い、唐軍は敗北に終わった。やがて「安史の乱」（七五五〜七六三年）を境にして唐は衰退し、中央アジアにおける勢力は急速に失われた。中国は漢から約千年の間この地域を自らのコントロール下におこうと努めていたが、タラス河畔での敗北によって、唐による中央アジア東部と中央部への侵入の意図は最終的に打ち砕かれた。[四七]

七五五年から十数年にかけて、唐で節度使の安禄山とその部下の史思明、[四八]およびその子供達によって引き起こされた大規模な反乱がおき、歴史書では両者の姓をとって「安史の乱」と呼称される。安史の乱に悩んだ唐は、反乱を鎮圧するためにウイグル汗国に援助を要請した。七五七年、ウイグル汗国の国王は長男を指揮官とする援軍を唐に送り、唐軍と一緒に占領された唐の都長安、洛陽などの主要都市を奪還した。しかし反乱は数年続き、後に洛陽は再び反乱軍に占領された。七六二年、ウイグルは唐の要請に応じて再び反乱軍を駆逐し、洛陽を奪還した。つまり安史の乱の鎮圧にウイグルは大きく貢献した。

ウイグル汗国は建国後、国際的な交易に強い関心を持ったが、安史の乱の鎮圧に力を貸したことで、唐との友好関係を築き、シルクロード交易で繁栄した。遊牧民であるウイグル人は強大な富を手に入れて、都市、宮殿などを建設し，徐々に遊牧生活から定住生活に変わった。三代目のブグ・カガン（牟羽可汗）の時代にセレンゲ河畔に巨大な都市「バイ・バリク」（富裕の町）を建設した。バイはテュルク語で「豊かな、富んだ」を、バリクは「都城」を意味する。中国の史料では「富貴城」と記されている。

小松久男によると、ウイグル国家にはこれまでの遊牧国家にない様々な要素が認められるとしている。[四九]例え

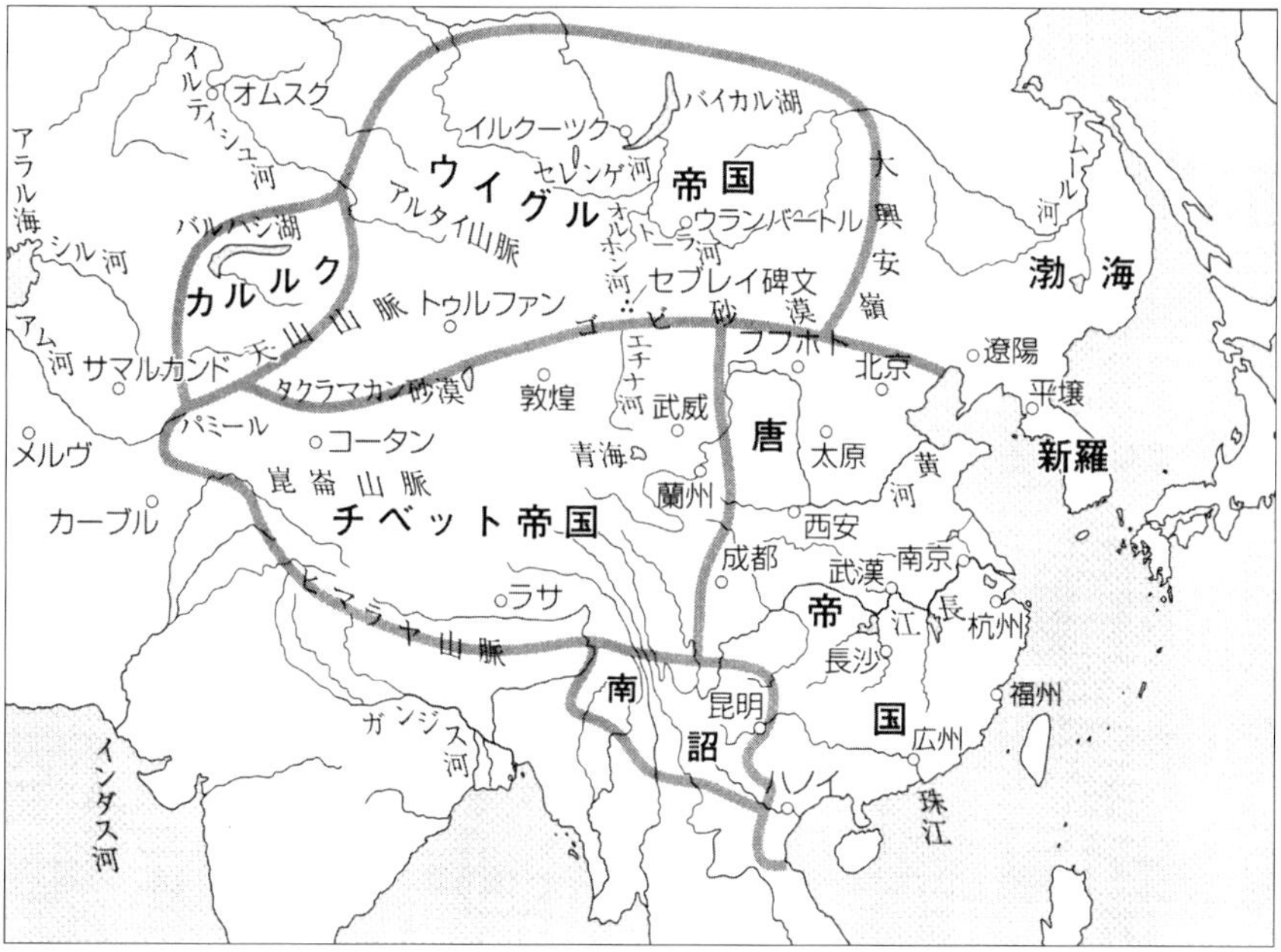

図－4　唐、チベット、ウイグル
出典：森安孝夫『シルクロードと唐帝国——興亡の世界史　第5巻』講談社、2007年、353頁

ば、都城の建設とその周辺での大規模な農耕の展開、上層部の定住化、略奪第一主義から交易重視への転換、経典を持つ外来のマニ教の導入、支配機構の変化、独自の文字による表記の確立などの特徴があげられている。つまり、遊牧国家であるウイグル汗国では定住農耕国家と似たような発展があったと解釈することができよう。

建国から百年あまりたった頃にウイグル汗国に内部分裂が起こった。この重大な時期に、大雪に見舞われ疫病が広がった。家畜の大量死が起こり、多数の人々が命を落とし、農業と牧畜に壊滅的な打撃をこうむった。ウイグル国内の紛争は収まらず、八四〇年にそのうちの一派は北方のキルギスを誘って首都を攻撃した。防衛部隊はキルギス軍の前進に対し、反撃する力を失い、国の指導者であるカガンは殺された（五〇）。そして国庫を略奪され、街に火が放たれた。住民と周辺の農地に住む人々はこれ以上モンゴル高原にとどまってはいられなくなり、西や南への移住を余儀なくされた。ここに中央ユーラシアで唐、チベットと三国鼎立していたウイグル汗国はいち早く滅亡した。後にモンゴル草原では東側から移ってきたモンゴル語を話す人々によって次第に支配されるようになった。

三人の王子が生き残ったが、うち二人はそれぞれ自分たちの配下にある人々を引き連れ、領土の東側（現在のモンゴル国）から西側（東トルキスタン）に移住し、天山ウイグル王国、カラハン王国、甘州ウイグル王国を建てた。[五一]天山ウイグル王国は天山山脈のユルドゥズ地方の広大な牧草地を本拠地とし、タリム盆地、トルファン盆地、ジュンガル盆地の東半分を支配した。カラハン王国はカシュガルを中心にホータンやクチャなど東トルキスタンの西半分を支配した。甘州ウイグル王国は甘州（現在中国の甘粛省張掖市）を中心にオアシス都市国家を建てた。

三人の王子のうちの残る一人、オゲテキンに率いられた三十万人のグループは南下し、オルドス付近の境界地域に着き、同盟国である唐に援助を求めた。しかし唐がウイグル人に投降を求めたので交渉が難航し、最終的に唐は八四三年の初めに軍を派遣してウイグル陣営を攻撃し、当時のウイグル難民は、唐のこうした盟友を裏切る行為によって命を絶たれた。[五二]

同盟国であり対抗国であるウイグルが崩壊したことはわかっていたが、唐の人は自分たちと異なる人々に恐怖を抱くようになった。ウイグル難民を大量殺戮した一か月後、唐の支配者はマニ教を抑圧し（当時、唐にウイグルの要請によって建てられたマニ教寺院が存在していた）、やがて仏教に対しても同様な手段をとった。中国の歴史において唐は開放的だったが、この一連の鎮圧によって閉鎖的となり、勢力を失った。さらに半世紀以上続いたが、失われた名声、力、文化を回復することはなかった。その後、地方反乱が続き、八七五年に黄巣の乱が起こった。唐は反乱の鎮圧に手間取るうちに、勢力を伸ばした節度使によって、九〇七年に滅ぼされた。

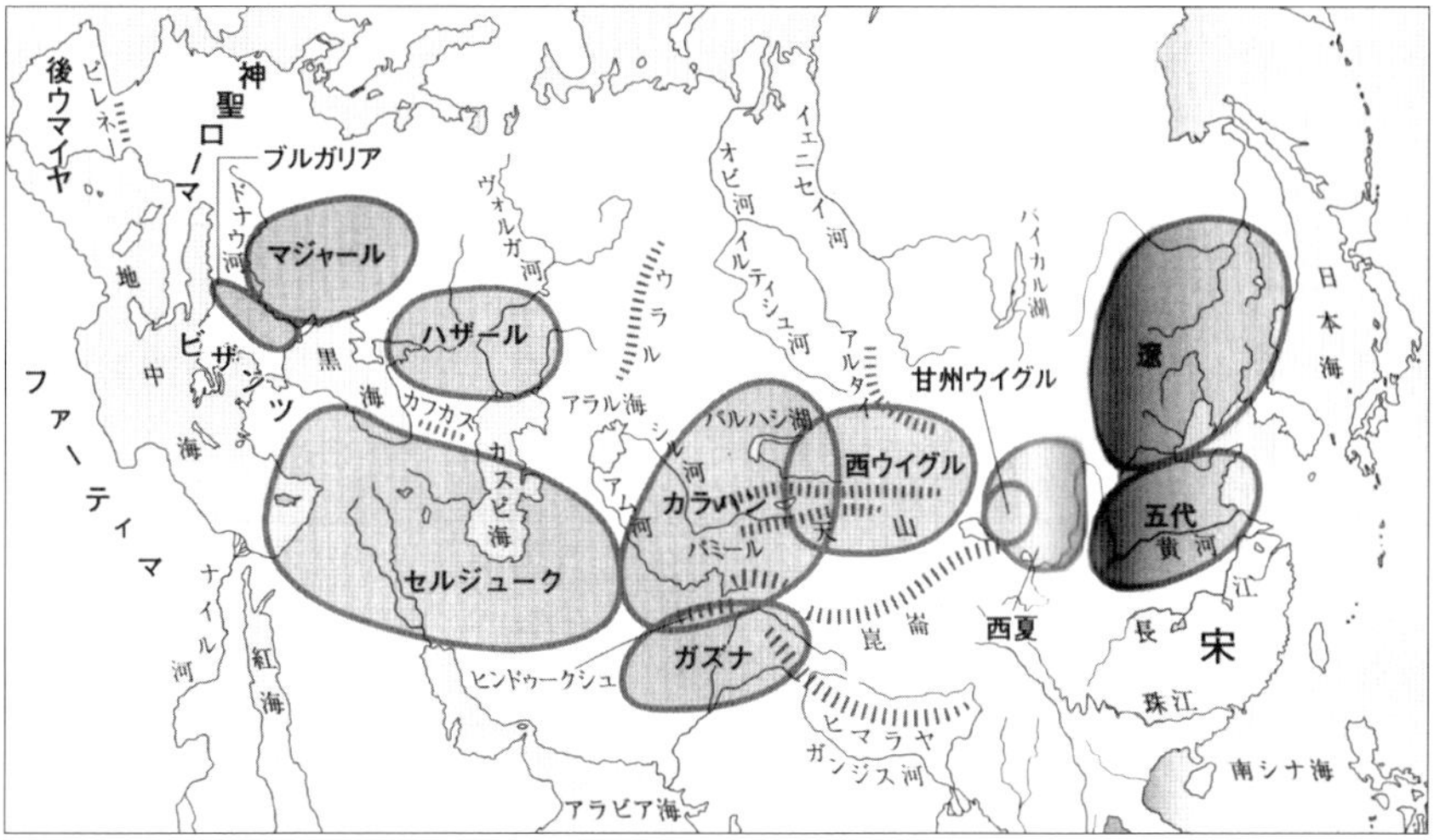

図－5　10世紀前後の中央ユーラシア
出典：森安孝夫『シルクロードと唐帝国――興亡の世界史 第5巻』講談社、2007年、308～309頁

匈奴の時代からモンゴル高原には絶えず統一遊牧国家が存在してきたが、八四〇年にウイグル汗国が崩壊後、モンゴル高原では統一政権が存在しない時期が続いた。[五三] 再び統一した国家が出現したのは三百六十年後のモンゴル帝国の時期だった。一方十世紀初めに唐も滅亡し、中国でも自立した小国が群雄割拠して、五代十国という分裂時代に入った。

七世紀半ば、東トルキスタンの西部の大国・イラン人のササーン朝ペルシャは新興勢力アラブ軍の破竹の勢いに圧倒されて滅びた。後に中央アジアのブハラも占領され、モスクも各所に建てられた。[五四] その後テュルク系遊牧民はムスリム商人、ダルビッシュ（イスラム教宣教師）、スーフィー（神秘主義を奉じる宗教者）との交流によってイスラム教と出会い、イスラム教を信仰し始めた。

十世紀前期、カラハン王朝の初代可汗《かがん》（君主）の孫にあたるサトゥク・ボグラ・ハンがサーマーン朝の王子ナスール・ビン・マンスールによって、十二歳でイスラムに改宗され、二十五歳で伯父を倒してカシュガルの支配者となった。[五五] 彼は初めてイスラム教に改宗したテュルク系の君主とされ、中央アジア史上に有名な人物としてアルトゥシュの郊外にある墓廟が崇拝されている。

　元々ウイグル人を含むテュルク系の遊牧民には独自の宗教があったが、カラハン王朝の支配者がイスラムに改宗したことが決定的であった。汗国の領域内ではイスラム化が進み、多くのモスク、宗教学校、マザー（聖職者の墓）が作られた。

　中央アジアのイラン系の国々では、十世紀末、カラハン王朝とサーマーン朝が度々戦争し、九九九年にカラハン王朝の軍隊はブハラを占領し、サーマーン朝を滅亡させた。中央アジアではイラン語系の国が消え、テュルク化の時代が訪れた。[五六]かつてイラン系が支配した中央アジアでカラハン王朝、セルジューク朝、ゲジニン朝の三つのテュルク系の国が建てられ、この地域の支配をイラン系から完全に奪取し今日に至る。

　六世紀半ば、突厥汗国が建てられてから、中央アジアの住民はテュルクに同化され、民族的、宗教的、言語的、文化的、習慣的に一体化した。カラハン王朝のイスラムへの改宗によって、ここの住民はムスリム世界の一員となった。中央アジアの人々のイスラムとテュルクのアイデンティティは今日に至るまで変わりがない。そしてこの地域もテュルク系の人々の地域を意味する「トルキスタン」と名付けられた。

　カラハン王朝がイスラム文化を受け入れて、テュルク的イスラム文化の形成の先駆となった。その文化の最初の記念碑的作品が、一〇六九年にバラサグン出身のユースフ・ハース・ハージなる人物によってカシュガルの支配者に献呈された『クタドゥグ・ビリク』（幸福になるための知恵）という書物である。八年後、カラハン王朝の文化を代表するもう一つの作品『ディーワーン・ルガート・アッテュルク』（テュルク諸語集成）という題のテュルク・アラビア語辞典がバグダッドのカリフに献呈された。著者マフムード・アル・カシュガリーはカラハン王朝出身だった。テュルク化とイスラム化が進むに伴い、トルキスタンはイスラム世界の一部になり、精神的な聖地は東方ではなく西方のメッカになった。このようにカラハン王朝はイスラム圏の地域として約二百年間栄えたが、十三世紀初めにカラハン王朝は衰退を迎えた。

第五節　ウイグルとモンゴル

十二世紀から十三世紀初頭、モンゴル高原の南北にはキタイ（遼）や金（女真）、ケレイト、ナイマン、モンゴル、タタールなどのテュルク・モンゴル系の諸部族が様々な部族連合を形成し、お互いに抗争していた。モンゴル高原の覇権争いで金の攻撃を受けて敗れたキタイはアルタイ山脈を越え、東トルキスタンに入った。キタイはバラーサーゴーンを拠点にして、東トルキスタンを約八十年間統治した[五七]。漢文史料では西遼、イスラム側の史料ではカラーキタイと呼ばれる。

一方、モンゴル系のキヤト氏族出身のテムジンがモンゴルの諸部族を統合し、一二〇六年にチンギス・ハンと名乗ってモンゴル帝国を開いた[五八]。内政の整備が完成した後、チンギス・ハン及びその子孫たちは騎兵軍団を駆使して四方を次々と征服し、東は中国・朝鮮半島から、西は中央アジアを越えて西アジア・東欧に至る空前絶後の大版図を築き上げた。日本にも一二七四年と一二八一年の二度にわたって侵略を試みたが、これは失敗に終わった。中央アジアでモンゴル人の統治は三百年続き、大きな戦乱もなく、東西を結ぶシルクロードは再び盛んになった。

十三世紀はじめ、チンギス・ハンがモンゴル系のナイマンを征服した際、ナイマン王の顧問の一人であったウイグル人のタタトンガなる人物によって、ウイグル文字がはじめてモンゴルに持ち帰られたとされる。そしてウ

ウイグル人を含むモンゴル国使の墓

北京海淀区にある魏公村

イグル文字がモンゴル語表記に採用され、モンゴル文字の基礎となった。当時モンゴル人が使っている仏典もモンゴル語ではなく、ウイグル語であり、宮廷や民間においてモンゴル語を母語とする人でも同時にウイグル語を理解するバイリンガルは多かったと考えられる。(五九)モンゴル帝国の首都で読み書きに堪能なウイグル人がモンゴル帝国のいわば「頭脳」として大きな役割を果たすようになった。現在の北京市海淀区に、かつてモンゴル帝国の時代に帝国の官職を務めていたウイグル人が住んでいた村「魏公村」の名前が残されている。(六〇)またモンゴル帝国の時代に、モンゴル人は遠征にあたって常に左右にウイグル文字を使える書状官を侍らせ、モンゴル帝国の世界制覇に協力したが、ウイグル人が外交官として日本に来た記録も残されている。一度目の「蒙寇襲来」が失敗に終わった後、一二七五年にフビライ・ハンは日本に朝貢関係の樹立を要求し、使者団を派遣した。その五人からなる使者団の一人はウイグル人だった。(六一)これらの事例はウイグル人が高度な知識を持ち、モンゴル帝国の官僚として活躍したことを証明していよう。

　十二世紀半ばにキタイがつくった遼は一時中央アジアを征服した。一二一一年、西遼に苦しめられていた天山ウイグル国の王バルチュク・

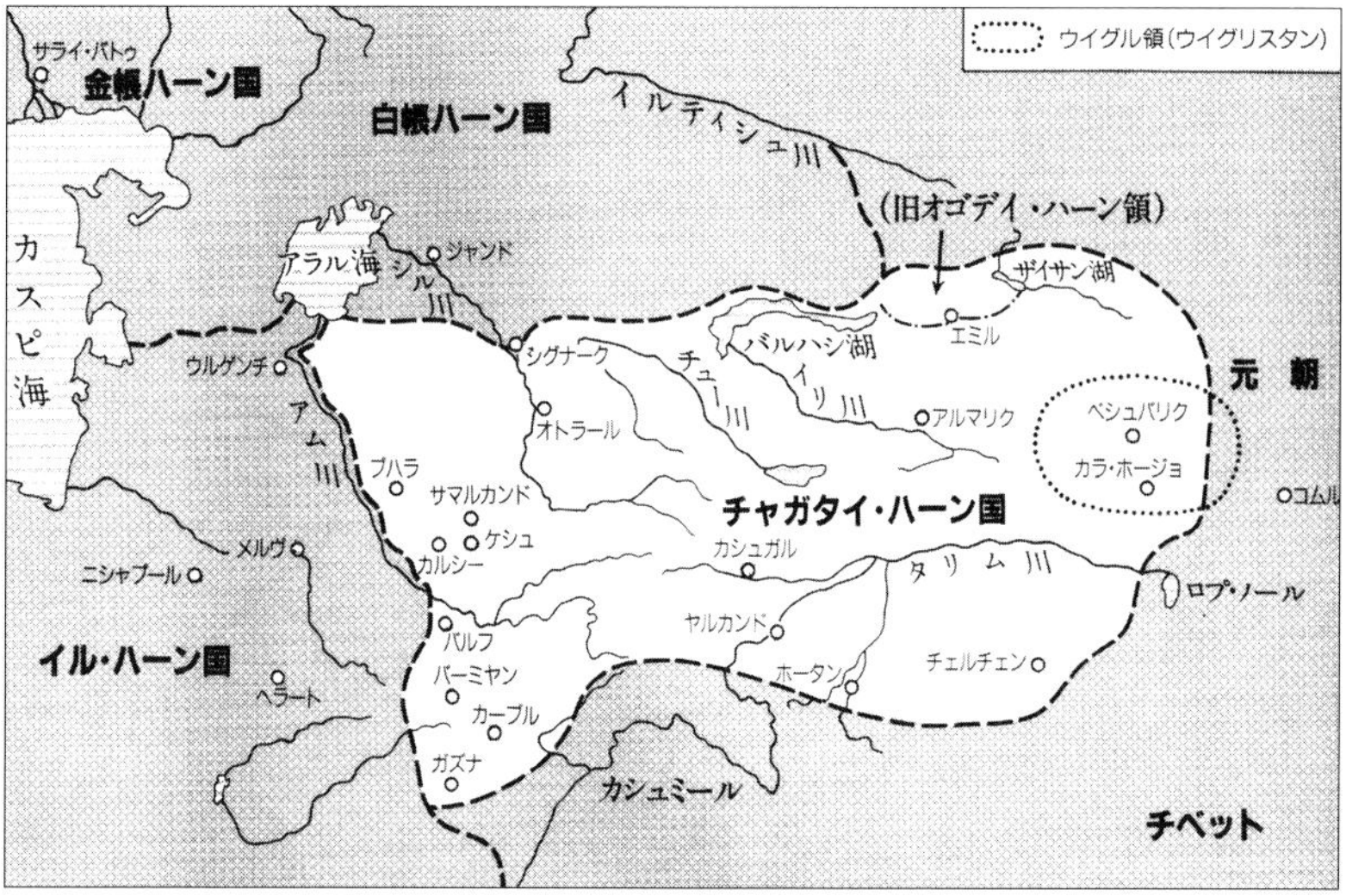

図 - 6　チャガタイ汗国の領域
出典：護雅夫・岡田英弘『民族の世界史4 中欧ユーラシアの世界』山川出版社、1990年、333頁

アルト・ティギンはチンギス・ハンに帰順して、西遼を弱体化させた。ウイグル国の王はチンギス・ハンの娘（也立安敦）を娶って、ウイグル王家はモンゴル帝国の地域支配の要として「外戚王家」（駙馬王家）というモンゴル王家に準じコンギラト部族などと並ぶ高い地位を得た。モンゴル帝国形成の初期にあたって、ウイグル人の帰順はウイグル人の運命に大きな成果を生んだ。同時にモンゴル帝国にとっても重大な転機となり、モンゴル高原を統一するまでに一気に飛躍する契機となった。ウイグル、モンゴル双方に大きなメリットがあった。

一二二七年にチンギス・ハンが没した後、オゴテイ、グユク、モンゲなどのハンを経て、フビライは一二七一年に国号を大元（ウルス）と称した。中国史でいう元朝である。これから約一世紀、中国史は中央ユーラシア史の一部として語られることになる。元の時代、モンゴル人は統治下の人々を蒙古・色目・漢人・南人の四等に分けた。この際、女真人・契丹人・高麗人などはみな漢族に含まれたが、ウイグル人は上位の色目人だった[六二]。

モンゴル帝国領となった東トルキスタンは、十三世紀前半にチンギス・ハンの次男の領地としてチャガタイ・ウルス（チャガタイ汗国）が形成された。チャガタイ・ハンの後裔たちが支配的な立場になって、チャガタイ汗国と呼ぶようになった。

テュルク系諸民族は、支配層のモンゴル人に比べて人口が圧倒的多数であったため、十四世紀前半にチャガタイ汗国では王族のテュルク化、イスラム化、定住化が徐々に進み、モンゴル系の権力は弱体化し、テュルク系が台頭した。こうしてモンゴル諸王朝のテュルク・イスラム化が進んだために、モンゴル諸王朝の解体後はテュルク系の国家が次々と建設されることとなった。一五一四年、スルターン・サイード・ハンはヤルカンド（葉城）に都を定め、カシュガル、ヤルカンドを中心とするタリム盆地西部のオアシスを中心とする新たな王権ヤルカンド汗国を樹立した。[六三]

漢人は異民族の支配に反対して相次いで反乱を起こした。一三六七年、安徽出身の朱元璋という男が「胡虜を駆除し、中華を恢復しよう」のスローガンを掲げ、元の都大都（現在の北京）に向かって北伐を行い、翌年大都を破り、元の皇帝を万里の長城の北側の草原に撤退させた。同年南京を都として明朝を樹立した。

明は専守防衛策をとって、モンゴルの襲撃を恐れて、万里の長城に多数の軍隊を配備し、北の守りの要とした。明にとって長城がほぼ防衛ラインとなり、今日に残る長城の大半は、明代中期以後に建造されたものである。

第六節　ウイグルと清朝

十六世紀後半、中央ユーラシアの最東のツングース語系の女真族（中国語では建州女直族）はヌルハチのもと、

平定準回両部得勝図
18世紀後半、清王朝はジュンガルや回部、すなわち東トルキスタンでやや大規模な戦争を行い、最後、清軍は勝利を収めた。『平定準回両部得勝図』はこの勝利を記念する為に作られた銅版画で、全部で16枚ある。言い換えれば清朝皇帝のプロパガンダの宣伝品にあたるものと言える

次第に勢力を拡大、一六一六年に中国式の王朝後金を建てた。一六三五年、太宗ホン・タイジは元朝帝室の直系のチャハル部を撃破し、内モンゴルも支配下へ収め、元朝歴代の皇帝が保持していた玉璽を手に入れた。翌年支配下の満洲人、モンゴル諸王、漢族武将の推戴を受けて皇帝に即位、多民族国家に相応しい「大清」と国号を定めた。

（一）清朝に編入された経緯

当時、東トルキスタンのオアシス諸都市はヤルカンド・ハンが一円を支配していたが、十六世紀にヤルカンド汗国ではナクシュバンディー教団の影響力が強まり、教団の指導者はそれぞれにホージャ（預言者ムハーンマドの後裔）を自称し、カシュガル地域を中心にカルタグリク（黒山派）とアクタグリク（白山派）の二つの宗派を形成した。[六四]その一人であるホージャ・ムハンマド・ヤフヤーはハンの継承問題にも介入した。内部の王位争いによって、ナクシュバンディー教団の宗教貴族ホージャたちの間で紛

争が起き、両派は激しい抗争を繰り返した。一六七八年、権力闘争で敗れたアクタグリクリクのアパク・ホージャは一六七〇年代にモンゴル高原に登場したジュンガル王国のガルダン・ハンに援助を求めた。中央アジア全体の支配を目指していたガルダン・ハンは要請を受け、一六七九年からヤルカンド汗国に遠征し、翌一六八〇年にヤルカンドを占領した。

　東トルキスタンを征服したジュンガルは、監護大臣を派遣し、軍隊を統制して「保護」という名目で東トルキスタンをコントロール下に置いた。(六五) ヤルカンドには傀儡のハンが擁立され、最後の汗イスマイルと黒山派のホージャは拉致された。(六六) 後に汗位に就いたものは暗殺または戦死し、東トルキスタンの政治はサイード・ハン家から宗教貴族ホージャ家が牛耳るようになった。つまりホージャがジュンガルの監視下で東トルキスタンを統治する状況だった。この状況は満洲人の侵攻まで約八十年間続いた。ジュンガル帝国はウイグル人と東トルキスタンにとって関係深い国である。

　ジュンガルはモンゴル系のオイラートの人々が作り上げた国で、一般的に「最後の遊牧帝国」といわれる。ジュンガル帝国三代目のガルダン・ハンの時代に、帝国はその支配域を大いに広げ、清朝のライバルとなった。東トルキスタンを押さえたジュンガルは全盛期を迎え、四方に勢力を拡張し、北方のロシアと東方の清朝に対抗するようになった。

　しかし、十八世紀半ば、ジュンガルは王位継承、戦争、自然災害、天然痘の流行によって打撃を受け、弱体化した。ジュンガルの一派の首領アムルサナーはいったん清朝に服属したが、間もなく清朝に反旗を翻したため、乾隆帝の怒りを買った。一七五六年から一七五七年にかけて、乾隆帝はジュンガルを討伐し、ジュンガル帝国を滅ぼした。ジュンガルの人々は清の攻撃や疫病で亡くなり、人口は大幅に激減し、民族として歴史から

図 -7　清代の東アジア
出典：岸本美緒・鈴木淳『歴史総合 近代から現代へ』山川出版社、2022年、27頁

消された。

満洲人はモンゴル人と連携する形で中国を支配し、さらに協力を深めるために信仰もモンゴル人と同様にチベット仏教に変えた。また、清朝は建前ではチベット仏教の保護者となっていた。ジュンガルの支配層も同じモンゴル系であり、なおかつチベット仏教を信仰していた。

東トルキスタンはモンゴルとチベットの間に位置しているが、清朝は当初、東トルキスタン地域に対して平和的で、不干渉主義だった。しかし、ジュンガルが滅びた後、清朝はモンゴルの安寧とチベットの保持のために、ジュンガル汗国の貢納民・属領となっていたタリム盆地に軍事侵攻を開始する。政治的影響力を持っていたホージャ一族がタリム盆地周辺の各地の民衆に蜂起を呼びかけたが、清軍は一七五八年春からトルファン、クチャ、ヤルカンドなどの都市に進撃し、この一連の戦争の結果、清朝は東トルキスタンを占領し、現地住民を軍事支配下に収めた。

清朝は東トルキスタンを「藩部《はんぶ》」として領域に加え、この土地を「回疆」（ムスリムの領土の意）あるいは「新疆」（新たに加えた領土の意）と名付けた。東トルキスタンを獲得した結果、パミール高原の東端に至るところまで清朝の領域となり、その版図も最大となった。そして、清朝が初めて西洋人のような顔をしている異文化圏のウイグル・イスラム教地域と接触することになった。

このように清朝は地域的世界帝国として発展する過程で、モンゴル、中国、チベット、東トルキスタンを順次、支配下に入れ、五民族の連邦という性格を持っていた。岡田英弘によると、全体として、満洲人とモンゴル人が協力して漢人を統治し、これにチベット人とウイグル人が服属するという型である。(六七)

清朝は東トルキスタンを満洲人の軍政下におき、その最高権力者は中央アジア総督・イリ将軍（総統伊犂等処将軍）であり、代々満洲人貴族を含め旗人の有力者のみが任命された。(六八)主なオアシスには軍事と民事担当大臣など文武各等の上級統治官僚が派遣され、(六九)彼らも例外なく旗人であった。(七〇)天山北路各地には常時五、六千人の官兵が駐留し、屯田兵によって維持された。さらにこの数倍の兵力がグルジャ（中国名「伊犂」）など天山北路の要衝に配備され、有事に備えられた。(七一)このような武力を背景にした軍政・民政の占領統治が組織的、官僚的に行われた。

清朝は反抗の恐れのある宗教貴族であるホージャ一族や有力者を北京に移住させる政策を打ち出して、彼らを地元から排除した。上層部に対しては牽制策（北京に抑留など）、下層部の庶民に対しては懐柔策をとり、巧妙に対処したといわれるが、「新疆」を植民地として維持することは、財政的にみると、陝甘両州の二割ほどの収入を「新疆」に振り向けることを意味する。(七二)平時で年額およそ三百万両が内地から送られ、次第に清朝の負担となっていった。(七三)

ウイグル人は東トルキスタンの最大の民族を形成しているが、清朝時代は回人、回民、回子、回回、あるいは纏回《てんかい》、纏頭回《てんとうかい》と呼ばれていた。(七四)清朝はウイグル、モンゴル、チベットなど非漢族に対しては独特な統治を行った。この三民族が住む西北を「藩部」として特別な法律を作り、「理藩院」という中央官庁を設けた。この地域には満洲と同様に、漢族の入域、商業、文化の流入を制限し、各民族の伝統文化を守らせた。三民族は漢民族と異なるアイデンティティを強く持つようになった。

東トルキスタンは最後に清朝に加えた領土だが、そこの住民に対する統治も漢民族と異なる。清朝は漢人に対して明朝の統治機構をそのまま継承し、科挙を実施し、朱子学を採用し、他方、漢族の清朝に対する忠誠の証として髪型を満洲族伝統の辮髪(僧侶以外)に強制した。(七五)しかし、藩部である東トルキスタンに対しては現地住民の風俗、習慣が尊重され、伝統的な政治・社会システムを認める形で統治体制を作り上げた。(七六)漢人が住んでいるエリアで実施されていた制度は東トルキスタンに導入されなかった。

ムスリムのテュルク系住民は一七六〇年に征服されて以後、大規模な反乱はなかったが、十九世紀二〇年代から変化が生じた。清朝の支配は現地ムスリム社会にとって異民族・異教徒による支配に他ならない。東トルキスタンでは西方のイスラム教を信仰しているムスリムが大多数を占めており、満洲人、中国人とは全く異なる原理に基づいている。それゆえ清朝に反発、抵抗する蜂起がしばしばおこった。中でも最も大きいのが、一八六四年に勃発した大反乱である。その運動の中核となったのが、いわゆるカシュガ・ホージャ一族に属するイスラム聖職者であった。(七七)

(二) ヤクブ・ベグ王国の樹立

東トルキスタン征服の際に、ホージャ一族はほとんど捕えられたが、ブルハーンヌッディーというホージャの遺児サームサークただ一人は西トルキスタンのブハラに逃れ生き延びた。一八一四年、サームサークの子であるジャハーンギールはコーカンド汗国の援助を受けてカシュガルを占領し、タリム盆地西半分から清軍を一掃した。清朝は内地から増援部隊を派遣し、一八二八年にジャハーンギールを拘束し北京で処刑した。サームサークの子孫たちは一八六〇年代に至るまで東トルキスタンへの武力攻撃を散発的に繰り返した。

東トルキスタンにおける反乱の背景には現地のムスリムの中国人に対する不満や憤懣があるとされる。[七八] 東トルキスタンのオアシス都市に支配者である満洲人の官僚などの役職が設けられたが、漢族の少吏や傭工、商人などの中国人も入り込み、中国人の大挙移住と植民地問題がウイグルらを刺激したのである。さらに清朝は聖職者や大地主への干渉も強め、有力者らにも不満が募り、何かのきっかけがあれば、その不満が爆発して大反乱となる下地は十分にあったという。

ヤクブ・ベグ

一八六三年、ムスリム住民がグルジャでの「イリ将軍」駐在地を攻撃した。翌年クチャ現地住民と逃れてきたトンガン(中国語で「回族」)が協同で官署を襲撃したのをきっかけに、[七九] 反乱はごく短期間のうち、カシュガル、ホータン、ヤルカンドなどでも一斉蜂起して東トルキスタン全土に広がった。その結果、各地方で次々と独立政権が成立した。

これらの状況を踏まえて、西トルキスタンのコーカンド汗国はジャハーンギールの息子ブスルク・ハンをカシュガルに送り、コーカンド軍人ヤクブ・ベグを副官として同行させた。一八六五年初めに彼らはパミール高原を越えてカシュガルに到着した。ほどなくしてヤクブ・ベグはブスルクから実権を奪い、ヤルカンド、ホータン、クチャ、ウルムチの勢力を順に征服し、グルジャを除き東トルキスタンの全域を支配下に置いた。カシュガルを根拠地に独立宣言し、ヤクブ・ベグを首長とする独立イスラム教国家が誕生した。（八〇）

このとき、清朝の勢力は全て消滅され、ヤクブ・ベグ王国は一八七二年と一八七四年には、ロシア・イギリスとそれぞれ通商条約を結び、オスマン帝国と関係を樹立し、事実上独立した政権としての処遇を受けた。（八一）

（三） 清朝の東トルキスタン再征服

異民族王朝である清朝は、建国以来、地方勢力の台頭に神経質であった。十九世紀半ばに清朝はアヘン戦争、太平天国の乱などの難局に直面し、旗人の腐敗、無能もあり、国内外の情勢変化に対応することが困難になった。咸豊《かんぽう》帝の治下は曾国藩をはじめとする有能な漢人官僚を登用し、太平天国鎮圧を目的とした漢人の地方軍隊湘軍を作り、洋務運動を始めた。（八二）漢人の地方エリートらは洋務運動と反乱の鎮圧に活躍し、政界に進出して大きな地方勢力を形成した。

一八七四年四月、琉球島民が台湾先住民に殺害された牡丹社事件によって日本軍が台湾に進駐する事態となり、対日警戒論が高まる中、洋務派である李鴻章を中心に「海防派」が海の防衛を強化すべきだと主張した。やがて日本は台湾から撤兵し、海防問題は小康状態にあったが、一方東トルキスタンではヤクブ・ベグ王国が樹立し、グルジャ地域はロシアに軍事占領された。陝甘総督左《さ》宗棠《そうとう》を代表とした「塞防派」はロシアを仮想敵とし、ロシアの南下政策こそ中国にとって脅威であると主張し、東トルキスタンへの再征服を計画しようとした。

このとき、直隷総督兼北洋大臣の李鴻章は東トルキスタンを放棄し（八三）、沿海部に軍備を集中すべきとして次のように指摘した。（八四）

新疆各域は、乾隆年間より初めて我国の版図に帰したにすぎません。平時でも毎年の軍費は二百万両を下らず、徒に数千里の広地を収めて千百年の漏巵を増やすというものです。維持するに値しない土地であります。その地は北は露（ロシア）、西は土（トルコ）、南は英領インドに接し、昔とは環境が一変しております。回復に勉めても将来は断じて守ることはできません。外国紙によればヤクブ＝ベグはトルコ帝国の封を受け、英露両国と通称を締結し、既に大邦と同盟している様なものです。（中略）中国の現在の力量では、西域を兼顧することは不可能です。かつて曾国藩が「暫し関外を棄て、専ら管内を清めん」との義を出しましたが、老臣（李鴻章）も同じ意見であります。たとい新疆に出兵したところで、兵力、餉《かれい》、とても逮《およ》ぶ所でありません。

つまりヤクブ・ベグが独立政権を樹立し、イギリス・ロシア・オスマン帝国が承認を与えた事実に基づき、清も朝貢国としてヤクブ・ベグの自立を承認し、予算を海防強化に投じる提案を出したのであった。

一方、「塞防派」の左宗棠は次のように指摘する。（八五）

国を立つるに疆（辺境）を有するは古今の通義なり。（中略）我が朝（清朝）燕都（北京）に定鼎《ていてい》したるに、蒙部は北方に環衛し、百数十年烽燧（戦火）警なかりき。（中略）前代（明代）の九辺（大同以下の九辺鎮）はみな腹地となれり。（中略）新疆を開き、軍府を立つる貽《のこ》すところなり。この故に新疆を重しとするは蒙古を保つ所以なり。蒙古を保つは京師（北京）を衛る所以なり。（中略）新疆固からずば則ち蒙部安からず。ただに陝甘、山西の各辺、時に侵軼《しんいつ》を虞《おそ》るのみならず、防ぐも防ぐに勝《た》えず。即ち直北関山もまた将に晏眠《あんみん》の日無からん。

つまり左宗棠は国家安全における辺境の重要性を強調し、「新疆」を失えばモンゴルが危うく、モンゴルを失えば北京の安全を脅かすと反論した。

左宗棠

これが洋務派の間で行われた「海防、塞防論議」である。一八七五年、結局乾隆帝の事業を保持することに関心をもつ朝廷は左宗棠の意見を採用し、海防・塞防どちらにも費用を回す折衷案に落ち着いた。左宗棠は従来の陝甘総督に加え、欽差大臣、「新疆軍務督弁」となった。この人事は、従来の東トルキスタン総督が全て満洲旗人で占められるという政策が変更され、台頭してきた漢人左宗棠の勢力下に入ることを意味した。翌一八七六年、左宗棠は蘭州に本営を置き、八万九千人の軍隊を編成し、西征に着手した。（八六）

この海防、塞防論議は、それまで柔軟だが曖昧な辺境概念しかもっていなかった清朝が、近代的な国境や排他的領土支配という概念を受容しながら、どこまでを中国として守るのかについて模索するきっかけとなった。

ヤクブ・ベグは迎撃態勢を整えたものの、一八七七年春、天山を越えて殺到する清軍に対抗する術もなく、ウルムチ、トルファンを占領された。まもなくヤクブ・ベグはタリム盆地周辺のオアシス都市コルラで急死し、一八七八年初頭までにカシュガルやホータンなどの南部も完全に清軍によって制圧され、国家は瓦解した。

一八七一年、ロシアは東トルキスタンの反乱に乗じてグルジャを軍事占領した。一八七九年清朝はロシアとグルジャ返還をめぐる交渉を行い、一八八一年、露清間に「ペテルブルグ条約」(伊犁条約)が結ばれ、グルジャは清に返還された。この条約によってロシアはコーカンド汗国に代わって、東トルキスタンでの貿易権利を獲得した。その際、元の清朝統治下で農業労働に従事していた多くのタランチと呼ばれるウイグル人が、清朝への復帰を嫌ってロシア領に移住した。(八七)

(四)「新疆省」の誕生

これまで清朝は東トルキスタンに対して「藩部」と位置付け、自治を認める緩やかな統治をしてきたが、ヤクブ・ベグの蜂起、また西トルキスタンにおけるロシア勢力の伸張に対抗し、一八八四年に中国内地と同様の省制を敷き、「新疆省」を設置した。そして「新疆」も「藩部」という間接統治体制の枠から外され、清朝の直接統治下にある第十九番目の省となった。

「新疆省」には新たな官僚ポストが設置され、その多くは左宗棠の配下の湘軍の関係者、すなわち湖南省出身者によって占められ、東トルキスタンに対して直接統治を始めた。イリ将軍制度、ベグ制度は基本的に廃止され、巡撫がウルムチ（当時の中国名「迪化」）に置かれ、(八八)州県制度、義塾による漢語教育、郷約による地方行政、漢族官吏の派遣など領域全体で中央権力が末端まで浸透する試みが始まった。(八九)つまり中国内地並みの行政機構が設立され、支配層も旗人から漢人に代わったのである。

東トルキスタンのような藩部の直接統治化は他の地域でも行われた。例えば、一八八一年、李鴻章は朝鮮関連の事務を、それまでの朝貢国との関係を扱う礼部から、北洋大臣（自分）に移し、一八八二年に袁世凱を植民地総督として派遣した。(九〇)それまでは控えられていた朝鮮の内外政に介入し、圧倒的に清に有利な不平等な関係を築き、朝鮮の属国化が進められた。そして一八八五年に台湾に中国式の台湾省を設置し、淮軍系の劉銘伝が初代巡撫として直接統治を行った。

元々清朝は旗人連合隊によって、満洲人、モンゴル人、漢人、チベット人、ウイグル人の五民族の住む範囲を区別して、それぞれの伝統を保ちながら統治していたが、ここに至って変質し、満洲人と漢人の連携を強めて「満漢一家」を唱えるようになった。(九一)

清朝は満洲族という非漢族によって樹立された王朝、すなわち征服王朝である。(九二)現在の中国の広大な領土は清朝の遺産を継承したものである。つまり現在の中国の領土は、清朝という外来勢力の軍事的遺産としての性質があり、古来より一貫された中国固有の領土というとらえ方は歴史的に正しくないといえる。

第七節　清朝の崩壊

十七世紀後半から清朝の統治は固まり、第四代の康熙帝から第六代の乾隆帝までの時代は中国で「康乾盛世」

と呼ばれた。社会の安定につれて人口は急激に増加した。十七世紀末期まで一億人を超えたことがなかった中国の人口は急増し、十九世紀半ばには四億人を超えた。(九三)この人口圧力は、近隣への、そして南洋などの海外への移民へと繫がった。

清は、版図内の移動についてはは基本的に放任主義をとっていたが、版図外と「藩部」への移民は一八六〇年の「北京条約」、一八九三年の「対内法令」まで原則禁止した。(九四)漢族が非漢族地域へと拡大していくことは、一面で「漢化」、漢族的な価値観の拡大、あるいは押しつけへと繫がり、漢族と現地住民の間に摩擦が頻発した。

十八世紀末から十九世紀半ばにかけて、華北では白蓮教徒と呼ばれる民間宗教結社や捻《ねん》軍などのアウトロー集団、西北では回族ムスリムによる蜂起が頻発した。その最大のものが華南で起きた太平天国の乱である。彼らは「天下は中国の天下であって胡虜（満洲人を指す）の天下ではない」とのスローガンを掲げ、太平天国政権を作り、清朝の統一支配の基盤が崩れていった。

（一）辛亥革命

アヘン戦争以後、清朝は西洋列強の主導する国際秩序へと組み込まれて、租借地が設けられ、植民地化あるいは半植民地化されつつあり、外交で不平等条約を結ばざるを得なかった。さらに一八九四年の日清戦争で「東夷」と見下してきた東方の小国日本に敗れ、大きな屈辱を受けた。

清朝の主権や領土が次第に侵食され、漢人からみれば、中国人は西洋人の「夷」（イギリスやロシアなど）と周辺の「夷」（日本人や満洲人を含む）の二重の意味での「夷」の支配をこうむることとなり、官僚や知識人たちは国の将来を憂慮して「瓜分の危機」論を提起し、改革の道を試みた。(九五)

主に二つのグループに分かれていた。一つは康有為（一八五八～一九二七年）と彼の弟子梁啓超（一八七三～一九二九年）などが代表する「立憲派」「維新派」である。もう一つは孫文（本名は孫逸仙、一八六六～一九二五年）や黄興（一八七四～一九一六年）が代表する「革命派」である。[九六] 漢人のナショナリズムと共和制を求める革命派に対し、立憲派は立憲君主制を主張した。

立憲派は、満洲人が二百数十年も中国の統治をする間、漢人に同化しており、明治維新を成功した日本をモデルにして、上の政治体制だけを近代化すればよく、清の皇帝の下に議会を作ればよいという改良主義的立場、いわゆる立憲君主制を提唱した。革命派の孫文らは「韃虜（満洲人を指す）を駆除して、中華を恢復し、合衆政府を創立する」というスローガンを掲げ、[九七] 清朝の打倒を訴えた。[九八]

孫文

日清戦争三年後の一八九八年、立憲派は朝廷に登用され、六月から明治の憲政に倣った「変法」（体制改革）を開始した。しかし、それは一方で既得権を得ていた保守派官僚や皇族の利益と対立するものであったことから、同年九月、保守派とその中心人物である西太后（一八三五～一九〇八年）によるクーデターで終焉され、約百日間で終わった。これが「戊戌の政変」（「百日維新」ともいう）である。

革命派は孫文を中心に興中会、中国同盟会などの革命グループを成立し、海外の華僑、日本人を含む民間人から革命の資金を調達し、中国の南方で広州蜂起、黄花崗起義などの武装蜂起を繰り返したが、全て失敗に終わって革命運動は停滞状況に陥った。

ところが一九一一年十月十日、湖北省武昌市（一九二六年に漢口、漢陽と合併して武漢市）で革命勢力共進会に属する軍人将兵が蜂起し、（九九）辛亥革命が始まった。翌日、湖北軍政府を設け、国号を「中華民国」と定めた。これを皮切りに各省が相次いで独立し、一か月余りに独立宣言をした省は全国で十四に上り、清朝に残った中国本土の省は直隷（現在の河北省の一部）・河南などわずか数省だった。清朝は一気に崩壊に向かうことになった。一九一二年一月、孫文は南京中華民国臨時政府の成立を宣言した。

革命派は南方で勢力を拡大し、北方の朝廷と対峙していたが、軍事力と外交力が弱いため、孫文を臨時大総統とする革命政権と北京の清朝の間で政権統一に向けて、いわゆる南北和議が行われた。南北両派は和議で調整を行い、次第に清帝の退位、袁世凱（一八五九〜一九一六年）を臨時大総統にする立憲共和制の樹立へ収斂した。（一〇〇）その結果、中華民国の臨時大統領になっていた孫文は大統領の座を袁世凱に譲り、統一政権の樹立に向かった。

一九一二年二月十二日、ラストエンペラー・溥儀は退位を発表し、同月十五日に袁世凱が臨時総統に就任、中華民国北京政府が発足し、近代中国の国家像が次第に固まっていた。しかしわずか一年後、新政府は崩壊し、中国は帝政復活、軍閥闘争、内戦など伝統と近代が交錯する時代になった。

中華民国政府が成立した際、「夷狄《いてき》」である満洲、モンゴル、チベット、ウイグルとの関係をどうするかが議論になった。「清朝の大一統」を主張する立憲派と「華夷《かい》の別」を強調する革命派は民族問題について考え方は異なるはずだが、議論の結果、満洲、モンゴル、ウイグル、チベットの代表が不在のまま、彼らを中華民国に吸収し、これら非漢人居住地域を含む清朝の現有領土を維持することで合意した。（一〇一）両派は将来の中国政治の在り方について異なる部分はあるものの、「夷狄」の四民族を中華民族のカテゴリーに規定し、彼らが持っている領土を中華民国の領域にすることでは相違はなかった。これにより中国は伝統的な「天下国家」から「中国本土」+「属藩」からなる近代的な「領域国家」を目指すことになった。

特に革命派が提唱していた国民国家理念に基づいて近代国家を建設するプランは、多民族国家であった清朝の領土も維持する考えとは本来矛盾していたが、非漢族である「夷狄」を国家統合に取り込むことによって、中華民国は清朝の版図をそのまま継続することができるため、二十世紀初頭に創出された「中華民族」のカテゴリー内に「夷狄」の四民族が入れられ、主に「五族」が協力する体制として中華民国はスタートされた。後にこの枠組みは漢・満・蒙（モンゴル）・回（ウイグル）・蔵（チベット）の「五族共和」と呼ばれるようになった。

その背景には日清戦争以後、中国のエリートの中で「瓜分の危機」（瓜を切り分けるように領土が分割されていく）という強烈な危機意識が生まれ、「中国は一つでなければならない」というナショナリズム（民族主義）が生まれた点があった。清朝の構図は満洲人皇帝にそれぞれの地域がぶら下がっている構造である。もし満洲人を排除すると「よそ者」である「藩部」も当然独立を志向する。「藩部」は全て辺境地域に位置しており、ロシア、イギリス、インドなどの支持を得て独立してしまうと、中国の領土はもともと漢人が住む地域だけとなってしまう。こうした思惑から南北和議では「夷狄」の声がないまま、その権利を無視し、「中華」と「藩部」を無理やり混合する方針を決めたのである。

辛亥革命は近代的領域国家を設立する革命のはずだったが、漢民族の「中国は一つでなければならない」という根強いナショナリズムのもとで、中華民国は中途半端な「前近代的な帝国」に戻ってしまい「華夷」全てが近代的な領域国家を建設することができなくなった。これが現在に至る中国の民族問題の始まりである。

一九四九年、中華人民共和国も中華民国の版図をほぼそのまま継承し、元々の「藩部」の領域に自治区を設け、中国本土との一体化を進ませた。つまり清帝国の崩壊と中華民国成立のプロセスにおいて、帝国の再編と諸民族の民族自決権の行使、国民国家の成立は許されなかった（モンゴル人民共和国は除く）。

（二）「藩部」の動き

辛亥革命後「藩部」であるモンゴル、チベット、ウイグルは「中華帝国」「中華民族」などのアイデンティティにほとんど無縁であるから、漢族中心の国家の中に留まる必要がなくなり、再び独立運動が活発化した。

東トルキスタンの地域ではほぼ同時に二つの反政府運動があった。一つはウルムチやグルジャにおける漢人の官軍による革命である。もう一つはクムル（中国名「哈密」）やトルファンなどのウイグル民衆による反清、反封建植民地闘争である。

中国人の革命グループは秘密結社・哥老会という組織にさかのぼることができる。(一〇二)哥老会は左宗棠の湘軍が東トルキスタンを征服した際、官軍に隠れ込んだ人達である。辛亥革命が起こると、革命に呼応してウルムチとグルジャで蜂起した。ウルムチでの蜂起は鎮圧されて失敗したが、グルジャ革命派は成功して一九一二年一月八日に独立宣言し、グルジャ臨時政府を組織した。しかし、宣統帝退位後、事態は「和平」交渉へと転じ、結局、「新疆都督」楊増新（一八六四～一九二八年）の懐柔策によって分断されて崩壊した。(一〇三)

これらは中国人の間で政権交代を図った動きであるが、東トルキスタンの人口の九〇％以上を占めるテュルク系民族は含まれていない。やがて最も多いウイグル人民衆の蜂起が起きる。それは一九一二年二月にクムルでチムール・ハリプ（鉄木耳・哈里発、?～一九一三年）を指導者とするウイグル人の蜂起だった。蜂起民衆は清朝の軍隊を撃退し、後にクムル東北の山中に入り抵抗を続けた。翌年三月になって、「新疆省」側は武力弾圧を手控え、「和平」交渉を行った。同じイスラム教の李壽福という回族の軍人が代表として、民衆の権利保障を聖典『コーラン』の前で誓い、最後にハリプと蜂起軍を省政府側につかせて、ウルムチに駐屯させた。クムル蜂起の際、トルファン民衆もマフムード・ムイートを指導者としてクムル蜂起に呼応する形で立ち上がったが、楊増新の懐柔策で官軍に飲みこまれた。(一〇四)

ウイグル民衆に対する搾取は改善されておらず、官軍に編入されたウイグル部隊の処遇も決して良くないため、ハリプとムイートは連絡をとり、再び蜂起を計画したが、計画がばれて省政府に一網打尽され、二百人が処刑された。(一〇五)

互いに離れているオアシス社会では横の連絡が困難であり、ハリプの農民蜂起はクムル、トルファンからさらに他のオアシスのウイグル民衆と連携することはできず、政権樹立も成功できなかった。

東トルキスタンにおける漢人軍閥の植民地支配は改善されておらず、一九三〇年代にウイグル人の独立運動は再び活発化した。今度は一九三三年と一九四四年にわたって東トルキスタン共和国を二度創立し、ウイグル人の反中華帝国意識を表面化した。

同じ清朝の「藩部」であるモンゴルの場合は、一九一一年十二月、モンゴル人がチベット人活仏のボグド・ハンを擁立して独立宣言をした。やがてロシアの援助を得て南モンゴル（中国で「内モンゴル」と称する）を統一しようとしたが果たせず、自治権だけ獲得した。第一次世界大戦とロシア革命の混乱の中、一九一九年十一月、中国はモンゴルの自治を撤回させたが、一九二一年三月一日、モンゴル人はソビエト（当時、ソビエト連邦はまだ形成されてない）との協力の下、モンゴル人民政府をつくり、一九二四年十一月、モンゴル人民共和国として独立を達成した。(一〇六) 一九三六年三月、ソ連はモンゴル人民共和国と「総合援助議定書」を結び、日本と中国の反発を気にせず、翌年九月ソ連軍をモンゴルに駐留させた。（一〇七）第二次世界大戦後、「ヤルタ協定」に基づいてモンゴルで人民投票が行われ、改めてモンゴルの独立が確認され、一九四六年一月十五日、中華民国が「外モンゴル」の独立を承認した。一九四九年に中華人民共和国が成立後、モンゴル人民共和国を承認し、現在に至っている。

二十世紀初め、清朝は「改土帰流」を推進し、チベットに対する間接統治を直接統治に切り替えたが、これに反対したダライ・ラマ十三世はインドに亡命し、イギリスの保護下に入った。ところが、清朝がパンチェン・ラマにチベットの統治を委ねたところで辛亥革命が起こり、清朝は崩壊した。混乱した政治的な空白の中でダライ・ラマ十三世はラサに戻り、一九一三年一月にチベットの役人と住民に対する布告を出した。それ以後、国民政府はチベット全域を統治する能力がなく、漢族が著しく進出しているアムド（一九二八年に青海省を建省）やカム（一九三九年に西康省を建省）に省制を敷いた。これらの地域を除く中央チベットではチベット政府が実質的な統治を行っていた。（一〇八）一九三三年十二月、ダライ・ラマ十三世が死去し、青海省に生まれた三歳のチベット少年が転生者としてダライ・ラマ十四世になり、一九四〇年に即位した。（一〇九）

新中国成立前後、人民解放軍はチベット周辺地域（青海、西康など）で軍事作戦を行い、一九五〇年に中央チベットに侵入し、「西藏和平解放」を宣言した。翌年、人民解放軍はチベットの都であるラサを占領し、チベット全土を制圧した。同年五月、中国の軍事的脅威の下にチベット政府は「中央人民政府と西藏地方政府の西藏平和解放に関する協議」（十七か条協定）を結び、ダライ・ラマ十四世の地位と現行制度の維持、信仰の自由、文化と教育の発展、地域自治が保障された。つまり外交を除くダライ・ラマを頂点とするチベット政府の統治権を認めた。

しかし当時中共は中国の各地で共産主義による急速な「民主改革」や「社会主義改造」運動を進めており、

この協定でチベットの事情に配慮して「チベットには改革を強制しない」と約束したにもかかわらず、「封建農奴制からの解放」「民主改革」と称してチベット人の求めていない改革を強制してきた。（一一〇）そのことがチベット人の蜂起を招いた。さらに一九五六年にダライ・ラマや領主達の反対にもかかわらず、チベット自治区準備委員会が発足され、「自治区化」が進んだ。

　中共がチベット政府と「十七か条協定」を締結したにもかかわらずチベットで推進した「社会主義改造」や「自治区化」政策はチベット人の反感を買い、一九五九年にラサで市民の大規模な反乱が起き、反発が頂点を迎えた。しかし、チベットに駐留していた人民解放軍は躊躇なく民衆を鎮圧し、ダライ・ラマ十四世はインドへの亡命を余儀なくされた。

　中国は中央チベットに「チベット自治区」を成立させ、着々とチベット支配を強めた。チベット人の中国への抵抗は続き、中国に従わないものは容赦なく投獄され殺された。チベットから脱出したチベット人は一九六〇年の春からインド北西部のダラムサラにチベット亡命政府を樹立し、今日までチベット独立運動を展開している。現在でも宗教及び政治指導者であるダライ・ラマ十四世はチベット社会に対して大きな影響力を持っており、チベット民族運動のシンボルである。

（三）漢人軍閥の跋扈の東トルキスタン

　辛亥革命の二十七年前の一八八四年、東トルキスタンには中国内地と同様の省制が敷かれ、中国人が満洲人に代わって現地を支配し、辛亥革命後も中国人の支配が続いた。最後の巡撫・袁大化（一八五一〜一九三五年）は中華民国臨時大統領・袁世凱からそのまま「新疆都督」に任命されたが、「省内」の統制をとれる状態にな

盛世才

く、まもなく袁大化は自ら辞職し、清国科挙進士であった楊増新（一八六四～一九二八年）が後任となった。[一二]

楊増新の独裁支配は十七年間続き、一九二八年七月七日に部下であった樊耀南が起こしたクーデターで殺害された。このクーデターの鎮圧者である金樹仁（一八七九～一九四一年）が一九二八年に省長に就任した。彼は「新疆」を五年間統治したが、腐敗と圧政が目立ち、この頃から「新疆」の現地住民の反体制運動は活発化した。

一九三一年、クムルでウイグル人蜂起が起き、蜂起は各地に連鎖し、金樹仁はその対応を批判されて失脚、その後、盛世才（一八九二～一九七〇年）が「新疆省」臨時督弁に推挙された。盛世才は日本の明治大学や陸軍大学校へ通算三度留学したが、故郷東北が満洲国になった怨恨で、徹底的な反日主義者に変わったとされる。彼は一九三〇年に「新疆」の軍官学校の教官に任命され、後にクムルでの反乱の鎮圧で功を挙げた。

盛世才は一九三三年から一九四四年まで「新疆」を支配した。彼は、当初はソ連の支援で東トルキスタン・イスラム共和国を崩壊に導き、その後もソ連の影響下で親ソ・親中共路線を採り続け、民族文化尊重などの政策も敷いた。しかし一九四二年、独ソ戦でのソ連側の戦況悪化をみて、ソ連に見切りをつけ、蔣介石の国民政府に寝返ることを決意した。国民政府の勢力はそれまで事実上ソ連の植民地であった「新疆省」に入ることはできなかったが、盛世才の変節によって「新疆省」に軍を派遣し、ウルムチ政権を接収し、一九四四年、盛世才を重慶の国民政府の農林部長に就かせた。

盛世才の後任は、国民政府の民族問題を扱う機関「蒙蔵委員会」の元委員長・呉忠信だった。盛世才の統治下の、漢人による官僚職独占と漢人中心の統治体制は変わることなく、テュルク系ムスリムの武装反乱は止むことはなかった。呉忠信の着任からまもなく、テュルク系のウイグル人やカザフ人などによる反政府武装組織がソ連と接する北部の町グルジャで再び東トルキスタン共和国を建国した。

（四）第一次東トルキスタン共和国

クムルでハリプが蜂起してから二十年後、再び大きな独立運動が発生した。クムルでは清朝のときから回王（ウイグル人出身の親王）がこの地域の土地と人民を統治してきたが、省長金樹仁がクムルの回王の領地を収奪し、そこへ漢人が植民したことからムスリムの反乱が勃発した。

ホージャ・ニヤズ

反乱のきっかけとなったのは「小舗事件」である。一九三一年三月、「天山」の麓にある小舗という村に金樹仁の親戚を自称する漢族の地方官・張国虎が着任し、間もなく張国虎はムスリムの習慣を無視してウイグル人の少女と強引に結婚しようとし、教外者との通婚が厳禁されているムスリム住民の反発を招いた。

反乱を指導したのは回王府の護衛隊長であったホージャ・ニヤズ（和加・尼牙孜、一八八九〜一九四一年）である。ホージャ・ニヤズは甘粛の回族軍閥・馬仲英を誘い、反乱側が優勢となった。この反乱に手を焼いた盛世才はソ連の援助を獲得し、反乱軍を鎮圧した。

一九三二年末、ウルムチとクムルの間に位置するトルファンでも反乱が発生し、反乱軍と省政府軍は一進一退の状況に陥った。また一九三三年二月、タリム盆地南部のホータン（中国語で「和田」）でボグラによる反乱が起き、反乱軍はホータンで新政権を樹立し、一年数か月ホータンを支配した。このホータンの反乱軍はさらにヤルカンド、カシュガルに進軍し、一九三三年十一月十二日、カシュガルで東トルキスタン・イスラム共和国の建国を宣言した。新政府の大統領にクムル勢力の代表的人物ニヤズが、首相にはホータン勢力の代表者サービト・ダーモッラー（沙比提大毛拉、一八八三～一九三四年）が就任した。

革命によって「新疆」の情勢が不安定になると、ソ連は「新疆」への干渉を強めて、一九三二年から飛行機、武器、弾薬などを省政府に渡し、省政府軍の民衆に対しての鎮圧を支援した。[一一二] 一九三三年、満洲で日本軍に追われた「東北救国軍」の部隊七万人、[一一三] 赤軍の様々な部隊からなる、いわゆる「アルタイ義勇軍」が「新疆」に導入された。[一一四] これらの部隊が「新疆」に到着すると情勢は急変して、共和国は省政府側の圧倒的軍事力で崩壊した。

カシュガルの新政権は民族の土地の解放、中国人の支配の打倒、そして、ウイグル社会の近代化を目指していたが、国際的承認を得られず、ソ連の強力な介入によってわずか半年後に滅びた。共和国大統領ホージャ・ニヤズはソ連の仲介と接触で、省政府側に寝返る矛盾した行動をみせた。さらにソ連の希望に沿って反ソ的であった首相サービト・ダーモッラーを拘禁して省政府に引渡した。ニヤズは省政府副主席に任命されたが、一九三七年の盧溝橋事件後、盛世才に「日本帝国主義のスパイ」との罪状で逮捕され処刑された。

（五）第二次東トルキスタン共和国

第一次東トルキスタン共和国が成立されたとき、独裁者盛世才はソ連の力を借りてウイグル人鎮圧に成功するが、その後も相変わらずソ連を後ろ盾にして独裁支配を敷いてきた。ところが、一九四一年、独ソ戦が起きると盛世才はソ連の敗北を見込み、ソ連の影響力を排除しようとする。独ソ戦の最中の一九四二年にソ連は盛世才に裏切られ、東トルキスタンで長年維持してきた影響力はほぼ一掃された。一九四四年に独ソ戦でソ連の勝利が濃厚になってくると、ソ連は再び東トルキスタンにおける影響力を復活させようとし、今度はマジョリティであるテュルク系ムスリムを支持するようになった。

八月の盛世才と呉忠信の権力交代期にグルジャのニルカで反政府武装ゲリラ活動が活発化し、十月にニルカを陥落させ、十一月七日グルジャを制圧した。第一次東トルキスタン共和国が成立した日と同じ十一月十二日に第二次「東トルキスタン共和国」（以下「共和国」と略す）政府樹立を宣言した。政府主席にウズベク人のイリハン・トレ（艾力汗・吐烈、一八八五～一九七六年）を選んだ。翌年三月までにグルジャのほぼ全域を制圧し、各種制度の整備に着手した。四月八日に東トルキスタン共和国軍・民族軍が編成された。

イリハン・トレ

ソ連の援助もあり、民衆の国民政府軍への怒りが高揚する中で、民族軍は間もなくグルジャ、アルタイ、タルバハタイ地区を制圧し、さらに一九四五年夏に軍隊を東西に展開して東トルキスタン全土の解放を目指した。

ところが、第二次世界大戦終結（日本政府がポツダム宣言受諾）直前の八月十三日、ソ連と中華民国の間で「中ソ友好同盟条約」が締結され、ソ連は「新疆問題」を深刻化させないことを約束した。[一五] ソ連が共和国側を見捨てた理由については第五章に譲る。東トルキスタンの頭越しに行われた中ソ交渉を経て、ソ連は共和国主席のイリハンを拘束し、共和国に圧力をかけた。その結果、民族軍の軍事作戦は停止され、共和国と国民政府は和平交渉に転じ、翌年一月「十一か条の和平協定」が締結され、その半年後「新疆省連合政府」が発足した。連合政府主席には張治中、副主席にはアフメットジャン・カースミー（阿合買提江・哈斯木、一九一四～一九四九年）とブルハン・シャヒディ（包爾漢・沙希迪、一八九四～一九八九年）が就任した。[一六]

アフメットジャン・カースミー

本来、ウイグル人は漢人の植民地支配から脱出するために革命を引き起こしたが、ソ連が共和国側に圧力をかけ連合政府の成立を強要したのは、共和国が事実上ソ連に見捨てられたといえよう。

しかし、共和国側と国民政府側との間には不信感が続き、内部対立から連合政府は一九四七年五月頃に崩壊、共和国派はグルジャ地方に退去して、かつての領域を再び支配した。

一方、一九四九年、国共内戦の帰趨がほぼ明らかになる中で、中共は東トルキスタンを併呑し始めた。ソ連側は一月から二月にかけて当時人民委員会副議長だったアナスタース・ミコヤンが西柏坡の中共総司令部を訪問、また中国側からは劉少奇が六月から八月にソ連を訪問し、そのとき「新疆」問題が取り挙げられた。[一七]

図－8　東トルキスタン共和国支配地域
出典：王柯『東トルキスタン共和国研究』東京大学出版会、2009年、冒頭部分

ミコヤンは毛沢東にソ連共産党中央の意見として、「わが党は中国共産党が民族問題で思う存分に少数民族を独立させ、共産党が政権を取ったときに、中国政府の領土を縮小させてしまうことは主張しない。少数民族に自治（離脱権無し）を許してよいが、独立ではない」と伝え、また、「もし新疆の部族に自治権を与えたら，独立運動の土壌を残すかもしれない。我々は新疆の部族を独立させるつもりはないし、新疆に対して領土的野心もなく、我々は、新疆は中国の一部であり、そうあるべきだと考えている」と強調していた[118]。

しかし、中共の指導者は「新疆の解放」に積極的ではなかった。田中周の考察によると[119]、毛沢東は、中国全土の解放は順調に進んでいるものの唯一困難な地域は「新疆」であると考え、これは人民解放軍の作戦展開地域から遠く、砂漠がいくつも横たわるという地理的な隔たりが原因であった。また周恩来はミコヤンとの会談において、中共が「新疆」を「解放」するためには、まず青海、甘粛に根を張る国民党系の回族軍閥の攻略が必須であるが、即座の掃討は困難であり、さらに「新疆」内の協力勢力も微弱だと語った（一二〇）。当時広東、広西、寧夏、青海など八省は解放しておらず、毛沢東は「新疆」、西康（現在の四川省西部）、台湾、海南島の解放は翌年に持ち越す心積もりであったとされる。

しかし、スターリンはこうした中共首脳部の見解に反対し、石油が存在し綿花が採れる「新疆」の重要性を強調した。さらに劉少奇の訪ソ中にスターリンは「新疆」問題に触れ、イギリスがこの地に介入する可能性を強調し、再植民によって国境の防衛を強化するように提案した（一二一）。

一九四九年八月十四日、中共の連絡員・鄧力群は「新疆」早期解放の指示を受け、無線暗号通信を携えてソ連領内から直接グルジャに到着した（一二二）。そして、アフメットジャンらと会見し、「新疆」の情報を北京に打電し、また、近く北京で開催される第一期中国人民政治協商会議の準備会に出席するよう招請を行なった。アフメットジャンらがこの要請を受諾したのを受けて、毛沢東は八月十八日付けで正式にアフメットジャン宛に招請状を送り、二日後の八月二十日付けでアフメットジャンは北平（現在の北京）での政治協商会議に代表を送ることを毛沢東に伝えた（一二三）。

八月二十二日夜、東トルキスタン共和国の首脳陣八人はアルタイを視察するという名目で、秘密裏にグルジャからソ連のアルマ・アタ（現在アルマトイと称する）経由で北平に向けて出発した（一二四）。同じ日に毛沢東は人民解放軍の司令官彭徳懐《ほうとくかい》に「新疆」へ進軍する命令を出し、後に王震を司令とする第一野戦軍が西北の都市蘭州をおさえて「新疆」と甘粛の境界地区まで進駐し、いよいよ「新疆」へ入境する状況となった。

ところが、それから五日後の二十八日、突如モスクワ経由で奇怪な情報が「新疆省」連合政府主席のブルハンのもとに伝えられた。東トルキスタン共和国政府首脳陣の乗機が北京に向かう途中、墜落して乗客乗員の全員が死亡したというのである。（一二五）当時共和国政府幹部のセイプディン・エズィズィ（賽福鼎・艾則孜、一九一五～二〇〇三年）によると、九月三日、グルジャのソ連領事館が「アホメッドジャン・カスム（ママ）が率いる代表団が乗った飛行機はソ連領域内バイカル湖付近で墜落し、同乗した十七人が全員死亡した」との情報を暫定的極秘事項として、セイプディンなど限定された人だけに知らせた。（一二六）九月八日、セイプディンは共和国大統領アフメットジャンの後任となり、同日、本来北平に赴くはずであった人達の替わりにセイプディンが秘密裏にグルジャから北平に向かって出発した。（一二七）九月十五日に北平に着き、周恩来、毛沢東らと会談し、その後、九月二十一日に中共政治協商会議に参加して中共への服属を表明した。（一二八）九月十五日、グルジャで仕事を終えた鄧力群は、「新疆」省連合政府側も中共と協力するよう求めるためウルムチに向かった。九月二十六日、国民党側のウルムチ政権の主席ブルハンらも反国民党蜂起を行い、中共に帰順することを表明した。ここに正式な軍隊（民族軍）をもっていたウイグル人が国の扉を中共に開いたのである。そして無血の形で東トルキスタンを併呑することが可能となった。

セイプディン・エズィズィ

中国人民解放軍はソ連のトラック、飛行機などの支援を得て「新疆」へ進軍、十一月六日、王震がウルムチに到着し、（一二九）中国人民解放軍は年末までに東トルキスタン全域に展開し、共和国に属する民族軍は中国人民解放軍に再編され、各地に分散して配置された。アフメットジャンらが死亡した「飛行機事故」が公式に発表されたのは、人民解放軍による「新疆」侵攻が完了した十一月二十八日のことだった。人民解放軍が「新疆」全域に展開してから、中共は「新疆」の事務を統括する軍事機関「中共中央新疆分局」を設立し、次いで「新疆省人民政府」を成立させた。省主席にブルハン、副主席にセイプディンが就任した。

　この事件によって、親中共派のブルハンと、親ソ派のサイフジンの地位が急激に上昇したが、ウイグル人社会のみならず中央アジアのテュルク系住民の間でも圧倒的な人気と信望を博し、当時は「新疆」の行方を左右する力を十分有していたアフメットジャンら東トルキスタン共和国の指導者たちは、歴史の舞台から姿を消すことになったのである。

　この「飛行機事故」には多くの疑問が残され、ウイグル人近代史の最大の謎である。当時グルジャから北平まで一週間で着くはずなのに、なぜ首脳陣は会議の一か月前に出発したのか、なぜ山峰と衝突した「飛行機事故」なのに、乗客全員の遺体が揃っているのか、なぜ親中共派のブルハンと親ソ派のサイフジンは同機に搭乗していなかったのかなどの疑問が残されている。現在でもウイグル民衆の間では、アフメットジャンらの乗機は実は墜落しておらず、北京郊外の軍用基地に強制着陸させられ、アフメットジャンらはそのまま監獄に連行されて幽閉され、約十年後に獄中死したとか、ソ連国家保安委員会（KGB）に殺されたなどの「政治謀殺」説が語り継がれている。それらを立証する資料は未だ発見されてない。ソ連崩壊後、旧ソ連の多くの記録文書が公開されたが、東トルキスタン共和国に関する多くの公文書は閲覧禁止となっている（一三〇）。この歴史と深く関わったセイプディンは二〇〇三年に八十八歳で北京で死去し、「事故」の真相は今も謎のままである。ウイグル人の中では中国は卑劣な手法で東トルキスタンを併呑したと思う人が多い。

　ウイグル人近代史において最大の謎であるこの東トルキスタン共和国首脳陣の死亡事件が政治暗殺であるこ

とはまだ証明されてないが、いつかこの事件が真相究明されたら、中国が革命の英雄を暗殺し、「新疆」を不当に併呑したことが証明され、中共の東トルキスタンにおける支配の正当性は崩れるだろう。

第二次東トルキスタン共和国は最後のウイグル人蜂起が生んだ政権である。そして、この地域の史上唯一の近代的な民主政権である。中国の成立前夜、共和国は消滅され、政府の星と半月の旗や国歌は禁止されて、中国中共の「五星紅旗」の旗や「義勇軍進行曲」の国歌に変えられた。地名として東トルキスタンも使えなくなった。

中国政府は第二次東トルキスタン共和国の誕生を「三区革命」と名付け、中国革命の一部として、反国民党政権の革命であると位置付けて、中共が「新疆」を中国軍閥と国民党の暗黒の支配から解放したと主張している。ウイグル人の民族主義者や革命家は一般的に汎イスラム主義者や汎テュルク主義者、分離主義者などの名目で批判されるが、共和国政府主席アフメトジャンは公式に分離主義者ではなく革命の英雄とされ、北京政府に公に認められている歴代の数少ないウイグル人の一人である。現在グルジャに「三区革命」記念館、「阿合買提江路」（アフメットジャン街）が設置されている。

中共はウイグル人の民族自決的な政府を潰したが、その後も民族自決、分離独立の基盤は残され、中央政府にとって不安定要因となっている。

王震

第八節　「新中国」に併呑

一九四九年九月、東トルキスタンは中国に飲み込まれ、十一月に王震（一九〇八～一九九三年）率いる三五九旅団がウルムチに到着すると、共産主義者の中国人による支配体制を築き始めた。中共の最高長官として「新疆」に来た王震は後にウイグル人に対する虐殺を指揮し、一九八〇年代には中国の国家副主席となり、日中友好協会の名誉会長も務めた。(三三) 中共の到来はウイグル人にとって「スリが去って強盗が来た」に過ぎず、中国人民解放軍は征服軍であり、各地で民衆の抵抗が相次いだ。

五〇年代、中共は「蚊もハエも、ネズミも泥棒もいない地上の楽園を作った」と宣伝したが、社会主義建設は順調ではなかった。東トルキスタンで反政府勢力の掃討、暴力的な土地改革、反右派闘争（民族主義者との闘争）などの取り組みによっていわゆる「民族分裂主義者」に壊滅的な打撃を与えた。

人民解放軍の配備、準軍事的政府組織「新疆生産建設兵団」（以下では「兵団」と記述）の設置、内地との道路建設、中国人の入植などの措置をとって支配力の強化を図った。一方中共が東トルキスタンに入った当初は、基盤が弱かったため、現地諸民族に配慮しながら民族区域自治政策等を通じて諸民族を自治区政府に取り込んでいった。

過去に国際貿易が盛んだった東トルキスタンは中国の支配下になって以後、外部との繋がりが徹底的に管理され、孤立化した。さらに、ソ連と中国という巨大な反商業主義の体制は東トルキスタンに貧困をもたらした。六〇年代初めは飢餓が蔓延し、国境地帯の住民はソ連トルキスタンに逃亡した。やがて、中ソ関係の悪化に伴い、東トルキスタンと中央アジアを繋ぐ国境は閉鎖され、世界から完全に切り離された。

　一九七八年の改革開放以後、「新疆」の経済は上昇し、民衆の生活はやや改善され、伝統文化も発展したが、一方で経済発展による漢民族出稼ぎ農民の激増、計画出産（一人っ子政策）、核実験の繰り返し、環境の破壊、中国人中心の支配体制の増強などウイグル人の反感が募る政策が実施され、ウイグル人と中国政府の間での信頼関係は築かれなかった。

図－9　中国地図
出典：「産経新聞社」HP「ウイグルで進む中国化　民族・街の改造加速「明日の香港」懸念も」（2022年7月1日アクセス） https://special.sankei.com/a/international/article/20191128/0001.html

　現在、中国には五つの自治区が存在するが、「新疆ウイグル自治区」は、その中で最大の自治区であり、中国の六分の一を占める。中国政府は「新疆ウイグル自治区」を成立し、ウイグル人に自ら自分のことを決める自治権を与えたと宣伝しているが、現実では、ウイグル人ではなく北京に忠誠を尽くす漢民族が、実権を有する自治区党委員会書記に任命され（文革期のセイプディンを除く）、自治区のトップは漢族の中で交替されている。

　秦、漢をはじめ、遊牧民が統一国家を作ったとき、中国も対抗するために団結することが必要となり、統一国家ができた。遊牧帝国があるからこそ漢人は団結ができ、統一した国家を建てられた。遊牧国家が衰退すると、中国も三国、五胡十六国、南北朝、五代十国などの分裂の時期に入った。歴史をみれば遊牧帝国があるからこそ、統一した中国が誕生したといえるだろう。

また、ウイグル人の祖先がつくったオルホン・ウイグル汗国は唐と友好同盟関係を築き、「安史の乱」の鎮圧に援助したことがある。つまり、歴史的には遊牧民と漢族は敵対関係だけではなく、共存関係も構築していた。しかし中国では歴史的に漢族が「少数民族」を蔑視し、「化外之民」と考えて、ウイグル人の祖先に「けものへん＝犭」を使う「狄」をあてていた。また、遊牧民族と中国人の敵対関係を過大に解釈してきた。新中国の成立後、漢人の中央政府が東トルキスタンを実行支配する能力を備え始め、意識上の蔑視に加え強力な権力による行政支配を強化し始めたのだった。

第二章

中国の民族政策

カシュガル市の中心部に設置されている巨大な毛沢東の像（著者による撮影）

辛亥革命以後、中国では北洋政府、国民党政権などを経て、一九四九年に毛沢東が率いる中国共産党が内戦で蔣介石が率いる国民党政府を破り、「新中国」を成立させた。民族政策について国民党の創設者である孫文や中共のリーダーの毛沢東は当初、いずれも民族の自立を尊重する連邦制を提唱していた。しかし政権を樹立するや否やそれを捨てて漢民族中心の単一性国家を目指した。中国ではどのように民族が増え、それらの民族と中国政府の関係や、中国の民族政策はどのように変化したのか、本章では国民党政権と中共の動向を中心に検討したい。

第一節　現代中国の形成

国民国家が成立する以前には神の名のもとに領土を広げていく宗教国家があったり、あるいは封建制度を敷く王朝国家があったりした。清朝は後者だった。国境線は明確ではなく、国旗や国歌も存在していなかった。アジアの国々の中で国境を定め、国旗・国歌を持つことに最初に成功したのは日本であった。

（一）「中華民族」の創出

中国の最後の王朝は征服民族である満洲人によって作られた清朝である。そこでは漢民族国家の意識は当然許されなかった。清朝による漢族に対する厳しい差別政策は逆に「漢族」という民族意識を刺激し、孫文などの革命家はここから漢族主義を煽って、漢族国家のビジョンをもち始めたとも指摘される(一)。

中国における主権的国民国家の形成と中国国民としての意識の創出の動きは、十九世紀の中葉、清朝帝国が西欧列強の開国要求のもと植民地化にさらされたことへの反応として開始される。従来、中国では多くの王朝が興亡したものの、日本国号のように時代を越えて呼称される国名は存在しなかった。昔から海外に在留する「中国人」は、「唐人」「清国人」、あるいはそのバリエーションである「華商」「華工」「華民」、あるいは「閩人」「粤人」「広州人」「潮州人」「泉州人」などと出身地ごとの地域のアイデンティティによって記載されるのが通例である。[二] すなわち、上にあげた「中国人」は近代ヨーロッパの概念でいう民族国家の国民ではない。

　幕末の開港に伴い、多くの「清国人」が来日し、長崎、横浜、神戸を中心に華僑、留学生、政治亡命家らによって革命グループが形成され、[三] 民族国家の建設が目指された。日本の「大和」という時代を超える民族の呼び名、神武天皇から「二千六百年」と続いてきた歴史観は彼らの新しい国家構想に大きく影響を与え、「中華民族」の創出に繋がったとみられる。

　梁啓超は日本の国家構造を真似て、政治的立場から想像の民族共同体と歴史を作り出した。一九〇一年、梁啓超は国名としての「中国」と日本から輸入した「民族」という概念を結びつけて、[四]「中国民族」という新しい概念を初めて使用し、さらに一九〇二年には、中国民族に代えて「中華民族」という概念を提示した。[五] 要するに、近代に入って初めて「中華民族」というカテゴリーが作られた。そして、歴史観についても日本の万世一系の天皇制に倣って、中国はすべて神話の最初の帝王、黄帝の血をひく「黄帝の子孫」が万世一系の「皇帝」となり、孫文は「漢民族四千年の文明」を持つとし、[六] 後に蒋介石は「漢民族は五千年の文明」を持つという物語を作った。[七] つまり、現在普通に使う中国・中国人・中華民族という概念は、近代国家の確立過程で意図的に生み出されたものであり、わずか一世紀の歴史しかない。

　大漢民族主義者である孫文は漢族単一民族国家を目指し、一八九四年にハワイで作られた革命結社・興中会も一九〇五年に東京で結成された同盟会も「驅除韃虜、恢復中華」（満洲人を駆逐し、漢民族国家を取り戻す）(八)を革命綱領とした(九)。一九〇六年二月の同盟会機関誌『民報』創刊一週年記念大会で孫文は少数異民族支配の排斥、漢民族の政権奪取等、中国の民族主義は種族革命から出発すべきとして、漢民族国家の樹立を主張した(一〇)。

しかし、漢族は清朝の三百年ほどに及ぶ長期の支配によってアイデンティティが変容していた。例えば、辛亥革命のとき、多くの漢族武将が死すとも清廷への忠誠を尽くすと言って革命軍に殺された事例、多くの漢族大衆が満洲人の象徴である辮髪を切り去ることを拒否した事例、中華民国の国務卿になりながら、満洲人皇帝の復活を願った徐世昌の事例、革命後も清朝に忠節を尽くして、退位していた溥儀に再び即位させて帝政を復活させた張勲の事例などは漢族が「清国人」であったことを示しているといえよう。

（二） 革命派の領土意識

一九世紀末から孫文などの革命派らは満洲人の支配から離脱して漢族の国家建設を目指して革命活動を展開した。革命派らは最初から「藩部」を統合しようとしたのかというと、そうではない。革命派が目指した新国家は、中国本土の十八省のみを指し、「中華の民」たる資格は「漢民族」のみに属するとの考えがほぼ共通認識であった。モンゴル、チベット、ウイグルを含むことは特に求めていなかった。「革命三尊」と呼ばれる孫文、黄興、章炳麟らであれ、蜂起した革命軍であれ、いずれもこのような意識を表明していた。

一九〇〇年二月十四日、香港で創刊された革命出版物『中国旬報』が「鉄路十八省全図」を掲載したことがある(一一)。この地図の現存は確認できていないようだが、その地図とほぼ同じとされるもう一つの地図が日本で発見された(一二)。それは半年後の七月に日本の東邦協会が出版した『支那現勢地図』（略して『現勢地図』、図‐10）、著作者は孫文逸仙（孫文）である（一三）。この地図は国立国会図書館の近代デジタルライブラリーサイトでみることができる。

これは日本で初めて本格的に出版された「支那」地図として日中の研究者の間で知られている（一四）。『現勢地図』で「支那」として描かれている範囲は中国本土の「十八省」（支那本部）である。統計表「支那国勢一斑」の面積及び人口欄には「支那本部と属藩（満洲、蒙古、西藏、準噶爾・東土耳其斯坦〔ジュンガル・東トルキスタン〕）」に分けた面積、人口の総計がある。ここで注目すべきなのは、境界線を明確にして描かれた「支那」は中国本土の省のみであった点である。

図－10　支那現勢地図
出典：武上真理子「地図にみる近代中国の現在と未来──『支那現勢地図』を例として」村上衛編『近現代中国における社会経済制度の再編：京都大学人文科学研究所附属現代中国研究センター研究報告』2016年、330頁

松本ますみによると（一五）、一九〇〇年の時点で孫文の頭の中では「支那」は二重構造になっている。すなわち、視覚的地図として革命派や周辺の人々にみせる狭義の「支那」＝十八省と、列強がChinaと認定する属藩も含む清朝の実効支配地域である。また孫文は「支那保全分割合論」（一九〇三年）で「支那の国土は数千年統一していた。……近世の五、六百年間、十八省の地の領土は堅牢で、分裂の恐れはない」と述べ、一九〇五年には「（革命が成功すれば）十八省の議会が後ろ盾になってく

れるだろう」と語り、十八省が漢民族の伝統的な領域であると認識していた。つまり当時の革命派らは漢民族と「満・蒙・藏・回」（満洲、モンゴル、チベット、ウイグル）などは別民族であり、漢族の伝統的領域である一八省のみで漢族国家を建設することはほぼ共通の認識であったと推測できる。

一九一一年十月十日の武昌蜂起で、革命軍人らは漢族本土の一八省を象徴する「十八星旗」を掲げ、後にこの「一八星旗」が湖北、湖南革命軍の正式な旗となった。(一六) しかし、十二月に立憲派や立憲派に近い革命派が上海で協和連合大会を開いた際には、彼らはその席で中華民国の国旗を「十八星旗」から漢、満、蒙、藏、回の「五族」を象徴する赤、黄、青、白、黒の「五色旗」に変更した。(一七)

革命が成功したとみるや否や、新中国は清帝国の版図を継承すると孫文はあっさりと宣言した。その最初のものが、辛亥革命後孫文がアメリカからヨーロッパ経由で中国に帰る際、一九一一年十一月、パリで新聞記事のインタビューに答えたものである。孫文は「中国は地理上、二十二省に分かれ、それに三大属地すなわち、蒙古、西蔵、新疆が加わる……。政治的には中央集権ではなく北米の連邦制度の導入が最もふさわしい」とモンゴル、チベット、ウイグルの帰属について言及した。(一八) しかし革命後孫文を含む指導者らは「藩部」を併合することにこだわり、連邦制は導入されなかった。

辛亥革命直後、孫文が率いる革命派と清朝の実力者・袁世凱が代表する立憲派は将来の国家像について、ともに清朝の領域の保全を前提に新しい共和国を設立することで合意した。一九一二年三月に公布された「中華民国臨時約法」では、「中華民国の領土は二十二の行政省と内外モンゴル、チベット、青海とする」（第三条）と規定された。(一九) 一九一四年五月に公布された「中華民国約法」では「中華民国の領土は、以前の帝国の領域に基づく」（第三条）となり、一九三一年六月に公布された「中華民国訓政時期約法」は、「中華民国の領土は各省及びモンゴル、チベットである」（第一条）となっていた。[二〇]一九四九年九月の「共同綱領」では「中国の全土を解放し、中国の統一事業を完成させる」（第二条）と規定した。[二一]

このように辛亥革命後スタートした中華民国は、かつての清朝の「藩部」を領域に加え、後に都を北京に置いた北洋政府（一九一二～一九二八年）が、次に南京に都を置いた国民政府（一九二七～一九四九年）が、最後に北京に都を置いた中華人民共和国（一九四九年～）がそれを継承してきた。現在はこの領域のほぼ全域（モンゴル国を除く）が中国の領土となっている。

（三）「五族共和」体制の確立

中国の覇権を掌握した満洲人王朝・清朝は近代国家と異なる領域国家だった。清朝は新たに征服した地域の管理のために、一六三八年にモンゴル、チベットの事務を担当する「理藩院」を設立し、東トルキスタンを征服後の一七六二年にグルジャにイリ（伊犂）将軍を派遣し、「理藩院」の管轄下に加えた。[二二]すなわち、「新疆」では地元ムスリムの有力者を首領とした伝統的な統治の「ベグ制」を復活させて間接統治をおこなった。中国の民族問題に詳しい政治学者加々美光行は、清朝の「中国」はなお「国家」観念としてではなく、伝統王朝の「世界」的観念性を帯び、「儒教文明の優越性」への認識を「藩部」や「朝貢国」と共有する前提ではなく、「多重文明の結合体」を中核とした「華夷秩序」観が働いたと指摘する。[二三]つまり清朝では漢族の儒教文明が中心的ではなく、モンゴルやチベットの仏教文明、ウイグルのイスラム文明など複雑な文明圏が対等平等な関係として共存していたといえよう。

日清戦争後、孫文は「駆除韃虜・恢復中華・創立民国」（韃虜を駆除し、中華を回復し、合衆政府を創立する）のスローガンを掲げ、「漢族」が「中華文明圏」としての独自の歴史と文化、そして生活領域をもつ偉大な「民族的」共同体であることを強調し、清朝の中国支配の不法性と漢民族国家の正統性を主張して革命活動を行った。「韃虜」とは清朝を担った満洲人をはじめとした「漢人」以外の「種族」を指す概念であり、「恢復中華」は「漢人」による「中華世界」の回復を目指すことである。[二四] 清朝打倒を目指す革命家の意識の中では、新国家は「漢族」中心の「単一民族国家」としてイメージされていた。つまり「中国は漢族の中国」、「中国の政治は漢族自身でやるべき」であるという意識が強く打ち出された。[二五]

ところが、辛亥革命後、清朝の版図を維持することを前提に、「満・蒙・回・蔵・漢」の五族で協調する「五族共和」という民族政策が主流となり、革命派も立憲派も清朝の領土を保ったまま国民国家を作るという矛盾する目的を達成するため、中華帝国という独自の世界システムが構想された。かつてのオーストリア・ハンガリー帝国、オスマン帝国、ドイツ帝国などと異なり、中国は清朝の構造的解体ないし再編というプロセスを辿ることなく、「五族」を一つの「中華民族」に融和することとなった。

辛亥革命成功後の一九一二年一月一日に孫文を臨時大総統とする中華民国臨時政府が南京で設立された。その式典において孫文は「臨時大総統就任宣言」（略して「就任宣言」）を発表した。孫文は「就任宣言」の中で「国家の本は人民にあり、漢満蒙回藏の諸地を合して一国となし、漢満蒙回藏の諸族を合して一人の如からんとす。是を曰ふ民族の統一と」とする多民族国家構想を提起し、[二六] 後に「五族共和」と表現されるようになった。

中華民国は、「単一民族国家」志向ではなく、「五族共和」を標榜する方向に変化し、大漢民族主義者である孫文も漢族、満洲、モンゴル、ウイグル、チベットの五族が一つとなって共和国を建設する考えであった。王柯は「五族共和論」を取り入れた理由について、清朝の版図と多民族国家の伝統を維持するためと指摘する。[二七]

つまりこの時点で孫文らは「中華世界」の分裂を回避し、清朝の領域を維持するため、漢族単一民族国家観を放棄したといえる。しかしこの「五族共和」の概念は五民族が平等な立場に立って助け合うよりも漢族中心に貫かれていた。

当時、中華民国が誕生したといっても政権の基盤は脆弱であり、北京にはまだ清王朝があり、中国は南北分離状態だった。この分裂を平和的に解決するため、孫文は「清朝皇帝の退位」と「約法の遵守」を条件に臨時大総統の地位を袁世凱に譲ることを約束し、これに応じた袁世凱の勧めで二月十二日に宣統帝は退位し、二月十五日に南京政府は臨時大総統として袁世凱を選任した。三月十日、袁世凱は北京で正式に中華民国臨時大総統に就任し、約束通り三月十一日に「中華民国臨時約法」を公布・施行した。清朝の皇帝支配の中心地北京で、清朝の「藩部」を包摂してスタートした中華民国は、おそらく孫文の革命理念に反するものであっただろう。

中華民国の憲法に当たる「中華民国臨時約法」では次のように規定された（一八）。

第一条　中華民国は中華人民がこれを組織する。

第二条　中華民国の主権は国民全体に属する。

第三条　中華民国の領土は二十二の行政省と内外モンゴル、チベット、青海とする。

第一条で「中華人民」としているが、これが何を指すのかは判然としない。このときの中華民族は中華と無縁である「藩部」のウイグル人、モンゴル人、チベット人を含んでいたが、彼らは自分達が中華人民とは思っていなかったであろう。それは、辛亥革命後に周辺諸民族が分離独立しようとしたことからもわかる。第二条の主権はあくまでも漢族が主体となった中華民族にあることを意味する。第三条では中華民国の領土は伝統的な中国の十八省ではなく、「藩部」の地域を含む二十二省と明確に規定した。一九一二年九月三日、孫文は五族合進会西北協進会での演説で五大民族の協調について以下のように述べている。(二九)

之を歴史に徴するも、世界に於ける革命は概ね種族問題に起因するか、然らざれば政治問題に起因するものである。(中略)我国の革命も同じく種族革命であり、政治革命でもあった。何となれば、漢、満、蒙、回、蔵の五大種族中、従来は満族のみ独り優勝の地位を占め、無上の権力を握って他の四族を圧迫し、満族は主人であり、他の四族は皆奴隷であって、種族の不平等は極点に達してきたのである。随って種族の不平等は自然政治的不平等となり、之が境に革命に迄進展して行ったのである。卽ち異族間における政治的不平等は、其の結果として革命となり、同族間における政治的不平等も亦、其の結果は革命となるものである。……今既に五族一家となり、平等の地位に立ったのであるから、自然種族不平等の問題は解決し、政治的不平等の問題も同時に解除され、此点永久に紛争を起こす理由は存在しない訳である。今後五大民族は同心協力し、共に国家の発展を策して、中国を世界第一文明大国としなければならない、之れ我が五大民族の大責任である。

ここで孫文は満洲人の清朝の不当性と民族関係の不平等性を強調し、そして中華民国の正統性と民族関係の平等性を述べ、漢民族、満洲、モンゴル、ウイグル、チベットの五族が協力して国家を発展させようと明確に主張した。

辛亥革命前「五族共和論」を批判してきた革命派の孫文らは、革命直後、権力の座についてからは清朝の最大版図を維持するには漢族中心主義では困難であると考え、「五族共和論」に賛同するようになったといえる。

（四）「五族融和論」への変遷

ラストエンペラー・溥儀の退位後、南北の政府は合流して中華民国政府を発足させたが、新政権は袁世凱の専制体制に変わってしまい、一九一六年、袁世凱が亡くなると、中国は軍閥が群雄割拠する分裂状況になった。一九一九年、孫文は国民党を創設し、一九二一年には後の国民政府の基となる広州政府を樹立した。

孫文は辛亥革命直後、諸民族を包摂する「五族共和論」に賛成したが、一九一九年の国民党創立前後、一転して「五族共和論」は「無知で蒙昧」であると批判し始め、「五族融和論」を強調するようになった。[三〇]「五族融和論」とは表面上は漢民族、満洲、モンゴル、ウイグル、チベットの五族が接近して仲良くすることであるが、事実は漢族を中心にして他の四民族をこれに同化させるという大漢族主義の考え方であった。

一九二一年に孫文は「中国国民党本部特設駐奥辦事処的演説」で、中国に唯一存在していいのは漢族＝中華民族の民族主義のみで、ほかの民族の独立を謳うような複雑な民族主義は存在してはいけないと断言した。[三一]そして、一九二二年六月の「三民主義の具体的実施方法」と題した講演の中で孫文は、「今日は中国の民主主義について話すが、五族の民族主義ではなく、漢族の民族主義を話すべきである。（中略）民族自決こそが我が党（国民党）の民族主義であり、満、蒙、回、藏はみなわれわれ漢民族と同化して、一大民族主義の国家になさねばならない」と述べたのである。[三二]一九二三年の国民党宣言でも「我が党の民族主義の目的は、消極的に民族間の不平等を除去し、積極的に国内各民族を団結させて一大中華民族に完成することにある」と述べた。[三三]つまり孫文は漢族以外の諸民族の漢族への徹底的同化を目指していたのである。
一九二二年、孫文はソ連と同盟関係を結び、国民党・中共・ソ連の三者の間で同盟関係が築かれた。(三四) 国民党もいわゆる「連ソ」(ソ連と連携する)「連共」(中共と連携する)の政策を基軸に改組され、第一次国共合作が成立した。政治学者、歴史学者の横山宏章によると、ソ連は国民党との協力関係を成立させるために孫文に軍事・資金的な支援をするほか「……また中国の北方ないしは西部の省に、あなた(孫文)を援助するために作戦機関を設ける用意がある」として孫文を非常に喜ばせたという。(三五) つまり民族自決権を標榜したソ連の本音は周辺諸民族を独立させることではなく、中国との交渉のカードに利用することにあった。
一九二四年一月、国民党第一次全国代表大会が開かれ、「国民党第一次全国代表大会宣言」で孫文は民族問題について、「国民党は中国内に於ける諸民族の自決権を承認し、且つ帝国主義と軍閥とに反対する。革命の勝利を得たる後、自由統一的なる各民族を自由に連合する中華民国を組織すべし」と宣言した。(三六) ボリシェビキ者と同盟関係を結んだ孫文はここで初めて民族自決権に言及し、将来の国家像について自由に統一した連邦国を宣言したが、民族の分離・自決権をそっくり認めていたわけではない。毛里和子によると、孫文の考え方は「漢民族を中心に、満、藏、回などを同化せしめて、漢民族を改めて中華民族とする」というように、「大漢民族主義」的観念が強かった。(三七)
一九二四年、孫文は「三民主義」講演の中で「中国は秦漢以後すべて一民族が一国家を造成して来たが、外国では一民族が幾つもの国家を造成するものがあり、一国家内に幾つもの民族を包含するものがあるからである。(中略)中国民族は総数四億人、その中他の民族としては数百万の蒙古人、百数万の満洲人、数百万の西藏人、百数十万の回教の突厥人(ウイグル)があるに過ぎず、之が総数一千万に過ぎないから、大体に於て、四億人の中国人は完全に漢人にして、同一血統、同一の言語、同一文字宗教及び同一の習慣を有する完全なる一個の民族なりと言うことができると思う」ととらえている。(三八) 漢族の民族主義を唱える孫文の少数民族に対する強い同化主義と異民族に対する関心の薄さがわかる。

一九二〇年代前半に国民党はソ連の影響下で各民族の平等という政策を打ち出したが、一九二五年に孫文が亡くなると、蔣介石が引き継いだ政権とソ連との間で関係が亀裂し、民族政策も孫文の「遺産」である同化主義を引き継ぎ、「中華民族一元論」を唱え始めた。旧「藩部」の独立の動きを阻止し、「大統一」を維持するために集権化を進めていく。

一九二八年、蔣介石が率いる南京政府は東北地方の統合に成功し、「党をもって国を治める」方針の下、国民政府は辺境の統合に強い関心を持ち、内モンゴルとチベットの管理を強化する蒙藏委員会を設け、半独立状態にある内モンゴルとチベットへのコントロールの強化を図った。(三九)

一九三一年の満洲事変以後、日本という強い相手が現れ、中国では諸民族を団結させて国を護る意識が強まる。さらに一九三七年、日中戦争が勃発すると、抗日ナショナリズムと「大中華民族」論が高揚し、「少数民族」と「中華民族の大団結」が求められた。一九三五年の国民党第五回全体会議においては「辺境政策を重視し、教化をひろめ、国族を団結させて統一を達成させる」と強調された。(四〇) 毛里和子は、(四一) 抗日戦争期にはナショナリズム、「国族」意識が盛んに称揚され、辺境に対する関心も強くなり、「国族」の支族であるとする民族や辺境の資源開発が議論となり、内モンゴル、青海、西康など少数民族の地域で省制が置かれ、内地化が進んだという。

このとき、漢族の軍閥・盛世才がソ連の支持を得て「新疆」で独裁支配を行っていたため、国民党の勢力は「新疆」に及んでない。

一九四三年三月、蔣介石は『中国の運命』を執筆し、漢族中心の中華民族国家を作る考え方を明白に主張した。(四二)

中華民族はその宗(族)、支(系)の不断の融和によって人口も次第に増え、ここまで強大になった。……わが中華民族は多数の宗族が融和してなったものである。中華民族に融合した宗族はここまで増えてきたが、融和の動力は文化であって武力ではなく、融和の方法は同化であって征服ではない。……

中国五千年の歴史は、各宗族共通の運命の記録に他ならない。この共通の記録は各宗族が融合して中華民族となり、中華民族が共同防衛してその生存をはかり、中国悠久の歴史を作り上げている。

ここで蔣介石は中国には中華民族という一つの民族しかなく、非漢人の「よそ者」であるウイグル、チベット、モンゴルに「支族」のレッテルを貼り、中華民族に統合しようと考えたのである。つまり蔣介石はウイグル人は宗教などが違うだけで、種族としては長い歴史を通して一つの中華民族になったのであり、当然その中華民族という種族の一員としてウイグル人も中国という一つの国家に属するのだ、と考えたのである。こうした蔣介石の大漢民族主義に対して、毛里和子は『中国の運命』はその「国族」意識の集大成であるとし、「孫文以来の大漢族主義的本質が赤裸々に表明された」と指摘する。(四三)

また蔣介石は中華民族への融和の動力は文化であって武力ではないと主張したが、一九四四年にウイグル人が中国から抜け出して独立国家を建設しようとしたとき、蔣介石は正規軍隊を導入してそれを阻止し、軍事作戦で成功しなかったため、ソ連との交渉でウイグル人の独立国家を潰したのである。

第二次世界大戦終了前後、国民政府は、チベットと外モンゴルでは「高度な自治」ないし独立を認める一方、

「新疆」や内モンゴルなど既に省制を敷いている異民族地区に対しては内地化を一層進めるという二つの辺境政策によって、近代統一国家の構築を考えていたが、内モンゴルでは外モンゴルとの統一の動き、「新疆」では東トルキスタン共和国樹立の動きなど、少数民族の地域は大きく揺れた。(四四)

抗日戦争で勝利を収めた国民政府は、一九四六年一月に中共及び各民主党派を含む政治協商会議を重慶で開催し連合政府の樹立が合意されたが、同年六月に内戦が勃発し国民党と中共は全面的内戦に突入した。三年後、国民政府は政権を失い、台湾に逃げ込んだ。辺境を分断して外モンゴルとチベットを切り離す一方、他の地域を内地化して一元的な近代国家を作ろうとした民族政策も実らなかった。

王珂は、国民政府の民族政策は中国＝「漢民族国家」という発想から、「少数民族」の利益は中華民族（漢族）の利益に服従すべきとし、「多民族国家である現状を認めながらも、少数民族の空間をできる限り縮めさせ、漢族の空間を拡げようとした」と指摘した。(四五)

孫文は征服王朝である清朝の支配を非難したが、「西欧発祥の近代的国民国家体制」と「中華大一統としての多民族統一国家」の矛盾に対する回答として、同化主義を採用し、後に蔣介石もこの考え方を継承し、今日の中華人民共和国もそれを引き継いだ。これが現在の中国における民族問題の淵源の一つである。

第二節　中共の民族政策Ⅰ（建国前の時期、一九二一～一九四九年）

一九二〇年代に結成された中共は、コミンテルンの支部であるため、結党当初はソ連の影響を強く受け、民族問題に対する姿勢も例外なくソ連に倣い民族自決原則の諸民族への適用と連邦制国家構成を表明していた。

ところが、抗日戦争が始まると、民族自治について肯定と否定の間で揺れ動く状況になった。第二次世界大戦後、領域内の諸民族に民族自決の原則を適用し連邦制国家を建設する可能性は公に否定され、各民族は中国の領域中の不可分の存在とした上で限定付きの民族自治を認める「民族区域自治」という考え方が採用された。これが現在まで続く民族政策の基本的考え方である。

一九二〇年初め、コミンテルンの幹部が中国に派遣され、同年九月、中国共産党が組織され、翌一九二一年に入って中共は初めて正式の指導部を持つ組織となることができた。[四六] 社会主義国家が民族問題、また民族自決の問題についてとる原則的な立場は、すでにロシア革命の勝利の直後に確立されたところであった。中共も民族政策については、基本的に自決権、分離権を認め、連邦国家を作ることを考えていた。

中共が初めて民族政策の綱領を示したのは一九二二年七月に開催された第二次全国代表大会（以下「二大」と略称する）である。この大会で初めて党として宣言が発表され、その宣言で「中華民族の完全なる独立」（第二条）を主張する一方で、「蒙古（モンゴル）、西藏（チベット）、回疆（東トルキスタン）三部の自治を実行し真正なる民主共和となす」（第四条）、「自由連邦制を採用し、中国本部、蒙古、西藏、回疆を統一して中華連邦共和国を建設する」（第五条）と規定した。[四七] つまり離脱権を前提にした連邦制によって諸民族を統一して中華連邦共和国を作るとしている。

翌一九二三年六月、広東で開かれた第三次全国代表大会（以下「三大」と略称する）で中共党綱が議決され、そこで「西藏、蒙古、新疆、青海等は、中国本部と関係を有しつつ、各該地に依りて民族自決をなすこと」（第八条）と述べている。[四八] 二大での政綱に比し、三大の党綱に表れた民族自決権は明確に規定され、一段の進歩を示した。

第一次国共合作の崩壊後、中共は農村部あるいは省の境の地域に拠点を移し、様々な地方ソビエト政権を作った。一九三〇年五月、これらの政権及びソビエト区域の連絡のために上海郊外において中共ソビエト区域代表大会を開いた。採択された「全国ソビエト区域代表大会政治決議案」では「民族自決の原則に根據して一切の少数民族に完全なる分離と自由連合の権あらしむ」(第五条)と規定した。(四九)

翌一九三一年の十一月七日、中央ソビエト区域の中心である江西省瑞金において中華工農兵蘇維埃第一次全国代表大会(中華ソビエト第一次全国代表大会、「一全大」と略す)が開かれ、そこで中華ソビエト共和国臨時中央政府が樹立され、「中華ソビエト共和国憲法大綱」が採択された。この憲法の第十四条では民族自決権を肯定して次のようにいう。(五〇)

中華ソビエト政権は、中国境内の少数民族の自決権を承認し、各弱小民族が中国より離れて、独立国家を建設する権あることを承認する。蒙古、新疆、西蔵、苗族、黎族、朝鮮人等すべて中国地域内に居住するものは、完全なる自決権を有し、中華ソビエト連邦に加入し、或は之を脱して自治区域を建立するを得。中華ソビエト政権は、此等弱小民族が、帝国主義国民党軍閥、王公、喇嘛、土司等の圧迫統治より解放せられ、完全なる自由に到達するを援助すると同時に、此等民族中において、彼等自身の民族文化と、民族言語を発展せしむべく努力する。

中国の社会主義憲法の原点ともいえるこの憲法ではモンゴル人、ウイグル人、チベット人だけではなく、まだ公式に「少数民族」と認められていない民族を含む各民族が中華ソビエト連邦から離脱する権利を完全に認めており、最も本来の民族自決権を表しているといえる。この「中華ソビエト共和国憲法大綱」はロシア共和

国憲法（一九二五年公布）をモデルにして起草されていた。(五一)
蔣介石が構想する近代中国のイメージは、一つのイデオロギー、一つの党、一つの軍隊、そして一人の領袖に集中する中央集権国家であるため、中共の存在が許されず、一九二七年四月から中共弾圧に転じた。蔣介石は「安内攘外」策を主張し、合計五回に及ぶ革命根拠地包囲作戦を展開した。一九三四年十月、中共は国民党軍の攻撃に耐えられず、中国の東南部である江西省瑞金を放棄して、西北に向かって有名な一年に及ぶ大長征の移動を開始した。一九三五年十月に陝西省北部の延安にたどり着き、ここで新たな革命根拠地を作った。
かつて、中共は漢民族が集中的な地域で活動し、民族政策もほぼソ連の政策をそのままコピーしてきたが、延安に到着する過程で中共は多くの少数民族地域を走破し、少数民族と接触し、民族問題も現実的意味を持つようになった。この時期に、民族自決権を承認する民族政策が出された。例えば、一九三五年八月五日の「毛児蓋決議」、一九三五年十二月二十日の「中華ソビエト中央政府の内蒙古人民に対する宣言」（略して「内蒙古人民に対する宣言」）、一九三六年五月二十五日の「中華ソビエト中央政府の内蒙古人民に対する宣言」などがそれである。(五二)
「内蒙古人民に対する宣言」は「内蒙古民族は、自主の原則に基づいて自身の生活を組織し、自己の政府を建設する権利を有し、他の諸民族と連邦の関係を結ぶ権利を有し、そしてまた完全に分離独立する権利も有する」と明確に述べた。(五三)
一九三六年七月、外国人ジャーナリストとして初めて中共の拠点に入ったエドガー・スノーは毛沢東と会見し、毛沢東は「中国で人民の革命が勝利したときには、外蒙古共和国は自身の意志で、自動的に中国連邦の一部になるでしょう。回族とチベット族も、同様に中国連邦に所属する自治共和区を作るでしょう」とスノーに伝えた。(五四) つまり、中共は中華ソビエト共和国の根拠地瑞金から追い出され、ソビエト革命が挫折した時期でも民族政策は変わりなく、成立以来からこの時点まで離脱権を前提とする民族自決権を堅持してきた。

ところが、一九三七年に抗日戦争が始まると中共の民族政策は揺れ始めた。第二次国共合作成立後の一九三八年十一月の第六期中共中央委員会第六回拡大会議において、「少数民族に対して共同抗日の原則下に漢民族と連合して統一国家を樹立する」とし、漢民族に対する平等、自治権は認めるものの「中国を離脱する」分離権、ひいては自決権を否定するように述べている。(五五)

一九三九年初め、党中央に西北工作委員会が作られ、陝甘寧辺区以外の地域、陝西・甘粛・寧夏・「新疆」・内蒙古地区で民族工作を始めた。毛里和子によると、(五六) 同委員会は「回回(回族)民族問題についてのテーゼ」「抗日戦争中モンゴル問題についてのテーゼ」を出し、二つのテーゼはともに、回族・モンゴル人が、「漢族、チベット人、ウイグル人の国内諸民族と平等の原則で一致抗日し、統一・連合した三民主義の新共和国を作る」よう現実的な政策を提示している。このように日中戦争を通じて中共は連邦制ではなく「統一した共和国」へ、民族の自決権ではなく「民族の自治権」へと考え方を後退させた。

一九四五年四月二十五日、毛沢東は中共第七回全国代表大会において「連合政府論」という政治報告を発表し、民族政策について以下のように述べた。(五七)

新民主主義の国家問題また政府問題には、連邦の問題が含まれる。中国領域内の各民族は、自発的希望と民主主義の原則に基づいて、中華民主共和国連邦を組織し、またこの連邦の基礎の上に、連邦の中央政府を組織すべきである。(中略)

国内少数民族の待遇を改善し、それぞれの少数民族に民族自決権及び自発的希望による原則のもとで、漢民族と連邦を建設する権利を認めるよう要求する。

共産党員は、各少数民族の広範な人民大衆が、この政策の実現のために闘うことを積極的に助けるべきである。そして各少数民族の広範な人民大衆――これに大衆との繫がりを持ったすべての指導者が含まれる――が彼らの政治・経済・文化の面での解放と発展を勝ち取り、かつ、人民大衆の利益を守る少数民族自身の軍隊の結成を助けなければならない。彼らの言語・文字・風習・宗教的信仰は尊重しなければならない。

その中で少数民族問題について、孫文が一九二四年の国民党第一回大会で提起した民族政策を踏襲すると言明したが、その政策は第一に中国領内各民族の自決権を承認することと、第二に各民族の自由な連合政府による自由統一の国家を組織すること、というものであった。(五八)「連合政府論」では各少数民族に民族自決権、および自発的希望による漢民族と連邦国家を作る権利を認めているといえるが、かつて明確に認めていた分離権から比較すれば、毛沢東の「連合政府論」における自決・連合論は曖昧で後退した政策といえるだろう。(五九)

中共が民族自決原則を否定した最初のものは内蒙古自治区であるといわれる。一九四六年四月三日、承徳における「内蒙古自治運動統一会議」で、かつて認められていた自決・連邦主義は完全に放棄され、自治・統一主義に変わったという。(六〇)この大原則の下で、「民族区域自治制度」が掲げられ、日本降伏後、旧満洲国興安省のモンゴル人たちはモンゴル人民共和国との統一を目指して東蒙古人民政府を樹立したが、中共支配下のモンゴル人による内蒙古自治運動連合会に吸収併合され、一九四七年五月にウラーンフーを長とする内蒙古自治政府が樹立された。(六一)

一九四九年九月二日の新華社社説は、中国共産党が『少数民族の自治』を主張していることを強調したうえで、「チベット、新疆、海南島、台湾を含む中国の全領土を解放し、一寸の土地も支配の外に残すことはしない」との決意を書いていたのである。[六二] つまり建国直前、中共は民族自決権の付与に言及せず、チベットや東トルキスタンの併呑をはっきり言い出したのである。

このように建国まで中共の公式な立場は、民族自決の承認、自由意志による中華連邦共和国の建設であったが、日中戦争、内戦を経て、内モンゴル自治区が成立して以降は、一貫して民族自決権を否定し、諸民族平等という基本原則の中で民族区域自治の考え方をとるように変わった。

マルクス主義者の中で民族自治論を掲げた人々は一九世紀末に既に存在していた。当時のオーストリア・ハンガリー帝国は、ドイツ人、マジャール人、チェコ人をはじめ十を超える民族を抱えており、ヨーロッパ諸王国の中で最も困難な民族問題を抱えていたという。[六三] 民族分離主義に反対する急進的な左派（左翼急進派）と呼ばれるローザ・ルクセンブルクとオットー・バゥアーなどの代表的人物は民族自治論を提唱していた。一八九九年にバゥアーは社会民主党の党大会を開き、「ブリュン綱領」を設定した。[六四] この綱領でバゥアーはマルクス主義の立場から多民族国家の版図の維持という大前提で、民族問題を自治的に処理する「民族的・文化的自治」を提唱したが、バゥアーの民族理論はレーニン、スターリンによって厳しく批判され、レーニンは「ブリュン綱領」の民族理論を文化的＝民族自治と呼び、これは民族を分離し、相互に離間させるものであると反対した。[六五] つまりレーニンは文化的＝民族自治は民族主義の強化と階級闘争の後退とをもたらすものと考えたとされる。結局、第一次世界大戦中に民族意識に目覚めた諸民族は民族国家を要求し始め、オーストリア・ハンガリー帝国も解体された。中共も同じ文化的自治しか認めない民族自治論を主張しているが、オーストリア・ハンガリー帝国のような解体の危機は残されている。

第三節　中共の民族政策Ⅱ（「新中国」成立後、一九四九～二〇二一年）

第二次世界大戦後、中共と国民党は日本という共通の敵を失ったことによって再び武力衝突に転じ、四年に及ぶ内戦を経て、一九四九年に中共は国民党に代わって「新中国」建設の準備を進めていく。結党当初から堅持してきた離脱権を前提にした「民族自決権」を否定して民族区域自治という特殊な制度をとった。この「自決権」の否定という方針が東トルキスタンに適用され、大きな問題を招いている。

（一）建国初期（一九四九～一九五七年）

一九四九年十月一日に中華人民共和国は成立したが、それに先立つ九月に共産党、民主党、無党派人士などが北平（北京）に集結して中国人民政治協商会議（略して「政協会議」）が開かれた。九月二十一日に開かれた第一期政協会議で新中国の民族政策について議論され、九月二十九日に臨時憲法に当たる「中国人民政治協商会議共同綱領」（略して「共同綱領」）が採択された。新中国の民族政策の基本的な指針を提供した「共同綱領」で連邦制は捨てられ、民族区域自治制度が採択された。

一九四九年九月二十日に人民解放軍第二野戦軍の前方委員会が南京でまとめた「少数民族工作に関する指示（草案）」がある。これに対して中共中央が一九四九年十月五日に回答、すなわち中共中央「少数民族『自決権』問題に関する第二野戦軍前方委員会への指示」（以下略して「指示」）を出した。「指示」には「少数民族自決権に関する問題」について、党の共同綱領の規定によるべきであり、「かつて内戦期には少数民族を獲得し国民党の反動支配に反対するために自決権スローガンを強調したことがある。……だが今後は帝国主義および少数民族の反動分子に利用され受け身になってしまわないよう、国内民族問題では自決権スローガンを強調してはならない」との記述がある。（六六）これは中共の民族政策の転換を示す史料として、早くから多くの研究者が注目してきた。「指示」では民族自決権を認めれば帝国主義に利用されると説明している。

共同綱領では民族政策について次のように規定されている。（六七）

第五十条　中華人民共和国内の各民族の一律平等、団結互助を実行する。帝国主義と各民族内部の人民の公の敵に反対し、中華人民共和国を各民族の友愛の大家庭にする。大民族主義と狭隘民族主義に反対し、各民族間の差別、圧迫と民族分裂の行為を禁止する。

第五十一条　各少数民族の居住地に、民族区域自治を実行するべきである。民族の居住地の人口と地域の大きさに依って、各等級の民族区域自治機関をそれぞれ樹立する。全ての少数民族が雑居している地域及び民族自治区内では、各民族は地元政府機関の中に一定の代表を置かなければならない。

第五十二条　中華人民共和国の国境内の各少数民族は国家の軍事制度に統一的に従って人民解放軍に参加し、地方的な人民公安部を組織する権利がある。

第五十三条　各少数民族は等しく自らの言語文字、民俗習慣を保持、あるいは改革する権利及び宗教信仰の自由がある。人民政府は、各少数民族の政治、経済、文化、教育を建設する事業を助けなければならない。

ここで各民族の一律平等（第五十条）、各少数民族の居住地区において、民族区域自治を行い、人口、区域の大小に照らして各少数民族自治機関を設立し、民族数に応じた代表を選出すること（第五十一条）、各少数民族は人民解放軍と公安部隊に参加する権利を有すること（第五十二条）、各少数民族は文字、言語、風俗習慣、宗教信仰の自由を保持する権利を有すること（第五十三条）が定められている。つまり、民族区域自治とは、各民族の主体性を尊重する観点から始められたわけではなく、居住する少数民族に区域を画定し、自治権を与えて、これを単一制国家に統合することが目的とされる。

中華人民共和国の基本原則を定めた「共同綱領」では連邦制は取り消され、中国中央政府指導下の民族区域自治とされ、各民族の独立した軍隊保持は認められないことになった。いったん革命が成功すると、やはり中共の主体である漢族の中華思想が台頭したのだった。

一九五二年八月、政務院（現在の国務院）政務会議は「中華人民共和国民族区域自治実施綱要」（以下「綱要」と略称）を採択し、民族区域自治の具体的なあり方が制度化された。「綱要」では「各民族の自治区はすべて中華人民共和国の不可分の一部である」と明記され、さらに「各自治区の自治機関はすべて中央人民政府の統一的指導の下にある地方政権であり、かつ上級人民政府の指導を受ける」とした（第二条）[六八]。

この「綱要」によって「少数民族」の中国からの分離独立権が否定され、同時に、少数民族地域は中央政府の統一的指導下に置かれ、また、複数の少数民族地域による連合も認められなくなった。現在に至るまで一貫して不変であり、中国共産党にとって譲ることのできない大原則として機能している。

一九五四年の全国人民代表大会（全人代＝国会）で採択された「中華人民共和国憲法」（略して「五四年憲法」）

によって国家体制が確立された。多民族統一国家としての中国や、区域自治の原則を確認し、各民族自治地域は、全て中華人民共和国の切り離すことのできない一部である（第三条）と規定した。(六九) また、五四年憲法は民族区域自治の行政単位を示す自治区・自治州・自治県の呼称とその体系を初めて規定し、「中華人民共和国の行政区域は以下の如く区分する。①全国は省・自治区・直轄市に分け、②省・自治区は自治州・県・自治県・市に分け、③県・自治県は郷・民族郷・鎮に分け、直轄市と比較的大きな市は区に分ける。自治州は県・自治県・市に分ける。自治区・自治州・自治県は全て民族自治地方である」と記された（第五十三条）。つまり、離脱権を前提にした民族自決権を全面的に否定したのである。

その後、五四年憲法は改正を経て、民族区域自治に関する規定が大幅に削除され、現在に至るまでこの民族政策はさまざまに変化したが、民族区域自治の原則はその後半世紀以上にわたって少しも変わっていない。民族の自治権には文字・言語の使用、ある程度の財政管理権、公安部隊や民兵の編制権、自治条例などの制定権などが含まれ、中央政府は民族幹部の保護育成、言語・文化・風習の保護などを行っていたが、自治権はあくまでも文化的自治権に留まっている。

五四年憲法の成立後、自治区という「括り」は正当視され、「各民族の自治地方は、すべて中華人民共和国の不可分の部分である」（第三条）と規定されたことによって、少数民族は、国家における「部分」としての歪曲された位置に置かれてしまった。法学者鈴木敬夫が指摘するように、これ以降、国家を後ろ盾にした大漢民族による「部分」に対する歪んだ「客体視」がはじまり、それは自ずと異なった言語、異なった宗教等を有する異民族に対する謂れのない「異端視」ないし「危険視」を醸成して、この地に生を享受した少数民族の尊厳ないし民族性の実在すら容認できなくしてしまったといえよう。(七〇)

中共が民族区域自治制度を採択した公式の理由は、①中国は歴史的に統一された多民族国家である、②漢族と少数民族の歴史的交流により、中国の民族分布は「大分散、小聚居」という状態にあった、③漢民族と各少数民族はともに帝国主義の侵略や圧迫にさらされていたので、両者は団結する必要があり、民族自決権を承認すると帝国主義に利用される、④中共指導下で各民族は長期の革命闘争を経験し、両者の運命は同じであった、などが挙げられている。

しかし、これら四点の理由はいずれも合理性を欠いている。①の中共が主張した歴史的統一国家や両者の運命は同じなどの説は、自民族の歴史があり国を持ったウイグル、チベット、モンゴルにおいてはあてはまらない。②で中共は少数民族が「大分散、小聚居」している、つまり少数民族は広大な国土に分散して小さな規模で集っているから、連邦制による共和国を形成する状況になく、「少数民族」の居住領域を細かく区切って自治権を付与する民族区域自治制度の方が適していると考えている。しかし、ウイグル人、チベット人、モンゴル人の居住地では地理的に集中分布していて、決して「大分散、小聚居」と形容されるような状況にない。一九五三年の国勢調査では九九・七%のウイグル人が「新疆」に暮らしており、「新疆」の人口の割合においても漢族は僅か六%しかいなかった。(七一) つまり「新疆」では漢民族が少なく、ウイグル人がマジョリティであった。③について、政治協商会議で共同綱領を起草するとき、周恩来は帝国主義の挑発による少数民族の分離運動を未然防止する考えから、連邦制国家構成を斥け、代わりに民族区域自治制度を導入したとの説明を行った。(七二) 確かに中国では列強による「侮辱の百年間」という歴史観があるが、第二次世界大戦後には、ナチス・ドイツと大日本帝国がともに敗戦し、勝者たる大英帝国やフランスもその後著しく脆弱化し、かつて世界を制覇していた列強諸国は既に凋落、世界の主役はアメリカ合衆国とソ連のみとなっていた。つまり中央アジアに影響力を持つのはソ連のみであり、民族自決が列強に利用される状況もなかったわけである。④についてはウイグル人の革命は漢族の植民地支配から離脱し、民族国家を作ることを目指していたため、漢族が中心である中共の革命において運命が一緒というのは事実ではない。

中共は帝国主義の脅威から民族自決権を否定したと説得したが、それは建前であり、むしろ本音は少数民族がもっている領土を獲得したいのである。当時の中国は四億五千万人の人口といわれるが、漢族が九割以上を占めている。しかしもっている領土は四割に過ぎない。つまり諸民族の離脱権を前提にした自決権を認めてしまうと、九割以上の漢族が四割の領土しか得られないことを意味する。中共が民族区域自治制度を採択した理由は、前述したようにオーストリア・ハンガリー帝国の版図を維持するという前提と同じものだろう。

民族区域自治制度が採択されて以後、自治区内で「先進的な」漢族と「遅れた」「少数民族」が相互に交流し助け合えば、民族の団結が高まり多元一体的な中華民族意識が芽生えると期待され、漢族が先進的で少数民族は後進的、漢族が支援する側で少数民族は支援される側、と中国政府が事実上公認したため、漢族民衆の少数民族に対する差別や蔑視が助長されていった。(七三)

(二) 民族政策の転換(一九五八〜一九七六年)

一九五六年、中国は「百花斉放」「百家争鳴」という政府に助言するキャンペーンを開始した。結果、共産党への批判が続出したため、五七年半ばにこの運動は停止され、その後、反右派闘争という強硬策がとられた。一九五七年九月二十三日の鄧小平による「整風運動に関する報告」で明らかに変化する。この報告では、大漢族主義に反対しながらも、地方民族主義傾向に対して強く反対することも同時に必要であるとし、地方民族主義者を「反社会主義の右派分子」と規定した。一九五七年までは民族語や民族幹部の保護・育成など比較的穏健な民族政策がとられたが、反右派闘争と人民公社化の強行などで民族地区は混乱した。こうした背景で、一九五八年には「新疆」で反漢民族運動が、また一九五九年には「チベット反乱」が起こった。

楊海英は「新疆」で始まった反右派闘争について次のように指摘する。[七四]一九五七年末、かつて民族自決を求めていたエリートたちは「地方民族主義者」とみなされ、粛清の対象となった。「新疆」ではほかにも自治区の名を「ウイグルスタン」や「東トルキスタン」に変更するよう求める動きがあり、こうした行動はすべて「漢族を排斥し、民族間の団結を破壊した」行為だとして政府から断罪された。地方民族主義分子とされた者は千六百十二人に達し、「右派分子」に分類された人は公職から追放され強制労働を強いられたという。[七五]

一九六六年、毛沢東は「新しい社会主義文化」の創生を目指してプロレタリア文化大革命（略して「文革」）を発動した。実際の狙いは、毛に対抗する国家主席劉少奇や鄧小平らの打倒だった。当時、十代の少年少女が各地で紅衛兵を結成した。「毛沢東語録」を手に「造反有理」「革命無罪」を叫び、毛に批判的な党幹部らを死に至るまで糾弾した。

文革期には民族文化は「古い文化」として批判の対象になり、寺院や仏像などが破壊され、知識人も犠牲となった。毛里和子によると十年に及ぶ文革期に漢化、革命化、軍事化の嵐があらゆる民族地区を襲って民族関係を緊張化させた。[七六]一九五八年から一九七八年までの二十年の間には、中共の民族区域自治制度は実質的には有名無実化し、大きく後退した。金炳鎬は、文革の約十年間は、「社会主義民族関係が空前の大破壊を受け」、「民族工作が全面的な破壊を受けた時期」であったと総括している。[七七]民族区域自治制度を再び設立し始めるのは、文革の終焉後のことである。

文革期の少数民族エリートに注目した熊倉潤は、旧来の少数民族エリートが打倒されたが、同時に中共体制に親和的な新しい少数民族エリートが登場したことを指摘した。(七八) 台湾の研究者、趙洪慈によると、少数民族幹部の登用が重視された背景に、(七九) 漢族側の問題として、「辺境」に移民した漢族には、「反革命分子」「土地を失った農民」「大陸各地の問題青年」「問題のある学生」「問題のある労働者」「整理され解雇された下級党幹部」が多く、新しい幹部として党が期待するような人材が漢族の中にいなかった点を指摘している。

(三)　改革開放以後（一九七七～二〇二一年）

一九七八年十二月に開かれた党第十一期中央委員会第三回全体会議（一十一期三中全会）において鄧小平を最高指導者とし、改革開放政策を推進する方針が確立された。大枠においては、建国以来の民族政策と何ら変化はないが、十一期三中全会で少数民族の区域自治は、中国の民族問題を解決するための基本政策であるということが改めて強調され、民族区域自治制度の維持と発展は中国政府の長期的任務であるとしている。

一九八一年六月開催の中共十一期六中全会では、『関於建国以来党的若干歴史問題的決議』によって、民族区域自治を堅持し、民族区域自治のために法制建設を推進し、各少数民族の自主権を保障する点を確認した。一九八四年に「中華人民共和国憲法」が改正されたが、五四年「憲法」の民族問題に関する基本原則を継承しつつ、少数民族の法制建設を強調している。続いて一九八四年の「中華人民共和国民族区域自治法」（以下では「民族区域自治法」と略）は一連の原則を集大成したものである。「民族区域自治法」の序文には「中華人民共和国は、各民族が共同に創設した統一した多民族国家である。民族区域自治は我が国の民族の問題の基本的政策であり、国家の一種の政治制度である」と書かれ、第十九条から四十五条にわたって自治機関の自治権について、主に立法の自治権、経済管理の自治権、人事管理の自治権、資源管理の自治権、財政管理の自治権、教育の自治権、民族の言語・文字および文化の自治権を規定している。(八〇)

毛沢東の時代は自治区党委員会書記（略して「自治区党書記」）は少数民族が担っていたが、「民族区域自治法」では自治区の主席、自治州長など政府機関のトップを現地の少数民族に担当させると規定しつつも、実権を握っている自治区党書記は少数民族から漢族に代わった。現在全ての自治区のトップを務める党書記は漢族である。「少数民族」は自治区主席に任命されるが、ウイグル自治区の場合では実権を持つ自治区党書記と飾り物の自治区主席がいて対照的である。

松村嘉久はこうした中共の民族政策の変遷を調べた（表-1）。それによると、中共の民族政策は当初、自決権と分離権を認め、連邦国家を作ることを主張したが、後に後退して、自決権、分離権、連邦国家の構想が全て否定され、民族自治を強調されるように大きく変わったことがわかる。

改革開放以後、一九五八年以来の急進的な民族理論は否定され、少数民族に対する優遇政策も実施されたが、一九八四年の「民族区域自治法」は新中国成立時のスタートラインに戻ったことを意味するのではなく、それよりも大きく後退したところから再出発したといわざるを得ない。また政治経済上の漢族優位の傾向は改善しておらず、今はさらに強まっている。さらに経済開発主義によって「新疆」の豊かな資源（石油、天然ガスなど）が搾取され、全体主義国家の国家優先の政策が反映された。ウイグル自治区では速いペースで中国化（漢族化）が進み、ウイグル人は民族が消滅する危機感を抱いている。

一九九一年末の中央アジア諸国の独立は、中央アジアでウズベク人に次ぐ二番目の主要民族であるウイグル人を刺激し、(八一)一九八〇年代末から毎年のように民族と宗教の問題に絡んだ紛争が起きた。一九九〇年四月にカシュガル近くのアクト県バレン郷で起きたバレン郷事件（中国で「反革命暴乱事件」と称する）や一九九七年二月、グルジャで起きたグルジャ事件（伊犂事件）、二〇〇九年七月のウルムチ事件（七・五事件）は特に注目された。

会議・声明・政策の名称	発表年月	自決権	分離権	連邦制	自治制
中共第２回全国大会	1922/07	△		△	△
中共第３回全国大会	1923/06	○			
中華ソビエト共和国憲法草案	1930/05	○	○	○	□
内蒙古人民に対する宣言	1935/12	○	○	○	
回族人民に対する宣言	1936/05	○			□
毛沢東の連合政府論	1945/04	○		○	
中華人民政治協商会議共同綱領	1949/09			○	○
民族区域自治綱要	1952/08		×		○
民族区域自治法	1984/05		×		○

表－1　民族自決か民族自治か――中国の民族政策の変遷
○は明記、△は不明瞭、□は連邦制に対する選択支として提示、×は否定
出典：松村嘉久「中国における民族自治地方の設立過程と展開――国家形成をめぐる民族問題」『人文地理』（49巻、1997年、23頁）から筆者が作成

中国政府は「新疆」の独立運動を警戒し、一九九六年に「新疆」の周辺諸国（ロシア、カザフスタン、キルギスタン、タジキスタン）からなる「上海ファイブ体制」を作り、二〇〇一年六月十五日にメンバーが拡大され、「上海協力機構」となった。

九・一一事件以後、アメリカなど世界中が「テロとの戦い」を展開する中で、中国はこれに便乗し、ウイグル人の運動を「テロ」として非難し始めた。二〇〇二年十月、中国共産党第十六回党大会が開かれ、「新疆」で辣腕を振るった王楽泉が中央政治局委員に選ばれた。二〇〇三年十二月十五日、中国公安省は「東トルキスタン・イスラム運動」、「東トルキスタン解放組織」、「東トルキスタン情報センター」、「世界ウイグル青年代表大会」の四つの組織をテロ組織と認定し、これらの組織のメンバー十一人をテロリストとして指名手配した[八二]。

中国政府は「新疆」での紛争をテロと非難し、厳しく弾圧してきたが、毛里和子はウイグル自治区での紛争の背景には「市場化、グローバリゼーションのすさまじい波が辺境を襲い、漢族と違う諸民

族（ウイグル人やチベット人）が周縁の中の周縁に追いやられているために起こっているというのが実情に近い」と指摘する。[八三]

ウルムチ事件後、胡錦濤政権は自治区党書記の王楽泉を穏健派の張春賢と交代させ、二〇一〇年五月に建国以来初めてとなる第一回「中央新疆工作座談会」を開催した。[八四]政治局全常務委員、省レベルのリーダー、解放軍、武装警察、「新疆生産建設兵団」の責任者など三百名が出席している。[八五]会議では「新疆」の経済発展によって社会の安定をはかり、安定によって発展を確保するということが確認された。[八六]民族や宗教問題で揺れる辺境地域への対応に中央が神経質になっていたのがわかる。

「新疆」において党の実権は圧倒的に漢族によって握られ、王楽泉が書記を務めた頃、新疆ウイグル自治区共産党委員会常務委員会メンバー十七名のうち、漢族は十三名、ウイグル人は四名に過ぎなかった。[八七]新中国成立後、中共は民族区域自治制度を採用し、各民族の平等と民族団結を強調してきた。しかし、中国も中華民族もやはり漢族が中心であり、民族平等と民族団結はスローガンに過ぎない。

楊海英は中国の民族政策について、「民族団結」とは、「漢族が、漢人中心の政体を維持し、漢人たちの利益を守り、少数民族に邪魔されないために『団結』を強めようとしている」という意味であるとし、漢族にとって都合の良いことを推進しようとしたときに、少数民族が反対しない前提を「団結」や「安定」と位置づけており、少数民族側が少しでも自己主張をすれば、直ちに「団結」を阻害した、と批判されると指摘する。[八八]つまり中共は「民族団結」を民族政策の基本としてきたが、これは少数民族が無原則に漢族と協調する、連携する政策であった。

二〇一六年八月、かつてチベットで辣腕を振るった陳全国が張春賢に代わって自治区のトップに就任した。

陳全国が来てから、ウイグル全土で大規模な強制収容施設を建設し、ウイグル人に対する弾圧を強めた。二〇一七年、「新疆ウイグル自治区脱過激派条例」が設定され、さらに二〇一八年、同条例に修正案を加えて「新脱過激派条例」を実施した。ウイグル語の使用、断食、ベール着用、あごひげ、イスラム式の挨拶などの習慣は問題視され、全てのウイグル人は弾圧の対象となった。

各国の情報機関（アメリカ国防省、オーストラリア戦略政策研究所など）、ＮＧＯ団体（フリーダムハウス、アムネスティなど）、ウイグル問題の研究者、海外に亡命するウイグル人、収容所帰還者などによって、ウイグル弾圧の実態が暴露され、世界を驚かせた。二〇一九年八月十三日、国連人種差別撤廃委員会において、初めて百万人のウイグル人が強制収容されていることが議論となり、翌二〇二〇年六月十七日、初の外国によるウイグル人のための「ウイグル人権法」がトランプ米大統領の署名で成立した。二〇二一年一月十九日、中国政府のウイグル弾圧に対してのトランプ前政権によるジェノサイドの認定をはじめ、カナダ議会、オランダ議会、イギリス議会、リトアニア議会などを含む欧米諸国でウイグルジェノサイド認定がひろがった。

陳全国は、「中華民族」意識を強めている習近平の指示を忠実に実施し、ウイグル自治区のトップになってから、男女老若問わず、激しい弾圧を行った。ウイグル人の知識人や宗教指導者、スポーツマン、芸能人など各分野で影響力ある人物は収容され、ウイグル人社会は文革の時期に匹敵する被害を受けた。しかし二〇一九年に習近平の指示が記された四〇〇頁以上の極秘文書が流出され、国際社会から習近平がウイグル弾圧の張本人であると非難された。ウイグル人意識を消し、ウイグル人社会を壊すという点で陳全国の辣腕な政策は習近平から評価されても、中国政府の高官しか触れることができない極秘文書が「ウイグル自治区」から海外に流出されたことは、結果的にウイグルジェノサイド政策の責任を習近平に「転嫁」することになり、これは容認できない事故になるだろう。

陳全国のウイグル自治区における支配は五年間続いたが、二〇二一年十二月二十三日、バイデン政権が「ウイグル強制労働防止法」を署名した翌日、馬興瑞が陳全国の後任として、ウイグル自治区のトップに任命された。陳全国を交代したところで、中国政府がウイグル政策を改めるとは言いがたい。恐らく急進的弾圧政策から時間をかけて緩やかな同化政策に転じるだろう。

(四) 民族識別工作

明治維新以降、日本人が造語した「民族」という言葉は、英語で対応語を探すとすれば、ネーション(nation)、ピープル(people)、エスニック・グループ(ethnic group)などがあり、さらにレース(race)の場合さえある。このように「民族」の定義は決して一筋縄ではいかない。

社会主義圏の国はソ連の影響を強く受けているが、スターリンが民族の定義について規定した四原則が有名である。一九一三年にスターリンが「マルクス主義と民族問題」と題した論文で、民族を成り立たせる要因として、第一に「言語の共通性」を、第二に「地域の共通性」をあげ、第三は「経済生活の共通性」、第四は「文化の共通性」「民族的性格の共通性」であり、「全ての特徴が同時に存在する場合に、初めて『民族』が与えられる」と述べた。[八九] 一般的な民族のとらえ方では、①まず言語を同じくし、②しかも風俗、習慣や歴史(神話を含む)を共有し、③さらに同じ民族に属しているという「民族意識」を持つ人々の集団であり、内面的な宗教や外面的な身体の特徴も含まれる場合がある。[九〇]

「新中国」成立後、中共は一定の「領域」を画定して、社会歴史状況の異なる諸少数民族に対し限定的な自治権を認めるという「民族区域自治」政策をとっているが、この政策の実施にあたり、各級行政単位を構成するに足るだけの民族集団が存在するか否かの調査や確認が必要となってくる。中共が政権を獲得する以前、民族と公式に認められた集団はモンゴル、チベット、ウイグル、回族など十民族に過ぎず（九一）、カザフやキルギスなど現在知られている民族はまだ認知されていなかった。

民族識別とは、これらの「民族」を言語や歴史の検証を通して、一つ一つ整理し、認定していく作業である。民族識別工作は一九五三年から始まり、一九八二年に一段落した。一九五〇年代当初、中共の民族政策の宣伝、民族活動の展開に伴って、全国で「少数民族」に認められようとする雰囲気が広がり、一九五三年の第一回全国人口調査において、自己申告によって登録されたマイノリティ・グループは四〇〇あまりに達した（九二）。中共は申請した四〇〇のマイノリティ・グループを民族として識別するために、一九五三年から中央民族事務委員会が調査団を派遣し、本格的な民族識別活動を開始した。一九五四年までに三十八の民族が公認され、一九六五年には十五民族が、一九八二年には二つの民族が認定され、これに漢民族を加えて五十六民族となる（九三）。このようにして、中国の五十五「少数民族」の数字と名称が決められた。建国五十周年を迎えた一九九九年十月一日、中国政府はその記念として中国の五十六の民族の姿を五十六枚の切手にデザインし、「民族大団結」の大きな記念切手として発行した。つまり中国では政府が認めた五十五の少数民族と漢族を加えて五十六民族がある。しかし清朝が滅びて中華民国が成立した一九一二年には、漢、満、蒙、回（ウイグル）、蔵（チベット）の五族しかなく、民族政策も「五族共和」と表現されていた。これらの民族の中でモンゴル、チベット、ウイグル、満洲の四族は中共の国家的政策で作られた民族ではなく、清朝の時代から明確に区別され、「新中国」が成立する前より、自民族のアイデンティティを持っている。

中共の民族識別もスターリンの定義に基づいて行われたが、漢語を話す回族、満洲人、土家族、ショオ族などはスターリンの民族に関する四原則を満たしていない。つまりスターリンの定義に基づくと、これらの民族は認められなくなる。

少数民族の人口は、一九五三年に五十一民族、二千九百三十九万九千人（中国大陸部総人口の六・〇六％）を占めていたが[九四]、二〇二〇年の人口センサスでは、一億二千五百万人（八・八九％）となっている[九五]。つまり少数民族の人口の全国総人口の比率も六％前後から九％に増えている。少数民族のうちウイグル人はチワン族、満族、回族、ミャオ族に続いて五番目に人口が多く、二〇二〇年の統計によると、ウイグル人の人数は千百六十二万四千三百人である[九六]。

（五）「中華民族」の多元一体構造

改革開放以後、非漢民族の「民族認同感」が高まり、民族問題が中共にとって最大の課題となる中、宗教的にも文化的にも異なる「少数民族」を、「偉大な中華民族」として包摂するには、「中華民族」の実態を証明し得る理論的な根拠が必要になる。

一九八八年十一月、費孝通という中国の社会学者が香港中文大学で『中華民族多元一体格局』（中華民族の多元一体構造）という演説を行った[九七]。そして翌一九八九年に本として出版された。これは現代中国における基本書の一つとなっており、「中国は統一された多民族の国」とはっきりと謳っている[九八]。

費孝通の説では「中華民族」はその概念が提示される二十世紀初頭よりもはるかに古い秦・漢帝国時代に起源を持ち、決して近代国家の形成時に意図的に作り出された虚構などではないという。中国の悠久の歴史の中で種々の民族が接触・融和して、「自然発生的」に形成された「民族実体」だというのである。つまり「中華民族」は数千年前から自然に発生した民族とされる。

費孝通は中華民族の中華民族の多元一体構造について次のように語っている。（九九）

……中華民族は中国の境域内の五十六の民族を包括する民族実体であり、決して五六民族を合わせた総称ではない。

……多元一体格局（ママ）が形成されるには、分散的な多元が結合して一体を形成していく過程があり、この過程において疑集作用を果たす核心が必要であった。漢族は多元的な基層のうちの一つであるが、彼らこそが疑集作用を発揮し、多元を一体へと結合させたのである。この一体はもはや漢族ではなく、中華民族であり、高いレベルのアイデンティティを持つ民族である。

……高いレベルのアイデンティティが必ずしも低いレベルのアイデンティティにとって代わったり、あるいはそれを排除したりするものではない。

つまり費孝通は、①「中華民族」は五十六の民族のアイデンティティより高いレベルのアイデンティティであり、単なる五十六民族を合わせた総称ではない。②多元状況にあった諸民族を「中華民族」に一体化するプロセスにおいて、核心的な疑集力を発揮したのが漢民族である、③高いレベルの「中華民族」というアイデンティティは下位である「少数民族」のアイデンティティを排除するものではない、言い換えれば、中国領域内に住む諸民族は「二重アイデンティティ」をもつが、「少数民族」のアイデンティティより高いレベルで統一的な「中華民族」のアイデンティティがあり、それは漢族が核心であるというのである。

費孝通の論文は孝古学、民族学、歴史学、政治学など、各分野から注目を集め、中国内外を問わず、近年の中国社会科学の分野では最も引用されているようである。しかし学問的に様々な問題があるとして批判がなされている。（一〇〇）西澤治彦は費孝通の提起について次の三点の批判点を挙げている。（一〇一）一点目は、「中華民族」という名称について、「『中華民族』というのは政治的な概念であって、民俗学上の名称としてふさわしくない」という点。二点目は、「中華」という語は、「歴史上は常に漢族や中原を指すものとして用いられ、少数民族は夷・戎・蛮・狄・番などと呼ばれ」、『中華民族』を少数民族の言語に翻訳する際に難しさがあることを挙げている。三点目は、多元一体構造そのものに関する問題点で、「中華民族は、未だに一つの民族を形成してはおらず、一体と呼ぶのはふさわしくない」という点である。

費孝通の論説からすれば、朝鮮半島の朝鮮・韓国人、モンゴル国のモンゴル人も、中央アジアのカザフ人、ウズベク人など国境を跨ぐ民族は、中国に住むのは「中華民族」で、隣国に住むのは「中華民族」ではないという問題も生じる。

費孝通の『中華民族の多元一体構造』には見え隠れする政治性があり、学問よりも中共のプロパガンダに近く、中国という「国民国家」を支える虚構に過ぎない。また、それは漢族の立場から書かれており、「中華民族」の「疑集」に中心的役割を果たした漢族は別格とされていることからして、蔣介石の大漢民族主義の継承といっても過言ではない。

費孝通の説は中国政府にとって極めて好都合なので、政府はこの理論に基づき多民族国家中国の正当化を図っている。今では費孝通の「中華民族論」は、政治キャンペーンや「分離主義」への非難に使われ、「新疆は祖国の統一不可分の一部であり、新疆の諸民族は中華民族多元一体の有機的一部である」として、その不可分性を強調している。(一〇二)

フランスでは、十八世紀末のフランス革命以来、自由・平等・博愛の精神と脱封建社会を成し遂げた共和主義に基づき、民族の壁を越えた政治的共同体としてフランス国民国家の建設に成功した。アメリカでは諸民族は共通の歴史の歩みがなくても、共通の国家利益に立ち、共通の自由、人権、「すべての人は生まれながらにして平等だ」という理念に基づいてアメリカ国民の創出に成功した。戦後のヨーロッパでは平和、自由、平等、人権などを含む普遍的価値観や反共産主義という共通のイデオロギー、共通の市場によって欧州連合（ＥＵ）ができ、ヨーロッパ人という共通のアイデンティティが成立しつつある。

これらの事例のいずれも他の民族の個性を抑制し、強引に同化しようとしてなされたわけではない。しかし、「プロレタリア独裁」という中国の体制では、普遍的価値観は否定され、漢族のナショナリズムによって諸民族を強制的に一つの「中華民族」に統合しようとしている。こうした形は欧米の場合と異なっており、「中華民族」の創出は不可能といえるだろう。

第四節　「少数民族」に関わる国際的要因

民族独立運動が高揚し、世界中の多くの地域で民族自決によって民族国家が生まれた二十世紀前半に、中国の少数民族はなぜその権利を実行できなかったのか。これまで述べた国内的要素もあるが、国際的要因も大きい。

中国の近代史においては、しばしば列強諸国に影響されたことが起きたが、その中で、現代中国の結成に最も大きな影響を与えた二つの国をあげられよう。その一つは西欧列強のロシア・ソ連である。もう一つは東洋強国の日本である。この二つの国が中国に与えた決定的な影響は、新たに台頭してきたアメリカの主導で行われた二つの条約に反映されている。またソ連の民族政策も指摘できよう。

一つ目は、第一次世界大戦後の一九二二年にワシントンで締結された「九か国条約」である。第一次世界大戦後、アジアで新たに台頭した日本は対露、対独などの戦争で勝利を収め、一九一五年に対華二十一か条の要求を強要し、列強の警戒を高めた。日本の中国大陸の進出を懸念したアメリカは東アジアや太平洋地域の秩序を維持するために、一九二一年から翌年にかけて、ワシントン会議を開催した。本会議で「四か国条約」や「九か国条約」「海軍軍備制限条約」などが結ばれたが、日本や中華民国を含む「九か国条約」で、中国の主権尊重、領土保全、機会均等、門戸開放などが定められた。(一〇三)

中華民国成立後の一九一三年五月、アメリカは北京政府を承認し、十月はイギリス、日本、ロシアなど十三か国が国家承認を与えた。(一〇四)しかし当時の中国では北京に北洋軍閥政府が発足していたが、各地では中華民国の正統な政府と自称して政権が乱立し、旧「藩部」も中華民国政府から離脱、あるいは離脱直前だった。例えば、一九一九年に孫文が国民党を結成し、一九二一年に陳独秀が中共を設立し、各地で軍閥抗争が繰り返されており、旧「藩部」のモンゴルとチベットは既に独立宣言しており、東トルキスタンでは革命の前夜だった。また当時の中国では複数の政権が存在するだけではなく、国境も曖昧であり、均質的な国民、統一された経済、軍事、外交など「近代国民国家」の条件が満たされておらず、名ばかりで、各地では軍閥が闘争しく、地方政権が乱立する中華民国だった。つまり当時は清朝という旧体制は崩壊したものの、新しい体制がまだ確立されていなかった。

「九か国条約」では中華民国を他の八か国と対等に扱い、一つの主権国家として認めた。(一〇五) この中華民国政府の国際的な承認は旧「藩部」の東トルキスタンやモンゴル、チベットを中国の一部であると認めたことを意味する。第一次東トルキスタン共和国が国際的な支援や承認を得られなかったことはこの条約と関連性があるといえるだろう。

二つ目は、一九四五年二月、米英ソ三国がクリミアで調印した「ヤルタ協定」である。この条約では、外蒙古（モンゴル人民共和国）の現状維持を含む諸条件を前提に、ソ連がヨーロッパの戦争が終わった二、三か月後に対日参戦することで合意した。言い換えれば、「ヤルタ協定」でモンゴル人民共和国の独立を認めたものの、東トルキスタンや内蒙古（南モンゴル）人民の民族自決権は無視された。「ヤルタ協定」が東トルキスタン人民にもたらした影響については第五章で述べる。

三つ目は、ソ連の民族政策である。第一次世界大戦中に社会主義のソ連は被抑圧民族の解放、そして諸民族の民族自決権を掲げ、周辺諸民族の民族自決権を承認したが、スターリンの時代ではそれを裏切り、非ロシア諸民族に対する差別と同化政策を進めた。スターリン時代のソ連は膨大な異民族を抱え込んでいたが、「大祖国戦争」と呼ばれる第二次世界大戦が開始されると、スターリンは国内非ロシア人に猜疑の目を向け、国内の少数民族に対する抑圧や憎悪を強めた。例えば、ナチス占領中に協力したことを理由として、カラチャイ人（テュルク系イスラム教徒）、カルムイク人（モンゴル系ラマ教徒）、チェチェン人、イングシ人、バシカール人（テュルク系イスラム教徒）、そしてクリミアのタタール人が一九四三年冬から一九四四年にかけて自治権を剝奪され、シベリア、カザフスタン並びにキルギスタンに強制移住させられた。(一〇六)

このようにソ連は民族自決を掲げながらも、それを裏切り、非ロシア諸民族に対する差別と同化政策を進めた。中共は成立当初、ソ連の経験やコミンテルンの理論をそのまま取り入れたが、一九四三年六月、コミンテルンの解散によってソ連の中共に対する干渉も弱まった。抗日戦争が始まると、各民族が団結して日本と戦う必要があり、中共は民族自決権を民族自治へ後退させたと考えられる。

しかしソ連と中国の民族問題は大きな違いがある。ソ連ではロシア人の比率が五割しかなかったのに対して、（一〇七）中国で漢族の比率は九割以上であり、少数民族は人口的に一割しかいないが、面積的には国土の六五％を占めている。両国の少数民族の重さには大きな差がある。また、民族自決権論は民族自治論と大きく異なって、単なる文化的権利のみを認めるものではなく、離脱権を含む完全な権利を保障するものである。ソ連では民族自決権が事実上否定されたが、名目上の自決権は認めていた。他方、中共は非漢族に対し、名目上も自決権を否定し、有名無実の民族区域自治制度によって諸民族を併呑した。

ソ連は諸民族の分離権を含む自決・連邦主義を提唱したが、国民党を牽制するときは中国周辺地域の民族の反国民党的動きを支持し、民族自決権を強調した。しかし情勢が変わると、その理念に反して諸民族を裏切ったと考えられる。つまり民族自決権の理念はソ連にとってあくまでも戦術的なものであって、堅持すべき原理原則としてはとらえていなかった。

以上、中国の民族政策はこうした国際的要因とも絡んで、民族自決から民族自治に、連邦制の肯定から否定に変化してきたといえよう。

第三章

ウイグル自治区における諸問題

ウイグルの地域で「中国化」が進み、中国の軍服を着て授業を受けるウイグル人の子供たち

出典：産経新社HP「英BBC北京特派員　台湾に移動　中国当局から圧力や脅し」（2022年1月4日アクセス）https://www.sankei.com/article/20210401-HZ3YSAUFMBLP5PNWIBJEL5N5PQ/

国内外で中共の正当性と「治疆方略」（「新疆」の統治策）を擁護する体制派の学者が多くいる。彼らの多くは中国政府、あるいは漢族の目線からウイグル問題を研究し、国家統一や領土保全の側面から問題をとらえている。しかし民族問題は民族の利益、アイデンティティ、文化・伝統、人権の保護を含む自決権の行使という側面もある。本章ではウイグル人の視点から中国政府のウイグル自治区における統治を検討したい。

第一節　人権侵害

人権の発想はもともと欧米から生まれ、二度の大戦の惨禍を経て世界に広がった。人権は国や統治者によって与えられるものではなく、人間が生まれながらにして持つ権利であるという考え方の源泉はアメリカ独立宣言に求めることができる。戦後国連は世界人権宣言をはじめ、二十四の条約とさまざまな権利宣言を採択して、国際的人権保護を重要な課題としてきた。（一）

（一）国際社会からの非難

中国政府の人権意識は欧米に比べて低いが、一九七一年、中華民国に代わって国連に加盟してから、世界人権宣言や国際人権規約のＡ規約「経済的、社会的及び文化的権利に関する国際規約」とＢ規約「市民的および政治的権利に関する国際規約」に署名した。（二）一九八二年以来、国連人権委員会の一員であり、一九九三年に国連世界人権会議において採択された「諸権利と自由の普遍性について疑問を差し挟む余地はない」とはっきり述べている「ウィーン宣言」及び「行動計画」を承認している。（三）

中共はこれらの条約や宣言に署名し、国連憲章より人権尊重の義務を課されているにもかかわらず、国内で人権の尊重、政治の民主化、社会の自由化を求めた政治的反体制派、「少数民族」、人権活動家らを弾圧し、たびたび「犯罪撲滅運動」のようなキャンペーンを実施し、大勢の人々を逮捕、処刑している。一九九四年にアムネスティ・インターナショナル（Amnesty International、略して「アムネスティ」）は二千七百八十件以上の死刑判決と二千五十件以上の処刑を記録した。（四）しかし公表された報告に基づくこの数字は氷山の一角に過ぎない。それ以後、死刑に関する数字は国家秘密扱いされ、中国の死刑執行数が把握できなくなっている。アムネスティ『二〇一八年の死刑判決と死刑執行』報告書では、中国の死刑執行は確認できないが「数千件に達す」とし、多くのウイグル人が反テロの名で死刑にされていることを指摘した。（五）

冷戦後、欧米諸国は中国の人権問題を重視し、中共を非難してきた。中共は一九九一年に初めて「中国の人権状況」を発表し、二〇一九年の「人民の幸福を図る——新中国の人権事業の発展七十年」まで十六冊の人権白書を発表した。（六）「新疆」の人権状況についても「新疆の宗教の自由」、「新疆の人権事業の発展と進歩」、「新疆の反テロと人権状況に関する」白書を発表し、人権事業の発展を自賛してきた。しかし、実態としては中国の人権状況は改善していない。

二〇〇一年、中国が世界貿易機関（ＷＴＯ）に加盟してから人権問題は再び注目され、二〇〇四年に中共は憲法に「国家は基本的人権を保障し、尊重する」（第三十三条）と初めて人権条項を入れ、胡錦濤政権まで国内で人権問題があることを認めつつも、一方で欧米と人権基準が異なるとし、「我が国は発展途上国であり、憲法に書かれている全ての人権をすぐは実現できない」と弁明していた。ところが二〇〇八年の北京オリンピック以後、中国政府は「人権は普遍的価値ではなく、西洋の価値である。西洋はそれを普遍的価値と呼んで、我々に押し付けようとしており、それを受け入れたら中国の価値を否定することになる」と主張している。[七]習近平政権になると中国全体の人権状況はさらに悪化し、ウイグル人に対する統制も強め、様々な面で抑圧、迫害してきた。

近年、国連をはじめ欧米諸国はウイグル人に対する中国政府による締め付けを懸念してきた。アメリカ国務省の「国別人権報告書」や宗教自由委員会の報告書、イギリス外務省人権局の「人権年次報告書」、そして、国連人権理事会、アムネスティ、ヒューマン・ライツ・ウォッチ（Human Rights Watch）などのレポートでウイグル人の人権侵害について懸念が示された。

二〇一八年八月、国連人種差別撤廃委員会は中国政府に不当に拘束されたウイグル人を解放するよう中国政府に勧告した。二〇一八年十一月、国連人権理事会はウイグル人の人権状況に関する審査を行った。二〇一九年末、欧州連合（ＥＵ）は「ウイグル人権法案」を成立した。アメリカは二〇一八年にマイク・ペンス副大統領らが中国政府を批判し、二〇二〇年六月、米大統領ドナルド・トランプは、「ウイグル人権政策法案」に署名し[八]、翌月、米財務省は、「新疆」で人権侵害に関与したとして、陳全国を含む四人と自治区の公安局に対して、米国内にある資産を凍結すると発表した。[九]

二〇二〇年九月、ＥＵは「新疆」で大規模な弾圧が起きている問題に対して、習近平に独立した監視団を受け入れるように直接求めた。[一〇]同月、アメリカの国土安全保障省は、「違法で非人道的な強制労働と闘う」との声明を発表し、中国政府がウイグル人への組織的な人権侵害を行い、強制労働のもとで綿花や綿製品がつくられた疑いがあるとして、アパレル製品の輸入禁止を決めた。[一一]国際社会が人権侵害は許せないこととして、正義の声をあげているが、中共は、これらの批判は政治的意図を持つものとして、受け入れず、内政干渉と反発している。

ウイグル人らへの人権侵害について国際的な批判が高まっている中、中国には危機感があり、二〇二〇年九月十七日、国務院新聞弁公室が「新疆的労働就業保障」（新疆の労働雇用保障）白書を公表した。(一二) 白書では「中国は国際的な労働・人権基準を積極的に取り入れ、労働者の権利を確実に保障している」と主張し、二〇一四年から二〇一九年まで「新疆」で百二十八万八千人に職業技能訓練を実施したという。

現在、ウイグル人に対する人権侵害の実態について不明な点はまだまだ多く存在するが、様々な研究結果や報告書、収容者の証言などに基づくと、ウイグル自治区における人権侵害の状況は人権侵害の域を越えて、民族ジェノサイド（集団殺害）のレベルに至っている。二〇二一年一月、アメリカ政府が中共のウイグル人政策について、「ジェノサイド」にあたると認定した。(一三) その後、国際人権団体（ヒューマン・ライツ・ウォッチやアムネスティ）や専門家らが相次いで報告書を発表、これらの報告書では中国政府がウイグルジェノサイドを犯している可能性があると結論付けた。また、国際法の基盤を作った英国で民間人（弁護士や学者など）からなる民衆法廷「ウイグル特別法廷」ができ、二〇二一年十二月に中国政府によるウイグル弾圧をジェノサイドに相当するとの判決をした。

世論の広がりによって、欧米諸国の議会において中国への非難声明やジェノサイド認定が拡大している。例えば、アメリカ以外に、イギリス議会、カナダ議会、チェコ共和国議会、イタリア議会、ドイツ議会、ベルギー議会などで同じ動きがあった。欧米諸国では非難の段階に留まらず、アメリカやEUでは人権侵害を行った個人や企業に対する制裁も発動され、二〇二一年十二月二十三日には、アメリカでウイグルからの輸入を全面的に禁止する「ウイグル強制労働防止法」が成立した。

先進七か国の中で、ウイグル問題で制裁などを含む十分な措置をとってない国は日本だけだが、日本政府のネガティブな対応に対して国民の中からも不満が上がっている。例えば、二〇二一年の自民党総裁選や後の衆議院選挙でウイグル問題に対するアンケートが出され、候補者のこの問題に対する態度が迫られた。また、国の対応が遅いことを問題視し、地方議員の方からウイグル問題の意見書採択の動きが起き、二〇二一年に日本全国二十九の都道府県から八十三の地方議会がウイグル問題で意見書を採択し、国に対応を求めた。（一四）

ウイグル自治区はヒマラヤ、カラコルム、パミール、テンゲル山脈に囲まれるため、南アジアと中央アジアから隔てられている。ただし昔の王朝時代あるいは帝国の時代には国境線は存在していなかったため、民衆は弾圧や殺戮に遭った場合は逃れるのも可能であった。しかし「新中国」成立後、「新疆」においては国境地域に「兵団」が設置され、徹底した国境地帯の管理が行われた。現在、ウイグル人が弾圧を受けても地形の影響や徹底した国境管理などによって、逃げ場がなくなっている。したがって中共によるウイグル人の被害は最も深刻になっている。

（二）強制収容

英国人作家ジョージ・オーウェルは、一九四九年に発表した小説『一九八四年』で、あらゆる国民が街中や家の中の「スクリーン」に監視され、拘束、拷問が横行する全体主義国家を描いた。冷戦時代、この作品は西側の人々にソ連の恐ろしさを知らしめた。またナチス・ドイツが一九三八年十一月の「水晶の夜」からユダヤ人を強制収容所に送り、そして敗戦前には「最終的解決」としてガス室を作って、ユダヤ人の絶滅を図ったことは世界中に知られている。二十世紀の今日、中国はオーウェルが考えた仮想の国よりも強力な監視システムを持ち、それをウイグル自治区で実現した。またナチス・ドイツのように中共が望ましくないとされるウイグル人を強制収容所に入れている。

二〇二〇年一月、ヒューマン・ライツ・ウォッチは報告書を公表し、そこで中国当局はウイグル自治区で十二～六十五歳の住民のDNAサンプル、指紋、虹彩のスキャンなど大量の個人情報を収集し、統合合同作戦プラットフォーム（IJOP、統合聯合作戦平台）という監視システムを使って、住民を監視していることを明らかにした。(一五) ウイグル自治区で現代ハイテクノロジーやビッグデータ、人工知能（AI）などを搭載した監視システムが導入され、ウイグル人の日常生活も丸裸に監視されるようになった。

二〇一六年初頭から「再教育キャンプ」と呼ばれる収容施設がウイグル自治区の各地で建設され、同年八月に自治区党書記に陳全国が就任してから自治区全体に広がった。二〇一七年八月、アメリカの短波ラジオ放送「ラジオ・フリー・アジア」（RFA）が本格的に取り上げてから、関連報道が急増し、翌年の八月、国連人種差別撤廃委員会がこの問題を取り上げてから世界的な関心が高まった。強制収容されている人々の人数について、二〇一八年二月十四日に在トルコ亡命ウイグル人が運営しているインターネットテレビ「イステクラルTV」が、「信頼できる現地の公安筋から入手した」とされるデータを公表した。そのデータによると、ウイグル人やカザフ人からなる拘束者は八十九万人を超えるとのことだった。(一六)

同年九月、ヒューマン・ライツ・ウォッチは報告書を公表し、中国当局はウイグル自治区で中国の法律にも根拠のない政治教育収容所を設け、約百万人のウイグル人が恣意的に拘束され、虐待され、文革以降、例をみない規模で人権侵害が行われていると指摘した。(一七) 米国務省の「二〇一九年宗教自由報告書」によると、二〇一七年四月以降、中国政府はウイグル自治区で千二百か所にも及ぶ収容施設を建設し、八十万から二百万人以上の

ウイグル人らが再教育施設に収容され、虐待や拷問を受けていると指摘した。(一八)

中国人権調査団体・中国人権保護（Chinese Human Rights Defenders）は、二〇一八年六月までに収容人数は合計二百万から三百万に達する可能性があり、ウイグル人が集中する自治区南部で収容されている住民の割合は平均で一二・八％を占めると指摘する。(一九)ＢＢＣ（British Broadcasting Corporation）は衛星写真の分析やウイグル自治区への特派員派遣などを通じて強制収容施設に関する調査を行い、二〇一八年十月に、ウルムチの郊外にあるダーバンチン（達坂城）という町の一か所の収容施設に最大十三万人が収容できると報道した。(二〇)こうした報告書によれば、少なくとも百万人規模のウイグル人が強制収容され、収容施設は一千か所以上にのぼることがわかる。

当初、中国政府は施設の存在を否定していたが、後に「再教育のために必要な施設」という主張に転じ、これは「国連グローバル・テロ対策戦略」や「暴力的な過激主義を防止するための行動計画」（A/70/674）などの国際社会の反テロ・過激化防止の措置として、国内の「反テロ法」に基づくものとしている。つまり中国政府は法に基づいてテロや過激派を収容していると主張する。二〇二〇年三月、中国政府は「新疆的反恐、去極端化闘争与人権保障」（「新疆」での反テロ・脱過激化闘争と人権保障）白書を発表し、「テロリスト」と認定した根拠などは示さずに二〇一四年以降、ウイグル自治区で約一万三千人の「テロリスト」を拘束したと発表した。(二一)

しかし各国及びＮＧＯ団体の調査報告書や元収容者の証言によれば、収容所の実態は中国政府の主張するものとかけ離れている。職業訓練の名のもとに収容されているウイグル人の中には文化人をはじめ著名人が多数いる。米国務省の「二〇一九年国別人権報告書」で、三百三十八人のウイグル知識人が強制収容されていることが確認されており、(二二)米国のＮＰＯ「ウイグル人権プロジェクト」によると、二〇一七年四月以降、少なくとも四百三十五人のウイグル知識人が強制的に収容されたことが明らかになった。(二三)二〇一八年に死刑判決が言い渡された「新疆大学」学長のタシポラット・ティップ（Dr. Tashpolat Tiyip、六十四歳）や「新疆医科大学」の元学長のハリムラット・グプル（Dr. Halmurat Ghopur、六十二歳）などはその一例である。知識人が臭老九（九番目の鼻つまみ者）とみなされて批判の対象となった文革期でさえ、学校の校長を死刑にしたことはなかったが、中共はウイグル人の知識人を抹消するために文革に匹敵する罪を残した。[二四]

これらの報告書及び元収容者オムル・ベカリやミフリグル・トゥルソン、ギュルバハール・ジャリロアなどの証言によると、収容者は教育界、文学界、スポーツ・芸能界、経済界、宗教界の有名人が含まれており、施設内で虐待され、尋問中に怪我を受けて死亡したケースも出ているという。二〇一九年二月、ウイグル人民謡歌手アブドゥレヒム・ヘイットが強制収容所で「死亡した」との情報が流れて、トルコ政府は中国政府を非難したが、中国政府はテロ組織が人質生存ビデオを流すようにアブドゥレヒムの「私は生きている」と語る映像を発表した。[二五]しかし多くの収容者死亡の情報が確認されている。

国連や欧米諸国、人権団体などはウイグル問題について中国当局を強く非難したが、中国政府は自らの政策の正当性を訴え、いかなる外部勢力の内政干渉も受け入れないと反論し、二〇一九年七月に「新疆の若干の歴史問題」白書、「新疆の職業技能教育訓練活動」白書を発表し、後に施設建設の法的根拠となる「新疆ウイグル自治区脱過激派条例」の改正を行った。つまり法に基づいて弾圧の正当化を図った。

世界的批判が強まる中、二〇一九年十二月、中国政府は収容施設の全員は「卒業」したと発表したが、一年後の二〇二〇年九月、オーストラリア戦略政策研究所（ＡＳＰＩ）は報告書を公表し、依然として百万人を超えるウイグル人や他のテュルク系の人々が収容されていると指摘する。[二六]中国当局の主張と矛盾する状況が指摘されている。

米国の研究機関フリーダム・ハウス（Freedom House）の報告書「世界における自由２０２０」によると、二〇一七年以降、二十三万人以上のウイグル自治区の住民が懲役刑を言い渡され、両親が不在の子どもたちを収容する孤児院と寄宿学校の数と規模が拡大されており、この地域の漢族の役人はウイグル人の家に滞在して彼らを監視し、男性の役人は成人の男性が不在の家族に代わって女性や子供たちと同居しているという。(二七)

　またウイグル自治区における臓器売買の疑惑も報じられている。一九九〇年代、中国の労働改造所における人権問題や囚人の臓器売買の疑惑が出始めた。ウイグル自治区における臓器売買に詳しい元外科医エニワルもかつて受刑者から臓器を摘出したことを証言したことがある。現在ウイグル人は中共の支配に反感を抱く敵とみなされている中で、臓器移植が行われる疑いが再び浮上している。ヒューマン・ライツ・ウォッチの報告によれば、二〇一七年、当局が十二～六十五歳の住民数百万人の、ＤＮＡサンプルや指紋、虹彩スキャン情報、血液型を収集しているとしている。(二八)このデータ、特にＤＮＡを含む様々な生体情報（健康状態を含む）は、臓器移植のデータとして活用されている危険性が高い。収容所帰還者らも定期的に血液検査や身体検査を受けていることを証言している。つまり収容者らの生体情報が取られて、常に臓器移植用のデータを準備していると疑われるのである。

　ウイグル自治区の強制収容所はナチス・ドイツの強制収容所と共通点がある。一点目は民族蔑視の発想である。当時ナチス・ドイツは自らを文明人と自称し、ユダヤ人を劣等民族として組織的に迫害した。現在の習近平政権も漢族の中華ナショナリズムを掲げ、ウイグル人の信仰や文化を蔑視する傾向がある。二点目は「法治」による迫害である。一九三五年にナチス・ドイツはニュルンベルク法を制定し、ユダヤ人の公民権を奪ってユダヤ人に対する迫害を本格化した。習近平政権も二〇一七年に「新疆ウイグル自治区脱過激派条例」を設定し、さらに二〇一八年、「新脱過激派条例」を実施してウイグル人の人権を完全に奪い、強制収容を正当化した。三点目は影響力のある人物の狙い打ちである。ナチスがユダヤ人の文化人、学者、俳優、音楽家を収監したことと同様に、ウイグル自治区でもウイグル人社会を牽引してきた文化人や知識人、人気歌手、スポーツマンなどエリートが収監されている。(二九)四点目はプロパガンダである。ナチス・ドイツが当時ユダヤ人を優遇していると宣伝したのと同様に、中国も二〇一二年六月の政府白書『新疆の宗教信仰の自由状況』で「過去のいつに比べても状況はよい」と自賛し、ウイグル人を優遇していることを宣伝している。五点目は収容施設の類似性である。ナチスが列車でユダヤ人を運んで有刺鉄線で囲まれた施設に送ったことは有名だが、ウイグル自治区での収容所にも有刺鉄線と監視塔があり、ウイグル人が列車で運ばれている映像も確認された。六点目は人体実験である。ナチスは収容されたユダヤ人に結核などの人体実験をしたことがあるが、ウイグル自治区の強制収容所帰還者オムル・ベカリやミフリグル・トゥルソン、ギュルバハール・ジャリロアなどは正体不明の薬を飲ませられたことを証言している。ユダヤ人強制収容所はアイヒマン裁判をはじめ多くの調査によって世界に知られているが、世界に伝えられてきたウイグル強制収容施設の惨状は氷山の一角に過ぎない。

現在のウイグル自治区にはヒトラーのガス室こそないが、人種的意味合いでウイグル人を国民と考えず、強制的に管理、抑圧、排斥している中国政府の方針や言動は、ナチス・ドイツと類似していることは明らかである。

（三）強制労働

二〇一九年十二月、欧米の複数のメディアがウイグル自治区の収容施設の近くに工場が建設され、テュルク系住民をいったん「再教育」した後、強制労働させ、作られた製品が米国に輸出されていることを報道した。[三〇]欧米や日本の大手企業も強制労働に関与していると報道され、米政府は二〇二〇年九月、ウイグル自治区における強制労働と関連しているとされる「兵団」関係者、及びその「兵団」によって生産された綿花に制裁を課した。

中国では政治的理由で国民を強制収容することは以前から常態であった。中国共産党が一九四九年に政権を奪取して以来、労働を通じて改造する「労改」(労働改造)、労働を通じて再教育する「労教」(労働教養)制度がある。「労改」は一九五四年に施行された「労働改造条例」により反革命犯(政治犯)とその他の刑事犯を懲罰するため、並びに犯人が労働を通じて自身を改造し、新しい人に生まれ変わるのを強制するための施設として作られた。「労教」は司法上の手続きを経ずに警察などが軽犯罪事件などの容疑者を最高四年間まで拘束できる制度である。これらは民主活動家やチベット、ウイグル両自治区などの分離独立派、中国当局が「邪教」と位置づけている法輪功のメンバーらを弾圧する際、「主要な道具として使われてきた」のである。[三一]これらの制度は無償で長時間働かせる点で「経済効果」も高いとされる。

中国共産党を批判したため、一九六〇年(二十三歳で)から十九年間投獄され、一九八五年に渡米し、中国の強制収容所(「労改」及び「労教」)制度を告発した人権活動家ハリー・ウー(中国名は呉弘達)は、数回にわたり中国に潜入し、労働改造所内の人権問題や囚人の臓器売買疑惑を、テレビ番組や米議会で証言した。[三二]一九九五年、ウイグル自治区に入ったとき、公安当局に拘束されたが、後に国際社会の圧力で追放された。

中国政府は当初、強制収容所の存在を否定したが、改革開放以後、中国の人権民主活動家や国際社会の圧力を受け、一九九二年八月十一日、強制収容所に関する白書を発表し、強制収容所の存在を認めた。[三三]白書では一九四九年の政権奪取以来一千万人を「労改」に送り込んだこと、九〇年代のGDPの〇・〇八%を収容所が生み出していることを認め、一九九五年には六百八十六か所の「労改」収容所に百二十万人の労働者がいると明らかにした。[三四] 中に、西側に輸出する綿製品の主要な供給地であるタリム農場が存在し、綿花を収穫するのは囚人たちである。[三五] ウラン、石油、石炭、金、黒鉛などが埋蔵されたウイグル自治区は急速に「労改」事業の中枢に成長した。一九八七年にウイグル自治区の「労改」の囚人と付近の農民が喧嘩し、抗議デモに発展する騒ぎもあり、「労改」施設の設立によって治安が悪化したとウイグル人の不満が募った。[三六] ハワイ大学名誉教授のR・J・ラムルは中共が政権をとってから強制労働を用い、常に一千万人以上の囚人が強制肉体労働をさせられ、一五七二万人が強制労働で死に至ったと指摘する。[三七]

中国の「労改」や「労教」制度について国際社会の強い非難がある中、二〇一三年末に中国政府はこの制度を撤廃した。しかし二〇一七年から「労改」や「労教」と近い収容施設が再びウイグル自治区で作られたのである。ウイグル人は強制収容の徹底的な洗脳によって精神が破壊され、また強制労働を余儀なくされている。

二〇二〇年五月からアメリカ政府はウイグル自治区での「強制労働や監視」に関与したとして中国の先端IT企業や繊維企業に輸出規制をかけ、[三八] ウイグル自治区からの綿花や綿製品などの輸入禁止を発表したが、[三九] フリーダム・ハウスの「世界における自由 2020」の報告書によると、ウイグル自治区で何十万人もの人々が刑務所に収監または強制教化のために拘留され、強制労働させられていると指摘する。[四〇] つまりアメリカをはじめ、国際社会はウイグル自治区における強制労働について中国政府に圧力をかけているが、ウイグル人の状況はまだ改善してないのである。

現在、ウイグル自治区で作られている収容施設はかつての「労改」収容所と共通点がある。一点目は、実態と異なる名称を使う点である。昔の実態は労働改造収容所だが、外国人向けには工場とか農場と称していた。[四一]現在ウイグル自治区で作られた収容施設も対外的に「職業技能訓練センター」とされているが、実際は「強制収容所」として機能している。二点目は、中共にとって好ましくない住民を収容する点である。「労改」には政府が好まない文化人を多く収監していたが、現在のウイグル自治区でもテュルク系民族は中共に好ましくない人物とされて大量に収監されている。

（四）出産制限

出産は基本的人権である。いかなる政府も、団体も、個人も、政治的、経済的、文化的、宗教的、あるいは人種的理由によって、出産という人間の基本権利を奪うことはできない。しかし中国政府は一九七九年から全土で人口抑制のための産児制限制度「計画出産」（一人っ子政策）を実施し、ウイグル自治区においては一九八八年に「新疆少数民族計画出産暫定規定」が設定され、「少数民族」は基本的に都市部で二子、農村で三子の出産が認められた。[四二]漢族に比べて緩やかにみえるが、ウイグル自治区での人口抑制政策は中国本土の「計画出産」とは意味が大きく異なる。ウイグル人の人口を減少させつつ、中国本土から大量の漢人を移住させ、結果的に中国人を増やしていくことが目的であった。

「計画出産」が実施されてから、人口妊娠中絶や不妊手術、さらには新生児を殺すまでの対策が徹底された。二〇一三年六月二十五日、中国の「盲目の人権活動家」陳光誠は朝日新聞のインタビューで「中国政府の『一人っ子政策』が強制的な中絶を助長している」と告発した。[四三]

「計画出産」はイスラム教という宗教上の問題でもある。『クルアーン』によれば、子どもはアッラーの神の授かりもので、避妊は許されない。ムスリムのウイグル人にとって産児制限は承服しがたく、一九九〇年代のアクト県バレン郷事件に繋がったといわれる。中国には計画出産委員会という出産抑制の「主力部隊」がある。かつてこの委員会は約四万か所に張り巡らしたサービスセンター、五十二万人の職員を有し、避妊の指導から中絶・不妊手術まで無料で提供していた。[四四]二〇一二年、陝西省で妊娠七か月の女性を病院に連行し、中絶させられた「七か月の赤ちゃんの強制中絶事件」があった。[四五]ラジオ・フリー・アジア（ＲＦＡ）もウイグル人女性が強制中絶させられた事件を多数報道している。[四六]

この三十五年以上実施されてきた政策は二〇一六年に緩和され、人口増加を維持するため二人以上の子どもを持つことが推奨されているが、ウイグル自治区ではウイグル人の人口増加を食い止めるため、継続的に「計画出産」が実施されている。中共は、ウイグル人の人口を抑えつつ、近隣地域から漢族を大量に移住させて、「少数民族」の文化的・人種的な希薄化を図っていると考えられる。

二〇二〇年六月、米シンクタンク・ジェームズタウン財団は自治区保健委員会など政府の文書を調べて報告書を公表した。[四七]そこでウイグル人が多数を占める南部地域の自然人口増加は、二〇一七年以降劇的に減少し、カシュガル地区とホータン地区の人口の自然増加率は二〇一五年の一・六％から二〇一八年には〇・二六％と、実に八六％も減り、一部のウイグル人地域では、二〇一八年には死亡数が出生数を上回ったことを指摘した。また南部の二つの地域で、出産可能年齢の女性の八〇％に不妊を実施する計画を立て、一四～三四％に不妊手術を実施する目標を掲げた。二〇一九年と二〇二〇年にホータン市（人口二百五十三万人）では子宮内避妊器具（ＩＵＤ）を五百二十四人に装着し、不妊手術を一万四千八百七十二人に実施すること、また隣のグマ県（人口三十二万二千人）も同年に五九七〇人にＩＵＤを装着し、八千六十四人に不妊手術を実施する計画だという。人口に対する割合では一九九八年から二〇一八年までの二十年間に中国全土で実施されたよりも多くの不妊手術が計画されたことがわかった。この計画の実施に伴い、ウイグル人の人口は中国の人口の一・八％しか占めていないにもかかわらず、中国で生産されたＩＵＤの八〇％がウイグル自治区で使われたという。

これらの報告書では、中国当局は主に一家族の家長を収容し、残った妻や娘に不妊手術を強制的に行い、男たちの大量の収容が出生率を下げる要因であると指摘し、中国当局によるウイグル自治区の組織的不妊手術の実態が判明した[四八]。ジェームズタウン財団のほか、フリーダム・ハウスなどもウイグル自治区で強制中絶、性的虐待が行われていることを指摘している[四九]。

中国当局は、ウイグル人女性に対し非情かつ残忍な手段で、組織的な不妊手術を行い、ウイグル人の人口の自然増加を厳しく制限する一方で、国を挙げて中国本土からの大量の漢族移民をウイグル自治区に入植させている。つまり中国当局は国策としてウイグル人の人口を抑制している。この「集団内の出生を防止する措置」は、国連ジェノサイド条約がいう「ジェノサイド」（集団殺害）に該当する。

一九四八年の国連総会で採択された国連「集団殺害罪の防止及び処罰に関する条約」（ジェノサイド条約）、及び「アパルトヘイト条約」「国際刑事裁判所に関するローマ規程」は「集団内の出生を防止する措置」は国際的犯罪であるとし、締約国にその防止と抑止、さらには処罰が義務付けられている。

中共は政権を掌握してから何度も国民を殺害してきたが、国際社会においてその罪を問われることはなかった。二〇〇九年のウルムチ事件の際、中国政府が武力でウイグル人を鎮圧し多くの死傷者が出たことについて、トルコ首相のレジェップ・タイイップ・エルドアンは事件直後「中国で起きていることはまるでジェノサイドのようだ」と強く批判したが、国際社会とりわけ欧米諸国の反応はあまり強いものではなかった[五〇]。中共は過去に民衆を殺戮しても裁かれなかった経験からウイグル人に対して再びジェノサイドに該当する政策を打ち出したといえるだろう。

しかし今、国際社会で中共のウイグル人に対する過酷な政策が知られ、欧米諸国をはじめ、中国を強く非難している。二〇二一年一月、アメリカ政府は声明を発表し、中国当局のウイグル人に対する政策はジェノサイドにあたると確認した。[五一] 国連安全保障理事会の常任理事国である中国に対して締約国が直ちに処罰を与えるのは現実的に困難であるが、中国政府に対する国際社会の批判は確実に高まっている。

(五) 宗教弾圧

中国では、仏教は二千年、イスラム教とキリスト教も千年以上の歴史を誇るが、昔は「三武一宗」の「廃仏」(仏教教弾)[五二] や「洗回」(回族の皆殺し)といわれるイスラム教徒弾圧、それに義和団によるキリスト教迫害など、宗教弾圧はたびたび起きている。

イスラム教はアラビア人の民族宗教として生まれ、世界宗教として広まった。ウイグル人は十世紀前期にイスラム教を信仰し始めた。この時期、カラハン王朝の初代可汗の孫にあたるサトゥク・ボグラ・ハンがサーマーン朝の王子・ナスール・ビン・マンスールの導きによってイスラムに改宗し、後にカシュガルの支配者となり、カシュガルを中心に最も早くテュルク系イスラム国家を建てた。[五三] 十四世紀にチンギス・ハンの末裔であるチャガタイ・ハン国の支配者がイスラム教に改宗し、東トルキスタン全域でイスラム化が進み、十六世紀初めにイスラム教は東の都市のクムルまで普及した。[五四]

清朝が東トルキスタンを征服した後、ムスリムの日常生活は制限されなかったが、レーニンの十月革命や毛沢東の共産革命以後、中央アジアのテュルク系住民の宗教はしばしば弾圧の対象となり、ウイグル人も例外ではなかった。マルクス主義のイデオロギーを主張する中共は、無神論の立場に立ち、宗教を封建的なものとみなしていた。「新中国」成立後、中共は、「キリスト教徒は帝国主義の侵略に加担したことがある」と指摘し、[五五] 毛沢東も宗教が地主や資本家階級に対する無産階級の闘争心を麻痺させる「アヘン」であると主張した。[五六] イスラム教に対しても、東トルキスタンの独立を図った「清真王」と自称したヤクブ・ベグや二度の東トルキスタン共和国を樹立した指導者のサービト・ダーモッラー及びイリハン・トレらの全ては宗教指導者であり、現在、世界中で激化している民族紛争の背景にも宗教の要因を帯びていることから、中共は、宗教は中国の分裂につながる危険要因と恐れている。したがって中国の憲法上で信仰の自由が認められているにもかかわらず、中共は宗教に対して厳しく制限し、最終的に宗教を消滅させる政策が基本である。

現在、中国で宗教信徒は二億人とされ、イスラム教徒は二千万人とされている。[五七] 中国政府が公式に認めているイスラム民族は十民族であり、彼らは主に二つのグループに分けることができる。[五八] 一つのグループは固有の文字と言語を持ち、主に「新疆」に住んでいるテュルク系イスラム民族である。もう一つは言語、文字を持たない、主に寧夏回族自治区や甘粛、青海、雲南、陝西の各省に住む漢語を話す民族である。

同じ共産圏の旧ソ連ではロシア正教会が忠実に政府の宗教的権力機構の機能を果たし、政府の宗教上の軍隊であった。中国で宗教の監視役は「国家宗教事務管理局」が担っている。[五九] 同管理局が公式に認めた五つの「愛国宗教団体」（イスラム教、仏教、道教、カトリック、プロテスタント）がある。各教徒やモスク、寺院、教会をそれらの組織に取り込んで管理を図っている。習近平政権発足以来、宗教に対して国家による管理と監視が強化され、二〇一八年三月、同事務局は党中央委員会直属の中共統一戦線工作部（中央統戦部）に吸収された。[六〇] 中共は宗教の力を最小限に抑えようとしたいのだろう。

「中華人民共和国憲法」で宗教に関しては以下のように規定している。(六一)

第三十四条　十八歳に達した中華人民共和国のすべての市民は、民族、種族、性別、職業、家庭出身、宗教的信念、教育レベル、財産状態、居住期限に関係なく、選挙権を持ち、選挙に立候補する権利がある、ただし法律によって政治的権利が剝奪された人は含まれてない。

第三十六条　中華人民共和国の市民は、信教の自由がある。いかなる国家機関、団体や個人も公民に強制的に宗教を信仰させたり、放棄させたりしてはならない。国家は通常の宗教活動を保護する。いかなる人も宗教を利用して社会を乱し、公民の身心健康を損ない、国家の教育制度に基づく教育活動を妨げてはならない。

宗教団体と宗教事務は外国勢力の関与を受けてはならない。

民族区域自治法では宗教に関して各民族は「風俗習慣を維持させる」自由があり（第十条）、「宗教を信仰する自由を保証する」、と同時に「国家は通常の宗教活動を保護する」と規定している。(六二)つまり、中共は合法的な宗教信仰の自由は保障するが、非合法的な宗教信仰は禁止すると規定している。具体的にどんなことが非合法的なのかは、中共の判断によるのである。

「新中国」成立当初、イスラム教の習慣はある程度尊重されたが、反右派運動（一九五七年）が始まると、無神論を強調する中共はイスラム教を厳しく批判し、イスラム教徒をめぐる環境は厳しくなった。イスラム教指導者らは右派として厳しく批判され、政治的、社会的地位を失った。一九六〇年代にはブタに対する禁忌が封建主義的とみなされ、一部のムスリムにブタの飼育が強制された。

文革期には、「破四旧」(旧思想、旧文化、旧風俗、旧習慣の打破)運動が起き、イスラム教やウイグル人の伝統文化は「四旧」とみなされ、宗教指導者らは「牛鬼蛇神」として批判され、ウイグル人に対する迫害は頂点に至った。モスク及びドームなどが徹底的に破壊され、宗教書、古代の文献やイスラム教の聖典である『クルアーン』などの焼却は日常茶飯事だった。宗教活動も禁止され、宗教に関わる話すらできなくなった。中国政府が一九九七年に発表した「中国の宗教自由状況」白書でも文革のときの宗教迫害を認めている。(六三)

改革開放以後、文革期のラディカルな政策は転換され、一九八二年に「我が国の社会主義時期の宗教問題に関する基本観点及び基本政策」が出された。そこでは建国以来の宗教政策が総括され、社会主義体制のもとでは、宗教はいずれ消滅するが、短期間に行政命令等により強制的に消滅させ得るものではなく、将来宗教が自然消滅するまでは、政府の宗教問題に対する基本的立場は、信仰の自由の保障と尊重であるとされている。(六四)

一九八〇年代、宗教政策は緩和され、中国の各地で宗教信徒は著しく増加し続け、ウイグル自治区でも改善があった。ムスリムのメッカ巡礼が認められ、「新疆」では毎年二千人を超えたという。しかし一九九〇年代初頭以来、再び中共はウイグル人の宗教活動にさまざまな制限を課し、イスラム教の遵守を弱めることを目指してきた。一九九〇年代後半、新興宗教・法輪功が急速に成長し、宗教勢力を最小限に抑えたい中共は法輪功を容赦なく弾圧した。それ以後、ウイグル自治区でも宗教学校やインターネット上の宗教活動に対する取り締まりが強化され、一九八八年から認められてきたメッカ巡礼も厳しく制限された。個人の巡礼は許さず、政府主導の巡礼のみ許可されている。

九・一一テロ以後、世界規模の反テロ潮流の中で、中共はイスラム教に対する姿勢を強化した。二〇〇四年に中央政府が「宗教事務条例」を設定した。さらに二〇一八年三月、習近平政権は全人代で「宗教の中国化」を掲げ、全ての宗教を中共の指導下に置いて統制を強化し、宗教と「中華の優れた伝統文化」の融和を政策課題の一つにしている。

世界規模の宗教データ・アーカイブスであるＡＲＤＡ（The Association of Religious Data Archives）は、二百五十三か国（地域）につき政府統制度ランキングを提示する。二〇一四年のデータによれば、中国はウズベキスタン、ベトナム、タジキスタンに続き、世界で四番目に宗教規制が「厳しい」国であった。[六五]

ウイグル自治区政府は二〇一七年三月三十日に「新疆ウイグル自治区脱過激化条例」（以下では「脱過激化条例」と略す）を発布、二〇一八年十月にはこれに修正を加えて新「脱過激化条例」を公表し、ウイグル人のイスラム信仰を口実に、イスラム原理主義者、テロリストのレッテルを貼って弾圧している。「新脱過激化条例」では以下のように規定している。[六六]

第四条　過激化除去により、党の宗教活動の基本方針、宗教の中国化及び法の支配を遵守し、積極的に宗教を社会主義社会にふさわしい方向へ導かなければならない。

第十七条　県以上の人民政府は、過激主義の影響を受けた人員を教育し転向させることによって、過激化除去の工作をしっかり行うために、職業技能教育訓練センターなどの教育・転向機関と管理部門を設立することができる。

第三十三条　職業技能教育訓練センターなどの教育・転向機関は、国家共通の言語・文字、法律、法規及び職業技能に関する教育訓練の工作を行い、過激化除去のための思想教育、心理療法、行動矯正を組織的に展開し、教育訓練を受ける人員の思想の転向を促進し、社会への復帰、家庭への復帰を促すべきである。

つまり、新時代の中国の特色ある社会主義思想を指導するという名の下に、「過激化」とされる者に思想教育を施す「再教育施設の設置」を定め、拘束した者を無期限に拘留できるのである。「過激化」とみなされる具体的な行動は、国営放送の受信拒否（第九条の五）、女性のベール着用（第九条の七）、イスラム式のひげとイスラム経典『クルアーン』から新生児に名前を付けること（第九条の八）などがあたるとされている。

「脱過激化条例」の実施によって、ムスリム家庭のラマダン期間中の断食の禁止、(六七) ウイグル人の女性のベール着用禁止、ウイグル人男性のあごひげの制限、地元の警察による突然の家宅侵入捜査など、明白な宗教弾圧に日常的にさらされている。ウイグル人は日常生活においてアラビア語の「アッサラーム・アライクム」（あなたに平安を）という挨拶をするが、現在は「アッサラーム・アライクム」とイスラム式の挨拶をしても中国語の「ニーハウ」（你好）あるいはウイグル語の「ヤクシ」と返事されるのである。(六八) つまりイスラム式の服装や挨拶も「過激化」とみなされ、強制収容所に送られてしまう。現在ウイグル人は公の場でも自宅でもあえて宗教活動をしなくなっている。モスクの多くは過激分子の巣として破壊され、残ったモスクも、監視のため、カメラが設置され、「愛国愛教」（国を愛することは信仰の一部）といった「扁額」が掛かっている。(六九)

米国務省の「二〇一九年宗教自由報告書」によると、二〇一七年四月以降、中国政府はウイグル自治区で千二百か所に及ぶ収容施設を建設し、八十万から二百万人以上のウイグル人らが再教育施設に収容され、虐待や拷問を受けていると指摘した。（七〇）尋問中に怪我をして死亡した人がいること、ムスリムに豚肉を強要したことなども明らかになった。

二〇二〇年九月、オーストラリア戦略政策研究所（ＡＳＰＩ）は、ウイグル自治区にある約二万四千のモスクのうち約一万六千が部分的あるいは完全に破壊され（全体の六五％）、二〇一七年以降、ウイグル自治区南部の重要なイスラム文化遺跡（神聖な神社、墓地、巡礼ルート）の三〇％が壊され、二八％が何らかの形で損傷または改変されたという。（七一）

「脱過激化条例」は国連の「市民的及び政治的権利に関する国際規約」第二十七条はもとより、中国憲法第四条「民族間の平等」、第三十八条「人格の尊重」、さらに第十二条「宗教信仰の自由」等の人権条項、及び「国務院の民族区域自治法を実施する若干の規定」第二十二条の「民族の言語と文字を使用し、発展させる自由を保障」する条項に違反している。法学者鈴木敬夫によると、習近平の講話にみる「中華民族共同体意識」（二〇一四年）に則して設定されたといわれる「脱過激化条例」は、「恐らく単に『悪法』であるにとどまらず、むしろ法がもつ本質を全く欠いている」と指摘する。（七二）

中華人民共和国国務院新聞弁公室（略して「国新弁」）は二〇〇三年に『新疆の歴史と発展』、二〇〇九年に『新疆の発展と進歩』、二〇一二年に『新疆の宗教信仰の自由状況』の白書、二〇一八年に『宗教白書』を発表し、（七三）「世界で最も幸せなイスラム教徒が新疆に住んでいる」とまで中共の宗教政策を自賛した。（七四）中国中央電視台（国営テレビ放送）は「新疆の反テロ、脱過激化闘争」の映画を宣伝し、（七五）政府の主張を擁護している。

漢族がイスラム教と出会ったのは現代ではない。明王朝を建てた朱元璋はイスラム教を賛美して『御制至聖百字賛』（百字賛）を書き、「清真」というアラビア語ではない、本来は純潔質朴の意である言葉でイスラム教を表した。[七六]イスラム教は雑乱、汚染のない宗教であるという解釈から命名され、現代でもモスクは「清真寺」、ハラル料理は「清真」と表されている。[七七]しかし中国では宗教団体が容易に反政府勢力に変身することがあるため、中共は比較的に平穏なムスリムであるウイグル人に対し「過激化」を口実に弾圧を正当化している。

（六）差別

「新中国」成立当時は、自治区内で「先進的な」漢族と「遅れた」「少数民族」が相互に交流し助け合えば、民族の団結が高まり多元一体的な中華民族意識が芽生える、と期待された。しかし、漢族が先進的で「少数民族」は後進的、漢族が支援する側で「少数民族」は支援される側、と中国政府が事実上公認したため、漢族民衆の「少数民族」に対する差別や蔑視を助長したとされる。[七八]

中国で十六歳以上の全国民に義務付けられている「居民身分証」には、氏名、性別、生年月日、住所のほかに「民族」という欄がある。漢族であれば「漢族」の文字が、「少数民族」であれば「維吾爾族」（ウイグル族）、「蔵族」（チベット族）、「満族」、「蒙古」といったようにそれぞれの民族名を示す文字が記載されている。チケットを購入するときやホテルで泊まるときは「居民身分証」の提出が義務付けられているため、少数民族は差別されやすくなっている。さらにウイグル人は見た目だけでも漢族と違うし、また中国政府がテュルク系民族を「三つの勢力」（テロリズム、分離主義、宗教的過激主義）と想定してキャンペーンを実施しているため、ウイグル人、カザフ人らは疑いの目でみられ、ホテルからも宿泊拒否をされるなどの差別を受けている。つまりウイグル人などテュルク系民族は非国民的に扱われている。

「中華人民共和国護照法」（中華人民共和国パスポート法）では領事館がパスポートを発行し（四条）、更新をするが（十一条）[七九]、駐日中国大使館ではウイグル人のパスポートの更新を受理しない例が多数報告されている。[八〇]国内外でウイグル人のパスポートの発行や更新は拒否され、出入国手続きが極めて厳しい。ウイグル人を抑圧するためパスポートを武器化しているといえるだろう。[八一]

中国でウイグル自治区が設けられているが、テュルク系のムスリムであるウイグル人は民族や宗教が原因で様々な面で差別を受けている。この差別は中国社会でウイグル人に対する無理解や偏見から生じる側面もあれば、中国政府が意図的にウイグル人を汚名化している政策から生じる側面もある。日常いたるところで差別を受けているウイグル人には大きな不満が募っている。毛里和子は、「新疆」における民族紛争は、政治的、経済的、文化的要因から自決や分離独立を要求しているが、背景には貧困や民族文化の軽視、自治の形骸化といったウイグル人の強い不満があると指摘する。[八二]

第二節　同化政策

同化は二種類に分けられる。一つは主体的同化であり、もう一つは強制的同化である。一九三三年、満洲国設立式典でラストエンペラー・溥儀は中国語で演説を行った。満洲人のように自ら中国文化を受け入れて同化されるケースがあり、またアメリカに来た移民たちが自分の文化を捨ててアメリカ主流の文化を受け入れることなども前者である。帝政ロシアやソ連の時代のロシア・ナショナリズムによって周辺諸民族をロシア化した政策、ナチスによるゲルマン化政策は後者である。中国に同化されつつあるウイグル人も後者にあたる。

（一）漢語教育の強要

　ウイグル人は古くからアルタイ語族に属する独自の言語や文字を持っており、[八三]古代ウイグル語（オルホン時代のウイグル語）、中世ウイグル語、近代ウイグル語（チャガタイ語時代）の時代を経て、現代ウイグル語に至った。[八四]現代ウイグル語は「新疆」からトルコまで広大な地域で通じる言葉である。

　ウイグル人が初めて漢語（中国語）による教育を受けるようになったのは、清朝時代であった。昔の東トルキスタンではモスクを中心にマクタブ（初等教育）やマドラサ（高等教育）で教育が行われたが、一八八四年の「新疆省」発足以後、清朝の官僚左宗棠はこの地域を儒教社会に変えようとし、「義塾」や「学堂」を設置し、テュルク系住民に中国語教育を行った。[八五]その内容としては『千字文』、『三字経』、『百家姓』、『四次韵語』、『雑字』、『孝経』などの教材が用いられた。[八六]一八八四年に清朝政府がクムル、トルファン、アクス、カシュガルなどの地域で七十七校の義塾を設立した。[八七]漢語教育の目的について左宗棠は、光緒帝への上奏文において、「彼の殊俗を化して我が華風に同じうせん」という、同化政策方針を提示している。[八八]しかし、固有の文化が存在するウイグル人に対して『クルアーン』に代えて儒学書が、アラビア文字に代えて漢語・漢字が、アッラーに代えて孔子崇拝が要求されても、ウイグル人の多くは抵抗感を抱き、「義塾」へ行くのを控えた。

　「新中国」成立以後、中共は民族教育を認めつつも、段階的に漢語教育を推進してきた。中共の民族教育における最初の法的位置付けは、一九四九年に設定された「共同綱領」及びそれを土台に設定された一九五四年の最初の憲法である。いずれも「各民族は全て自己の言語を使用及び発展させる自由を有する」と定め、「少数民族」言語政策の遵守すべき基本的な理念を明らかにしている。

一九五一年九月、北京で開催された「全国民族教育会議」において文字を持つウイグル、モンゴル、チベット、朝鮮などに対して、小学校と中学校の各教科書では必ず自民族の文字を使わなければならない、「少数民族」学生に対する漢語の授業の開講は「少数民族」の意志に従って決める、などが決定された[八九]。つまり一九五〇年代初期から国家は「少数民族」の自らの民族言語と文字を使用・発展させることを支持していたということである。

ウイグル自治区では、漢語学校と民族学校の二つのタイプの学校が存在し、「少数民族」が多い地域では民族小学校、民族中学校と民族高等学校が設立された[九〇]。民族学校に漢語教育は導入されたが、あくまでロシア語と同様に選択科目だった。ウイグル人においては、ウイグル語学校の生徒も先生もウイグル人であり、生徒たちはすべての授業をウイグル語で受けており、ウイグル人がお互いに交流した。ウイグル語学校は民族アイデンティティの持続に役立つ場所となり、伝統ウイグル文化の継承を可能とする民族教育であったと考えられる。

日本語	ウイグル伝統文字	ウイグル新文字
天山	تەڭرتاغ	Tengritagh
文字	يېزق	Yéziq
社会	جەمئيەت	Jem 'iyet

表－2　ウイグル新旧文字対照表（筆者作成）

一九六〇年から漢語教育が重要視され、この時期まで選択科目であった漢語が民族学校において必須科目となり、一方、漢語学校で設置されていたウイグル語の選択科目が廃止された。

一九七〇年代の文革期、ウイグル人の民族教育と知識人は大きな被害を受けた。多くの教師が民族主義者として批判され、教育教材の出版や教員義成が中止され、教育の質が低下したとされる。

一九七一年、中共はソ連がモンゴル語をロシア語表記にしたのと同様に、「少数民族」に対して新文字（ローマ字のウイグル文字改革）運動を押しつけた。ウイグル人の伝統的な文字はローマ字化され、新文字による教育が行われた。ウイグル伝統文字と新文字は、「ウイグル新旧文字対照表」（表-2）のように明白に違いがある。一九八〇年、中共第五期全人代の第三回全体会議で新文字改革や「同化政策」が批判され、また中共はトルコや中央アジアのテュルク系諸民族がローマ字を採用している点への警戒から、ウイグル文字を伝統的な文字に戻し、文字の変更を断念した。しかしウイグル人及びウイグル文化はこの十年近い文字変更運動によって大きな打撃を受けた。

一九七七年に中国教育部によって全国的に統一された新しい学制が確定され、ウイグル自治区で漢語は民族小学校における重要な基礎科目として位置づけられ、これまで中学校から選択科目としていた漢語教育は小学三年から本格的に開始された。(九一) 後に民族学校は一律に小学三年生から漢語を始めることになった。つまり、教育現場における漢語への一元化が進められた。

民族区域自治法では「少数民族」教育について次のように規定されている（第三十七条(九二)）。

❖民族区域における自治機関は、「少数民族」に対して九年の義務教育を普及させ、民族教育を発展させる。

❖特に、「少数民族」の生徒を募集する学校や教育機関は、可能な限り「少数民族」言語を使用し、「少数民族」言語を教授用言語とするべきである。

❖状況によって、小学校の低学年から漢語の授業を行い、全国共用の「普通話」（北京語）を普及させるべきである。

つまり「少数民族」の言語教育の在り方について、漢語教育の必要性を打ち出している。

一九九七年、国家教育委員会は、「少数民族学校で中国漢語水平試験（ＨＳＫ）を実施する通知」を公布し、[九三]一九九八年から「新疆」、内モンゴル、チベットなどの地域で、「少数民族」の漢語レベルを測る漢語能力試験制度を導入した。「新疆」では公務員、教員、学生別に合格ラインが設定され、合格が義務にされた。これによりウイグル人が役所などにおいてエリートとして登用される道が険しくなった。

一九九九年九月、国務院の「少数民族地域の人材育成工作を加速させる」という通知文書が各教育部門に配布され、内地地域で「新疆内地高中班」（「新疆高校クラス」）を設置する意見を打ち出した。[九四]これは「少数民族」の生徒をターゲットに同化する政策であり、二〇〇〇年秋から新入生を募集、[九五]二〇〇六年に募集人数は五千人にまで拡大され、それ以降毎年五千人という規模で生徒を集めることになっている。[九六]

このようなクラスは「新疆」とチベットだけである。双方とも民族問題が激しいところである。「新疆クラス」の目的は「四個認同」（四つの自己認識）を学生に持たせることであり、それは「祖国」「中華民族」「中華文化」「中国の特色ある社会主義」である。[九七]つまり漢語教育を通じた同化が目的であり、ウイグル人学生に中華民族としてのアイデンティティを身につけさせるのが狙いである。

中共が同化を目的として導入したもう一つの政策が双語教育である。「新疆」において双語教育は一九九一年の「漢語教育実験クラス」から二〇〇三年の「双語教育実験」へ、さらに二〇〇四年の「関与大力推進双語教育的決定」（全面的に双語教育を推進することに関する決定）、二〇〇五年の「少数民族の就学前に言語教育を推進する意見」、そして二〇〇九年の「新疆ウイグル自治区における農村二言語幼稚園に関する教育指導綱要」が発表された。民族言語を教授言語とし、漢語を一科目として教えるこれまでの「双語教育」をさらに展開させ、「少数民族」小中学校（高校も含む）における授業用語を次第に漢語へと移行させ、ウイグル語を選択科目にした。[九八]「双語教育」を受ける「双語班」では理工系、文科系関係なく漢語で授業を行うようになった。[九九]

二〇一三年の「新疆」の各学校の在校生四六二万一八〇〇人のうち、「少数民族」は二百九十三万三千三百人で、全体の六三・四九％を占めていたが、[一〇〇]推進された「双語教育」によって、民族学校の生徒の全ては「双語教育」を受けざるを得なくなった。ウイグル人が集中している地域ホータンでさえ漢語が普及され、民族言語は「附加」とされ、学校でウイグル語の標識や看板等は使用されなくなり、生徒の集団活動や公共活動の場でもウイグル語の不使用が制度化されている。[一〇一]二〇一六年の時点では「少数民族」児童の「双語教育」を受ける比率が九九・四％に上ったという。[一〇二]

アムネスティはウイグル自治区における「双語教育」について次のように指摘する。「中国当局は、新疆の学校をバイリンガル（双語教育）にすると主張しているが、実際は中国語を唯一の教育言語とした言語政策を進めている[一〇三]」。

二〇一八年の新「脱過激化条例」第十七条では「新疆」に「職業機能教育訓練センター」を設け、第三十三条では「国家共通の言語・文字」に関する教育訓練を行うことが明記された。[一〇四]ウイグル自治区では漢語を優先する政策が実施され、街中に中国語の看板があふれ、公的サービス、郵便局、銀行、交通機関などの全ては中国語が使用され、中国語が話せなければ、「脱過激化条例」に基づいて「職業機能教育訓練センター」に送ることができるようになっている。

中共のこれまでのウイグル人に対する教育政策をみると、一九五〇年代に中国語は選択科目であったが、一九七〇年代に必須科目となり、そして二〇〇〇年代は中国語のみの「双語教育」に変容してきたことがわかる。学年に関しても最初は大学レベルの教育においてウイグル語が排除され、後に段階的に中学校、小学校へ浸透し、現在は幼稚園まで中国語を使用することになった。これらの政策は中国の「憲法」（第四条）と「自治法」（第十条）の規定「各民族は自分の文字と言語を使う自由がある」にも反している。民族学校の漢語の導入、「新疆クラス」の設立、双語教育の強化などによってウイグル語の制限と「漢化」がどんどん進められている。

王柯の『多民族国家　中国』によると、二〇〇〇年頃、中国で多くの「少数民族」の言語が全面的に衰退し、絶滅危惧の状況にある「少数民族」言語が数十種類にも及ぶ中、満洲語をわかる人はわずか百人前後で、話せる人は五十人しかいないという。(一〇五) 民族意識は文化によって伝えられ、言語は民族のアイデンティティの中核とされている。言語は自集団と他者の境界線の目安でもある。言語は長い時間の経過の中で変容することはあるが、中共は短時間で言語を通じて強制的にウイグル人に国家意識、「中華民族」意識を押し付けようとしている。中共はこうした同化政策によって漢語は堪能だがウイグル語を話せないウイグル人を登場させ、ウイグル人と漢族の境界線を不分明にし、最終的にウイグル人を満洲人のように同化しようとしているのである。ウイグル人からみれば、これは異民族が力で民族の心を表す文字や言語を奪い、民族の心を変質させる暴挙にほかならない。

丸山敬一はこのような同化政策について、言語や文化を継承し、後世に伝えていく願いは、どのような民族にも極めて根強いものであり、むしろ数的に劣勢に追い込まれれば追い込まれるほど、こうした願望はますま

す強く燃え上がるものである、と指摘する。(一〇六)

一般に近代国民国家における国民の形成は同化政策によるものであるが、同化政策が上から強権を伴って行われる場合、民族問題の解決策にならず、むしろ反対に民族紛争を生み出し、国家の解体をもたらす可能性が高まる。(一〇七)旧ソ連で同化を強いられた周辺諸民族の場合も文化的なナショナリズムが容易に政治的ナショナリズムに転化し、結局、ソ連の崩壊をもたらした。中共も教育の力によって固有の文化、文字を所有するウイグル人を同化して「中華民族」に変えようとしているが、これはむしろ民族の対立を解消せず、旧ソ連のように国家の解体をもたらす政策であると中共は理解すべきである。

(二) 漢人の入植

漢人の組織的な東トルキスタンへの流入はおそらく清朝に遡ることができるが、清朝はウイグル人を征服してから「藩部」であるこの地域への漢人の移住を禁止していた。例えば一六八三年、清朝政府は漢族の流入を制限する政策として「内地の漢民が回疆(東トルキスタン)に行って仕事する際、原籍がなく許可がない場合、あるいは許可書と本人が一致しない場合はもとの居住地に戻す。それに従わずひそかにとどまれば検挙して罪に処す」(欽定回疆則例)と規定した。(一〇八)一八八四年の「新疆省」設立後、漢人の兵士や商人などが来るようになった。その当時の人口に関する資料は不明だが、一九四四年中華民国新疆省警務処統計によると、「新疆」の人口は約四百一万人、そのうちウイグル人は約三百七万人(七六%)、中国人は約二十二万人(五%)だった。(一〇九)

一九一九年、孫文は東トルキスタンの植民地化を進める計画「実業振興与鉄路計画」を立てた。(一一〇)そこで孫文は中国の東の沿岸部から西に繋ぐ三つの主要鉄道線(南路、中路、北路)を計画し、中路は長江から東トルキス

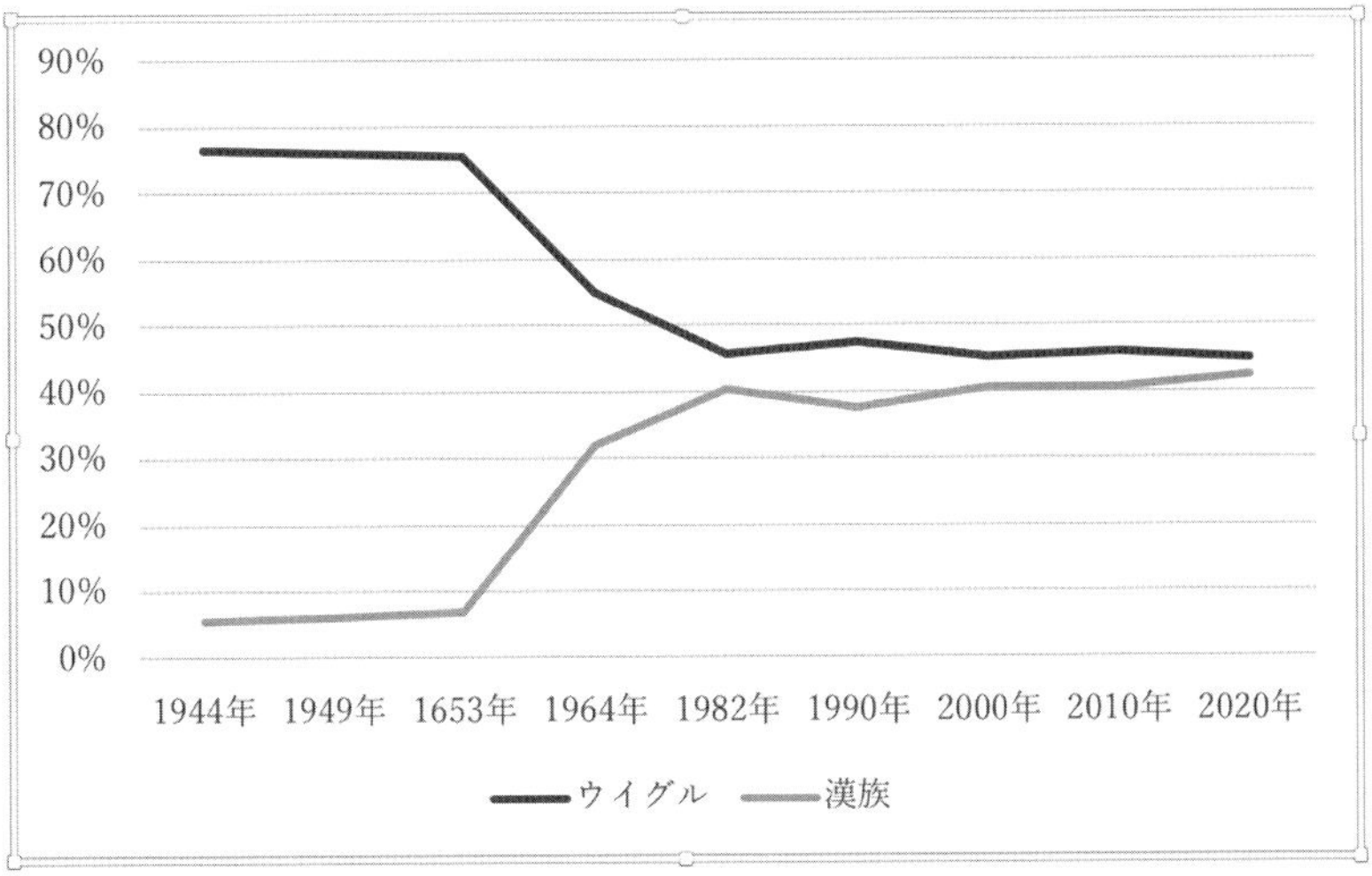

表－3 「新疆」（東トルキスタン）の人口構成の変化（1944〜2020）
出典：「1944年中華民国新疆省警務処統計」（デイヴィッド・アイマー『辺境中国――新疆、チベット、雲南、東北部を行く』白水社、2018年、29頁）、「新疆的人口发展」白書（中華人民共和国中央人民政府HP　http://www.gov.cn/zhengce/2021-09/26/content_5639380.htm）から筆者が作成

タンのグルジャまで繋がる鉄道だった。これは資源豊富な東トルキスタンの開発と漢族移民の移住計画だったが、当時の中国で戦争が繰り返されたため、実現しなかった。

「新中国」設立前後、中共は人民解放軍の野戦部隊約九万人を東トルキスタンに派遣し、一九五四年にこれらの軍人によって石河市を中心に準軍事的政府組織「新疆生産建設兵団」（略して「兵団」）が設立され、国防と生産を兼ねて当初は十七万人余りがいた（一一）。五〇年代末期から中ソ関係が悪化した際にも、国境防衛の目的で各地から人員を送り込んで、現在総人口は三百二十四万八千四百人に及ぶ（一二）。

清朝末期からしばらく、漢族移民は一時的な入植とされ、三〜五年後に故郷へ帰って余生をすごす、いわゆる「落葉帰根」が基本だったが、一九六〇年代初めには永住を義務付けるようになり、「兵団」を中心に「落地生根」すなわち現地定住の時代に入った（一三）。

兵団はウイグル自治区において漢人の入植事業に貢

献している。一九五四年に中共が「兵団」を設立した当初は国民政府軍をベースに、構成人数はわずか十七万四千人であったが、(二一四)その後、甘粛省からの難民や囚人、北京や上海（売春婦を含む）、湖南省（若い女性）を含む四万人の女性、一九六八年夏から紅衛兵と元軍人が集められて拡張が重ねられた。(二一五)多くの少女たちが中共と人民解放軍に騙されて兵団の兵士と結婚させられたが、こうした国家レベルの壮大な詐欺は「慰安婦」問題にも通じる本質がある。(二一六)

二〇一九年末の時点で、管轄区の面積は七・〇六万平方キロメートル、耕地面積は一三八四・八九ヘクタール、総人口は前記の通り三百二十四万八千四百人で「新疆」総人口の一一・九％を占める。(二一七)兵団は九割が漢族で、ウイグル自治区における最大の漢民族集団といえよう。

一九五八年から中国では「現代身分制」のような戸籍制度が設置され、人民は都市戸籍と農村戸籍に大きく二分された。都市戸籍は社会保障、医療、教育、就業機会等の行政サービスを受けることができるが、農村戸籍はこれらの社会保障の対象外であり、また村を離れて自由に移動するのも認められなかった。しかし中共は漢族の移民を「新疆」に行かせるため、内陸部の農村戸籍者に都市戸籍を与え、ウイグル自治区への移民を奨励した。そして陝西省や甘粛省などの地域から多くの農民を「新疆」に移住させた。彼らに「新疆」で都市戸籍を獲得させ、農地や住宅の提供など優遇政策を実施した。その結果、多くの教養のない中国人の到来により、現地の治安が悪化し、ウイグル人の不満が高まった。

中国の公式の統計では漢族の人口を過小評価する傾向がある。ウイグル自治区において人民解放軍及びその家族、中国人民武装警察部隊に所属する軍人、「新疆生産建設兵団」の人口は統計に含んでいない。その過小評価された統計であっても中国の公式なデータをみると、一九四九年以来、一千万人規模の漢族がウイグル自治区に移民し、ウイグル人を凌駕するようになった。これは日本に一億五千万人の中国人が、アメリカに三億人のメキシコ人が移住するに等しい割合である。

かつてソ連では民族の接近と融合を促進するため、「少数民族」地域へのロシア人移住が積極的に奨励されたが、それは意図したものと反対の結果をもたらした。日々ロシア人の数の増大、街にあふれるロシア語出版物を目にした「少数民族」は危機感を抱くようになり、それに反対して自分たちの言語や文化を守っていく文化的ナショナリズムを呼び覚ましたのである。中共も漢族を大量にウイグル自治区に移住させ、ウイグル人の文化的・人種的な希薄化を図っているが、これはウイグル人の危機感を募らせるばかりである。

第三節　搾取政策

(一)　資源、エネルギー

改革開放政策以後、膨大な人口をかかえ、近代化が進む中国では、石油、天然ガスの地下資源が大幅に不足しており、一九九三年、中国は輸入が輸出を上回る石油の純輸入国に転じた。二〇一〇年、日本を抜いて世界第二の経済大国となり、二〇一四年、世界最大のエネルギー輸入国となった。資源確保に躍起になった中国は日本との領海でも問題を起こし、東シナ海における日本のＥＥＺ（排他的経済水域）でも天然ガスを開発しようとして、資源争奪戦になった。東トルキスタンは小麦、新疆綿（高級コットンと呼ばれる）、和田玉（ホータン産のヒスイ）などが知られているのをはじめ、アルタイ山脈には銅、ニッケル、錫、鉛、亜鉛、アルミニウム、モリブデン、天山山系には石炭、鉄鉱石、盆地部分には石油・天然ガスのほか、金、銀、白金、パラジウム、ルテニウム、イリジウムなどの鉱物資源が豊富に埋蔵されている。八〇年代以後、タリム盆地で油田が相次いで発見され、その可採埋蔵量は百億バレル以上であり、未開発の油田として世界最大級といわれる。「新疆」の石油、天然ガス、石炭の埋蔵量は、それぞれ中国全土の埋蔵量の四分の一、三分の一、三五・九％を占める。(一一八)「新疆」のカラマイ油田は中国最大級の油田である。東トルキスタンにおける地下資源の略奪採掘は一九三〇年代のソ連から始まったが、中共の支配下に入って大規模になったのは一九八〇年代である。

石油やガスなどの地下資源の採掘は中央政府の主導で国有企業が進出している。中国国有企業ランキングの第一位国家電網公司、第二位中国石油天然ガス集団（中国石油天然気集団ＣＮＰＣ）、第三位シノペック（中国石油化工）のすべてが「新疆」でエネルギー開発を手がけている。二〇〇〇年までの開発計画は原油年産八〇〇万トンだったが、東部の大慶（黒竜江省）、勝利（山東省）の二大油田の産出量が頭打ちで、タリム盆地開発に光が当たっている。(一一九)

二〇〇〇年三月の全国人民代表大会で「西電東送」、「南水北調」、「西気東輸」、「青蔵鉄道」の四つが目玉プロジェクトとして正式決定された。パイプライン敷設や送電線建設などが活発化し、二〇〇四年、タリム盆地から上海まで天然ガスを運ぶ「西気東輸」事業のパイプライン全線（約四〇〇〇キロメートル）が開通した。「新疆」ではタリム（塔里木）油田、ジュンガル（準噶爾）油田、トゥハ（吐哈）油田が三大油田とされ、マイタグ（独山子）、ウルムチ（烏魯木斉）、カラマイ（克拉瑪依）、クチャ（庫車）、タリム（塔里木）の五大精油工場を中心とした開発が振興している。

二〇〇五年自治区成立五〇周年を迎えるにあたり、「新疆」の元主席イスマイル・ティリワルディは、石油工業は「新疆第一の基幹産業になった。新疆油田、タリム油田、トルファン・ハミ油田など大型油田が開発され、原油年生産能力は二〇〇〇万トンに達している。一九九〇年から二〇〇三年まで「新疆」は毎年、一一〇万トンずつ原油生産を増加させ、増加量は十三年連続、全国トップの座を占めてきた」と述べた(一二〇)。

一九六二年の国連の「天然資源に対する永久的主権決議」では、資源は彼等人民の国内発展と福祉のために行われなくてはならず、その侵害は国連の精神と目的に反し、国際協力の発展と平和の維持を妨げる、とした(一二一)。「民族区域自治法」には、民族自治地方に当地の草原、森林資源の所有権と使用権を決定する権利(第二十七条)、当地の自然資源を管理・保護する権利(第二十八条)を認めてはいる(一二二)。しかし実際には良好な森林はすべて中央か上級国家機関の国営企業が伐採し、その収入を持ち去り、民族自治地方は利益を得られないばかりか、国営企業が伐採したはげ山を緑化する任務を負わされている。つまり中国政府は資源に関する国際的、国内的約束を無視し、「自治権」への配慮がまったく伴っていない。

ウイグル自治区の豊富な石油、天然ガス、石炭などの地下資源は中央に奪われ、地元のウイグル人への還元、配分ははっきりしない。石油開発に携わっているのも漢族であり、ウイグル人の雇用促進になっていない点でもウイグル人の不満をかっている。

(二) 核実験

一九六四年、中国が核実験を成功させたことは周知の通りだが、ウラン開発と原子爆弾開発に至る過程や、核実験による被害は不明な点が多い。佐藤悠子は、一九三〇年代から日本軍が最初に満洲でウラン鉱床を発見、採掘し、敗戦後、その開発の成果の一部が「国民党と米国の意図に反して、共産党の手に渡り、共産党の原爆開発に利用された」と指摘する。（一一三）一九四七年十一月、東トルキスタンのコクトカイ（富蘊）県でソ連によって希少鉱石の採掘が確認されたが、国民党政権はソ連に軍事的に対抗する力はなく、ソ連の意図に懸念を抱いた米国に「ソ連が新疆に抱く関心はおそらくウランなどの埋蔵のためである」と示したり、ウラン・トリウム鉱物管理弁法を公布したりしたとされる。（一一四）

一九六二年のキューバ危機でアメリカとソ連は核戦争一歩手前まで対立がエスカレートした経験から、核開発競争に一定の歯止めをかけることを考え、一九六三年八月五日にアメリカ、イギリス、ソ連との間で「部分的核実験禁止条約」（ＰＴＢＴ）が調印された。この条約は地下を除く大気圏内、宇宙空間および水中における核爆発を禁止する条約である。つまり、大気圏内核実験による放射能汚染を止める意義があったが、核開発でアメリカ・イギリス・ソ連よりも遅れていた中国は条約に反対し、条約への不参加を表明した。

一九六四年十月十六日、中国は最初の核実験を成功させ、そして一九九六年に国連の「包括的核実験禁止条約」（ＣＴＢＴ）に署名するまでの三二年間、ロプノールで四十六回の核実験を繰り返した。（一一五）中国で「十年動乱」といわれる文革の時代でも、核実験は続けられ、原爆より強い水爆実験も行った。

フランスや旧ソ連などの核保有国の核実験が植民地や「少数民族」の地域で行われたのと同様に、中国の核実験の全ては北京と二四〇〇キロメートル離れている「新疆」のロプノールで実施された。しかし爆発地点から二五〇キロメートル離れたところに二十四万人が住むトルファン市があり、三八〇キロメートルのところに人口百六十万人のウルムチ市があり、現地住民に対する致死、放射能被害、胎児への影響、不妊症、二世への影響は深刻と想定される。中国政府の公式発表がないため、核実験の被害は不明のままである。

放射能防護が専門である札幌大学の高田純教授はこの地域の核実験について専門研究を行い、まとめた報告書『中国の核実験』で様々な深刻な被害の実態を伝えている。(一二六)「中国は一九六四年十月から一九九六年九月にかけて、地表、空中、地下にて延べ四十六回、総爆発エネルギー二〇メガトンの核爆発実験をロプノールで行った。それは広島核の一千三百七十五倍に相当する。そのうち一九六七年六月十七日、一九六九年十二月二十七日、一九七六年十一月十七日と三回にわたり水爆実験を行い、三回の大型地表爆発の合計爆発威力は八・五メガトンであった。このうちの最初の二回のメガトン級地表爆発が、一〇〇〇キロメートル離れたカザフスタンの地に核の砂を降下させ、顕著な放射線影響を与えた記録があった」。同書によると、核実験による死亡者は十九万と推定され（人民解放軍の兵士は含まない）、また白血病やその他の癌及び胎児への影響のリスクが顕著に高まる地区の人口は百二十九万人と推定されている。

　中共は核の効果を確かめるために、一九六六年から陸軍及び戦闘機を核実験場に入れるように命令し、さらに一九六九年、中ソ両国の核戦争を想定し、五万人の軍隊を核実験場に投入して軍事演習を行った。(一二七)中共の軍隊にも核実験の被害者が出ているであろう。

　また、地下核爆発は、地下資源の探察に利用されてきたことが、旧ソ連の情報開示で判明されてきた。中国政府もロプノールで少なくとも二十三回の地下核爆発を実施した。特に八〇年代から九〇年代まで地下核爆発が活発化していた。ところが、タリム盆地の石油開発も八〇年代から活発化し、地下核爆発の時期と重なっている。一九九〇年出版の『中華人民共和国　統計編』によると、「一九八六年五月一日、南疆三つの石油工事が始まった。タクラマカン砂漠で、地震についての実地探知調査を通じて、重大な成果をあげた。これによると、現地には原油層の厚さが一〇〇〇メートル以上ある四つの原油層があることが探明された。（中略）既に、現地でいくつかの優質な試掘用の井戸と工業用の石油ガスの掘り抜き井戸を掘りだした」と伝えた。(一二八)地震を予知して発生場所や日時などを特定することは今のところ考えられないし、自然発生の地震を利用しての石油探知も不可能だと考えられる。しかし、核爆発が地震を伴うものであることを考慮すれば、中国政府が言う「地震についての実地探知調査」は「核爆発」を通じて地下資源の探察を行ったと考えられる。つまり中国政府は旧ソ連と同様に資源探知のためにも核爆発を実施したと考えられる。

アメリカ、イギリス、フランスなどの核保有国は大型核実験について主に人間がいない海で実施した。内陸部で核実験場を有しているアメリカ、ソ連なども放射線汚染に配慮して、内陸部での核爆発威力はかなり制限していた。一方、中国の場合は、すべての核爆発を内陸部で行い、一九七六年十一月十七日、ソ連が内陸部で実施した最大の核実験の十倍の威力である四メガトンの核爆発を実施した。内陸部において核実験の総爆発出力、一回当たりの最大威力、いずれも中国の方が高い水準にある。

内陸部の核実験場についてアメリカ、ソ連のどちらも安全管理を意識して、核実験場の周辺地域を封鎖して、厳しく管理した。それでも、周辺住民の放射線被爆は医学調査で判明された。二〇一二年八月、高田純の第三者による秘密裏の調査で「ウイグルの広範囲な場所でのガンマ線線量率はカザフスタンの核実験場外の環境中の値より二倍以上も高いことが分かった[一二九]」。核実験場周辺の地表は汚染されており、ウイグル自治区では安全を確保する実験場が存在していないのである。

ロプノール周辺地域は一九五〇年代から一九六〇年代にかけて軍事上の立ち入り禁止区域となったが、一九八〇年代に立ち入り禁止が解除され、再び周辺住民、探検者や学者、メディア、観光客などが訪れるようになっている。管理された境界線もないため、人々は放射能汚染地へ無意識に立ち入っている。ロプノール以外の地域でもウイグル人は核爆発で汚染されたリスクがある土地で暮らしている。

現在イギリスに亡命しているウイグル人医師、アニワル・トフティが一九九〇年代に「新疆」で秘密裏に調査を行った。(一三〇)それによると「ウイグル地域で一番多い病気は白血病で、二番目が悪性リンパ腫、三番目が肺がんだということが判明した。また、ウイグル地域で、ウイグル人だけではなく、長い間ウイグル地域にいる漢民族も、発がん率が高い。その調査結果では、三十年以上ウイグル地域に住んでいる人は、ウイグルのほかの民族と同じく、中国全土の平均値に比べて発がん率が三〇％高いことがわかった」という。

『新疆医科大学学報』によると、一九九〇〜二〇〇一年の間の四千五百四十の子宮頸癌患者のデータを分析すると、ウイグル人と漢族の比率は三・三四対一になるという。(一三一)一九七四〜一九七六年の食道癌患者のデータを分析すると、地域的には風下地域である天山北部は南部より高く、民族的にはモンゴル人やウイグル人の発症率は漢族より高いという。(一三二)つまりこれらの調査報告もアニワルの調査と一致する。

一九八五年からウイグル人の学生たちはウルムチ、北京、上海などの都市で「核実験を中止せよ」「新疆を労働改造所にするな」などの横断幕をかかげて民族差別政策に反対するデモを行ったが、当局は一九九六年に国連が包括的核実験禁止条約（ＣＴＢＴ）を採択するまで核実験を実施してきた。

核保有国はどこも、核実験被害者を隠蔽する傾向があるが、被曝者が被害を訴えて政府と闘った結果、一定の補償は実施されてきた。例えば、アメリカはマーシャル諸島で、イギリスはフィジーとオーストラリアで、フランスはポリネシアとサハラ砂漠で実施した核実験の被害者に補償を実施している。(一三三)しかし中国ではウイグル人被害者の声は抑圧されているため、海外に亡命しているウイグル人は訴えを続けているが、ウイグル人被曝者に対する補償は行われていないのである。しかも、「その被害者の数は、セミパラチンスクをも上回り、史上最大規模と予想され」ている。(一三四)

近年も中国は核実験の実施を疑われてきた。例えば二〇〇一年四月九日付の米紙『ワシントン・タイムズ』は、中国がロプノールの実験場で小規模な地下核実験に向けて準備していると報じた。(一三五)二〇二〇年四月十五日、米国務省は、核兵器などの軍縮・不拡散に関する年次報告書で「新疆ロプノールの核実験場で活発な活動が続いている」、「中国が爆発を伴う核実験の停止を順守しているか、懸念がある」と指摘した。(一三六)

各国の核兵器保有状況などを調べているストックホルム国際平和研究所は二〇二一年一月時点で、中国の核兵器保有数は三百二十発とみており、また米国防総省が二〇二〇年九月に発表した中国の軍事力を分析した年次報告書では、中国が二百発超の核弾頭を保有し、今後十年間で少なくとも倍増させる見通しである、という見解を示した。(一三七)

核実験の被害はウイグル人に留まっておらず、周辺地域や日本にも影響している。一九八〇年代、ＮＨＫのドキュメンタリー『シルクロード』が話題となり、当時、中国への観光旅行や修学旅行が増えた。高田純によると、日中の国交が回復した一九七二年以後の総核爆発は三十三回、九・六メガトンに及び、核実験を繰り返す危険な時期である一九九六年までにウイグルに観光に来た日本人は二十七万、核実験が停止された一九九七年から二〇〇八年までは五十七万人と推定され、二〇〇八年までにトータルで八十四万人の日本人が核爆発被害の影響を知らないままウイグル自治区を訪れたという。(一三八)

(三) 環境破壊

中国政府は安全対策を講じないまま、一九六四年から一九九六年までロプノール周辺で核実験を行い、核爆発による汚染はないと主張したが、高田純の調査でもわかるように実際はウイグル人の地域に残留する核汚染がある。ロプノールは砂漠地帯だが、近くにはウイグル人の居住地がある。核実験場周辺の地表は汚染され、ウイグル人は放射能汚染された土地で生活せざるを得ないのである。

先にも触れたが、二〇一二年八月、高田純が第三者を介して、秘密裏にウイグル地域における核ハザード調査を行い、以下のような深刻な問題を指摘している。（一三九）

❖ウイグルの広範囲な場所でのガンマ線線量率は、カザフスタンの核実験場外の環境中の値より二倍以上も高い。

❖特に楼蘭遺跡周辺の危険度は高く、その地は核の砂漠と化している。

❖その地に入れば、残留している核の砂が放つ高エネルギーガンマ線により被曝をし、さらに、舞い上がった核の砂を吸い込めば、残留するプルトニウムにより内部被曝し、死ぬまで、アルファ線が肺細胞を突き刺す。

❖また地下核実験や工場廃水など環境汚染への不安もあり、健康リスクが高まる。短期及び長期の核ハザードが心配される地表の推定面積は、三〇万平方キロメートルに及ぶ。

一九九二年九月、ベルリンで開かれた第二回核被害者世界大会でウイグルの元住民が「新疆」での核実験による被害実態を訴え、「中国の大気中及び地下実験によって死の灰を含むガスは空気中に噴きあがり、風向きによっては旧ソ連地区にも降りそそいでいる」、「実験の後、付近の環境が激変し、乾燥地帯に十七時間続けて雨が降ったり、逆に草原地帯が乾いて家畜用の草が枯れる被害が出たりした」と実情を訴えた。（一四〇）

中国の核実験場ロプノールや旧ソ連の実験場セミパラチンスクのいずれも北京、モスクワから遠く離れた「少数民族」の居住地域であるが、核実験の被害は一つの地域に留まらず、広い地域に及ぶ。一九六四年十月十日に東京オリンピックが開幕したが、一週間後の十月十六日、ロプノール実験場できのこ雲が上がり、十月十八日、新潟大学は新潟市内に降った雨から放射能の塵を検出したという。(一四一) その後も、中国の核実験による放射性物質が日本上空で探知されたことがある。(一四二)

一九九二年十月二十四、二十六日、米『ワシントン・タイムズ』紙と『ニューズ・アンド・ワールド・リポート』紙は、中国が九月に行った地下核実験の放射能汚染の雲が四〇〇〇キロ離れた日本上空に達し、日本海上空で米空軍偵察機が放射能汚染を探知したと伝えた。(一四三)

ウイグル自治区の総面積は一六六万平方キロであるが、砂漠が広く、オアシスが砂漠の周辺に点在している。水が少ないため、常に乾燥しており、植物も少ない地域である。農業、工業、建設用地として利用できるのは三八・四%しかない。(一四四) 「大躍進」の時代、鉄を生産するため、木がほとんど切り倒され、土地は裸地になった。風が当たると砂が移動して「砂塵暴」(黄砂の嵐)となり、農業生産条件も悪化した。近年は漢族や兵団による入植者が大規模な開発をしたことで砂漠化、水不足が進んでいる。タリム盆地周縁のオアシス人口は急激に増加しているが、荒地開拓、過放牧によって土地が荒れ、砂漠化が進行している。漢族移民の増加がウイグル自治区で環境破壊を招いている現状がある。

タクラマカン砂漠は黄砂の飛翔源でもあり、「砂塵暴」は毎年春の行事のように日本、台湾、韓国を含む東アジアの広い範囲に被害を及ぼしている。二〇〇四年、中国第三回全国砂漠化調査報告は中国の砂漠化した土地の面積は二六三万平方キロ(日本の七倍ほど)としていた。(一四五)

第四節　経済格差

一九七八年、鄧小平は「先豊論」（先に豊かになる）を掲げて改革開放政策を実施し、中国経済は計画経済体制から市場経済体制へ転換して著しい経済発展を達成した。しかし高度な経済成長は国を豊かにする一方、地域と個人の所得格差を拡大した。社会主義国にもかかわらず、収入の格差を示すジニ係数は一九九〇年代以降拡大しており、八〇年代初めの〇・二八から〇・四七四になった（二〇一二年）。〇・五に近づけば「危険」とされ、アジアでも群を抜いている。[一四六]二〇〇〇年代初め、元新華社通信記者の楊継縄が行った調査と分析では各階級の人口比について、上層は五％、中間層は一三％、下層は八二％と試算し、上層の五％の中でも高級官僚、国有銀行や企業の責任者、大企業社長などが含まれる上等階級は一・五％、約千二百万人とした。[一四七]二〇二〇年五月、中国の首相李克強が現在の中国では「月収一千元（約一万五千円）の国民がまだ六億人いる」と発言した。[一四八]つまり中国ではピラミッド的な社会構造ができ、社会的富は一部の人に傾斜して配分されている。その一部の人たちは共産党員や共産党員に近い人間である。

中国社会の格差は階級間に存在するが、地域間にも著しく存在する。一九九六年、世界銀行は「計画から市場へ」と題するレポートの中で、中国の各地の経済成長率、投資率の増加が不平等であることに注目し、地域格差が大幅に増加したことを指摘した。[一四九]つまり経済成長が、遅れている地域の人々の生活の質を改善したかどうかをみる必要があるという視点を提示した。ウイグル自治区と沿岸部の格差は中国の改革開放政策によって拡大してきた。

二〇〇九年、中国の東部地区の家庭の一人当たり所得は、西部地区の二・〇三倍である。（一五〇）所得の多寡によって、一人当たり住居面積の広さや、冷蔵庫や電子レンジ、自家用車などの耐久消費財の所有率は大きく異なるといわれる。こうした格差が存在する中で、二十年ほど前から学生の間では「北京、上海、南京、天津なら行きたいが、ニュージーランドだけは行きたくない」と言われていた。（一五一）ニュージーランドは中国語で「新西蘭」と書くが、「新疆」、西蔵（チベット）、蘭州（甘粛省）などの代表的「辺境」の地名を意味する漢字でもあるのだ。
改革開放以来四十年以上を経たが、「新疆」に進出している企業は現地の「少数民族」出身の労働者をほとんど雇用せず、あるいは資源開発において、「少数民族」の利益に配慮を払わないため、格差が以前より拡大している。「新疆」の経済は、経済特別区や沿海部の開放に比べ、十年も遅れており、（一五二）高い貧困率が存在する。地域を比較すると、こうした「東西格差」の中で、「新疆」の経済発展の遅れが目立つ。

ウイグル自治区内部の格差はどうなっているだろうか。一国の経済の成長に伴い、第一次産業従業者の比率は低下し、第二次産業、第三次産業へ移っていくのが一般的とされる。つまり、産業構造の高度化は、労働力の農業から非農業への移動を意味する。中国の内陸部で農村から都市部への人口移動が発生しているが、「新疆」では経済成長によって大規模なウイグル人農民が都市部に移ることは起こらなかった。「新疆」の都市部では漢族が大多数を占めており、ウイグル人の大多数は農民である。

ウイグル人が「南部新疆」の総人口の八二％にも達しているのに対して、漢族の人口は南部において一七％に過ぎない。（一五三）一方、北部において漢人は圧倒的に多い。ウイグル人が集中する南部の経済活動は鉱物資源や農産物などの第一次産業であるため、この地域の総人口の大半を占めるウイグル農民の所得は極めて低い。一方、「新疆」の経済の重心は北部に置かれている。いわゆる「天山北麓経済ベルト」は、面積一五万平方キロで「新疆」全域の九%、人口は四百二十六万で「新疆」人口の二八%に過ぎないが、漢族が圧倒的に多い。自治区の石油、化学、石炭、電力、衣料品製造、建築材料製造、機械製造工業のほとんどがここに集中し、国民総生産、工業総生産、国民所得のいずれも「新疆」の六〇%以上を占める。[一五四] つまり漢族が集中している北部では工業化が進み、所得が増えているが、ウイグル人が集中している南部では第一次産業に依存し、所得が低く、南北格差を生み出している。

　現在、中国では全国的に大学卒労働力が供給過剰であり、漢族学生でも就職率が低いが、漢族企業は漢族を雇い、ウイグル人企業しかウイグル人を雇わない状況の下、後者の働き先が極端に不足している。公務員の場合「少数民族」の採用枠が決められており、漢族以外の全ての「少数民族」を含めているので、ウイグル人の採用数は少ない。

　ウイグル自治区で二〇〇四年以前の設立企業は合計一万二千七百六十七社あり、うち漢族企業は一万千八百九十五社（九三%）、「少数民族」企業は八百七十五社（七%）であり、また二〇〇〇年から二〇〇四年までの五年間に毎年設立された企業数の平均千二百九十四社のうち、「少数民族」経営企業は平均わずか七十五社であった。[一五五] ウイグル自治区で二〇〇四年までに設立された製造業企業について従業員規模を民族別でみると、従業員数五百人以上の企業は、漢族経営企業が百九十六社に対して、「少数民族」企業は一社しかない。[一五六] 二〇〇三年、ウイグル自治区で「少数民族」大学生の就職率は七二・九八%で、逆に漢族大学生の就職率は九六・九一%となっており、二〇〇九年の就職活動で内定が確定した漢族学生は三〇%未満で、「少数民族」大学生の内定率は五%未満である。[一五七] その差はいずれも二〇ポイントもある。

　地元の経済を支配しているのは漢族である。中国の企業がウイグル人は北京語を話せないから雇えないと言ったり、イスラムの習慣があるから食事などで不便であると言ったりして、ウイグル人の雇用を拒絶する。その結果、経済的なアパルトヘイトの状況ができている。

エネルギー産業においても同様な状況が起きている。二〇一七年四月、国家発展改革委員会は「エネルギー生産と消費革命戦略（二〇一六〜二〇三〇）」を発表し、天然ガスの国内生産を三倍に引き上げる計画を掲げた。[一五八] しかし、「新疆」のGDPの半分以上を占め急成長中の石油・天然ガス産業の労働力のうち、ウイグル人の割合は一％に過ぎない。[一五九] このような状況の中でウイグル人が従事できる仕事は少なく、都市部においては「汚い、きつい、危険」といわれる「三K」の仕事しかできなくなっている。ウルムチでは街の清掃作業、建設工事や路上小物販売などはウイグル人が従事している。

二〇〇六年、一人当たりのGDPが最も高い地区はウルムチ市、カラマイ市、バインゴリン・モンゴル自治州であり、それぞれ二万八千二百六十一元、九万六千六元、三万三千六百八十九元となっているが、それに対し、最も低い地区はクズルス・キルギス自治州、カシュガル地区、ホータン地区であり、それぞれ四千五十一元、三千四百九十七元、三千五元となっている。[一六〇] 一人当たりのGDPが最も高いカラマイ市と最も低いホータン地区との差は九万三千一元、三十二倍である。この調査は漢族が集中している北部では工業産業があり経済発展しているが、[一六一] ウイグル人が集中している南部では工業産業がなく貧困化していることを示している。ウイグル自治区にある貧困県をみてもわかるように、二十五の貧困県のうち二十県はウイグル人が多い南部に偏っている。[一六二]

二〇〇〇年の西部大開発以降、自治区で大規模な投資が行われたが、基本的に政治と経済の要を握っているのは漢族であり、恩恵を受けたのは漢族が中心で、ウイグル人との経済格差は圧倒的に開いた。都会でのウイグル人と漢族人の人口比は、一九四九年に九：一であったが、一九九七年には一：九になっている。(一六三)つまり漢族労働者が都市部の工場で働くようになった一方で、貧しいウイグル農民は農業に従事するしかない図式である。中国政府は「脱貧困」、「小康社会」（ややゆとりのある社会）の実現を掲げて貧困人口に対する取り組みもしているが、「脱貧困」よりも愛国教育やプロパガンダに偏っている。米ジェームズタウン財団の報告でも「貧困対策を名目に思想改造や愛国教育が行われている」と指摘する。(一六四)

中共は特権や搾取などを消滅し、ウイグル人の自治権を承認するとして「新疆」を併呑し、そして一九五〇年代前半に「少数民族」の文化伝統と風俗慣習の尊重、公衆衛生の上昇、教育の普及などにも努力したことは事実である。しかし「少数民族」に対する人権侵害や差別、搾取政策も並存した。近年、交通、通信などのインフラ建設や、インターネット、ビッグデータ、ＡＩなどの現代技術は、ウイグル人など諸民族の監視、管理などにも使われている。中共の統治あるいは中共主導の近代化は総じて善と評価できるのだろうか。

帝国主義の時代では、民族問題は植民地問題と不可分に結びついていた。その重要な特徴は、①「後進国」の経済が帝国主義大国の経済に従属させられ、その付属物に変えられてしまったこと、②「後進国」の政治的及び経済的独立が宗主国の手によって奪い去られていること、③これらの国々が帝国主義大国の植民地や半植民地に変えられることである。(一六五)中共の「新疆」における支配も帝国主義と同じ特徴がみられる。

まず「新疆」は中国の収奪、搾取の対象となっている。一九世紀後半以後の産業革命の推進過程で植民地は宗主国に対する原料供給地に位置づけられたが、「新疆」も同じ運命をたどってきた。一九四九年の「新中国」成立直前、ソ連と中共が「新疆問題」について話し合った際、スターリンは訪ソ中の劉少奇に石油が存在し綿花が採れる「新疆」の重要性を強調し、年内に「新疆」を「解放」するように促した。(一六六)中共は「新疆」を併呑してから、十年経たないうちに現地資源の略奪を本格化させた。一九五八年、自治区党書記の王恩茂は「新疆」を全国の工業基地・植綿基地にする二大任務を提起した。[一六七] 前者はカラマイ（克拉馬衣）・マイタグ（独山子）を中核とする石油産業、後者は兵団が担う農業開発だった。このように一九五〇年代から「新疆」は中央に直結した経済基地にする方向に変わり、この政策は現代に至っている。近年は中国の台頭に伴い、資源の需要が上昇し、エネルギーや農産物の供給地である「新疆」における資源の略奪は加速化されている。ウイグル人からすれば、中共が来てから現状は大きく変更し、既得権益が侵害され、国連で保障されている資源における権利も奪われている。また、綿花の歴史を振り返ってみると、植民地統治や奴隷制を思い出させる。

　二〇二〇年九月、アメリカ政府は「強制労働で生産された」として、「新疆」の綿を使ったアパレル製品などの一部の輸入を禁止した。中国は世界二位の綿花生産地であるが、その八〇％以上が「新疆」であり、前年の米国への織物製品輸出は五〇〇億ドル（約五兆三千億円）とされる。[一六八]「新疆」は内地の生産センターの原料供給地に位置づけられているため、現地の安定は中国の経済発展に不可欠となっている。資源の確保と搾取を続けたい中共にとってウイグル人は邪魔となり、資源が「新疆」における人権侵害とも繋がっている。

　また、ウイグル人社会は衰退に導かれている。毛沢東の時代、ウイグル人社会は土地改革、社会主義改造、反右派闘争、大躍進、文革などの暴力的な政治運動で大きなダメージを受けたが、中国の国力の増加につれて、「新疆」と内陸部の一体化が進み、ウイグル人は辺境に追いやられている。ウイグル人が自民族を維持し、発展させていくことは多民族国家中国の安定に重要であるが、習政権になってから、中共はウイグル人に対する猜疑心を強め、従来の不公平や不正義を改めるどころか、ウイグル民族をターゲットとして露骨に弾圧している。その結果、ウイグル人社会を牽引する知識人や芸能人、スポーツマン、ビジネスマンなどが逮捕され、あらゆる分野でウイグル人の人材が衰退し、満洲人のように文化や言語の絶滅は時間の問題となっている。

さらに漢族主導の統治構造ができている。ウイグル人の九九%は「新疆」に住んでいるが、漢族の人口増加によってウイグル人は「新疆」で少数派に転落した。漢族の人口の割合の上昇によって、自治区の政治、経済、文化などあらゆる分野において漢族主導の構図ができている。かつて中共はウイグル人の政治的な自治権は認めていないものの、文化や教育、伝統の保護などについてはある程度認めていた。しかし、現在は「自治権」は縮小され、「自治」は有名無実化している。習近平政権はさらに武力を背景に「新疆」で監視社会を作り、ウイグル人に対する抑圧は強まる一方である。つまり「新疆」では漢族が上位でウイグル人は隷属する関係となっている。

現在のウイグル問題は帝国主義時代の清朝に起源があり、中華民国と中華人民共和国を経て継続してきた。支配者は満洲人の皇帝から漢族の共産党書記に、支配層は漢族の科挙官僚団から漢族の共産党の官僚団に、そのイデオロギーは中国の儒教イデオロギーからソ連式の社会主義イデオロギーに変わったが、支配する漢族と支配されるウイグル人という関係性の本質に関しては今日でも変わってない。ウイグル人は依然として支配される、抑圧される、差別される対象となっている。したがって、中共の「新疆」における支配は植民地支配、あるいはそれに準ずるといわざるをえない。今日のウイグル人による反政府抵抗運動も脱植民地運動の色が濃いのである。

第四章

民族自決の法的概念

2017年4月から、ウイグルの地域で大規模な強制収容所が作られた。施設内で「再教育」を受ける収容者たちとみられる写真

出典：新疆ウイグル自治区司法当局の微信アカウントより

十八世紀半ばに始まった産業革命はヨーロッパ社会に大きな影響を与え、フランスをはじめとする国民国家建設が動き始めた。十九世紀後半には、ヨーロッパで国民国家が普通の国家の形であるといえる時代となるが、第一次世界大戦までは、オーストリア・ハンガリー（ハプスブルク）帝国、ドイツ帝国、ロシア帝国、トルコ帝国、清帝国などの、国民国家とはいえない帝国があって、国内に多数の民族を抱えていた。(一)

第一次世界大戦前後から自国の独立と国民国家の建設を目指すナショナリズム運動が広く興隆し、これらの帝国は崩壊し、中東欧の諸民族は大体が独立した国民国家となるが、清帝国は、崩壊後は中華民国、後に中華人民共和国が清朝の領域を継承し、多民族国家として現在に至っている。ウイグル人は二十世紀前半二度にわたって民族自決的な国・東トルキスタン共和国を樹立したが、いずれも周辺大国の介入で潰され、多くの民族や地域が国民国家を形成する今日でもウイグル人の民族自決権はまだ実現されてない。民族自決権について国際法ではどのように規定され、発展してきたのだろうか。この章では民族自決に関する法的な側面を考察する。

第一節　民族自決の起源

「自決」（self-determination）という言葉はドイツ語のSelbstbestim mungsrecht に由来する。(二) self-determination は直訳すれば「自決」（自己決定）である。「自決」の担い手として「民族」が想定される。そして、民族自決とは、全ての人民が自ら政治的に独立して政府を作り、経済や社会や文化の発展を自らの意思で求める権利であるとされる。(三)

その考え方は十八世紀にすでにあったが、具体的な形で表れたのは十九世紀のアメリカの独立とフランス革命である。民族自決が基本的権利として国際的に認められたのは一九一八年のベルサイユ条約であった。現在では国連憲章や国際人権規約に、この権利がはっきり規定されている。

民族自決の思想的起源について近代国際法の思想をさかのぼれば、『社会契約論』を軸として国家論、国際法論を展開した啓蒙期自然法学者の学説に辿り着くであろう。例えば、ジャン・ジャック・ルソーの『社会契約論』（一七六二年）が、徹底した人民主権の立場から、グロチウスの征服の権利を強く批判していたことの背後には、民族自決思想の萌芽を見て取ることができよう。(四)しかし、かなりの程度それがはっきり表れているのは、ルソーと同じ時代のスイスの国際法学者エメール・バッテルの著作『国際法』（一七五八年）においてである。(五)バッテルは、主権者の統治として、人民の同意に基づき外部からの干渉を受けずに発展する自由な市民社会を擁護する。国家の主権、平等に基礎をおく近代的な国際法理論を初めて体系的に展開した。(六)

バッテルの思想が直接影響を与えたといわれる一七七六年のアメリカ独立宣言は、「一国民が、従来、他国民の下に存在した結合の政治的紐帯を断ち……自立平等の地位を、世界の諸強国の間に占めること」は、「自然法と神の法とにより賦与される」ものである、と宣言し、またフランスの一七九一年憲法第六章は征服戦争の放棄を規定し、一七九三年の憲法第百十九条は、「フランス人民はほかの国民の統治に決して干渉せず、ほかの国民がフランス人民の統治に干渉することを許さない」と定めていた。(七)

彼らによれば、国の成立がそのメンバーの合意によって、つまり社会契約によって説明されるなら、外部からの干渉なしに自国の憲法を定め、政府を組織する人民の権利（内的な自決権）と、欲するなら旧国家を解体して新国家を建設する分離独立権（外的な自決権）は当然のことになる。近代国際法は国家主権の概念、独立、平等、互いに内政干渉を行わない義務を負うという考えを中心として展開することになるのである。

第二節　マルクス主義における民族自決

マルクス主義者は民族問題についてどう考えていたのか。マルクス、エンゲルスは何よりもプロレタリアートの社会主義革命に力点を置き、基本的にすべての民族に対して、民族自決権を認めようとしなかった。[八] マルクス、エンゲルスはヨーロッパの諸民族に対して二分論を展開し、イタリア、ポーランド、ドイツ、ハンガリーなどの諸民族は、進歩的な民族、革命的民族とし、一方、オーストリア・ハンガリー帝国内のチェコ人、スロバキア人、スロヴェニア人、クロアチア人、セルビア人、ルーマニア人などの民族は「歴史なき民族」と呼び、進歩的な民族に吸収、同化されるのは「自然の不可避の運命」とした。[九] 彼らにはプロレタリア革命が成功すれば、階級間の搾取や対立の廃止によって民族相互間の敵対関係もなくなるという楽観的な見解があったようである。[一〇]

（一）レーニンの民族自決

民族単位の共同体による国家建設はフランス革命の際に使用され、その後あまり使用されなくなり、第一次世界大戦中ボルシェビキが再び民族自決を使用した。

一九一七年三月、ニコライ二世のロマノフ王朝が崩壊し、アレクサンドル・ケレンスキーを首班とする暫定政府がロシアに誕生した。専制政治から民主的な国家の出現が期待されたが、十一月のボリシェビキ革命（十月革命）により激変し、ボリシェビキの共産主義の国に変容した。

レーニンはマルクス、エンゲルスと異なって民族自決論を提起し、「被抑圧民族よ、蜂起せよ」と、ロシア人以外の諸民族に自由に分離独立する権利を認めて、国際政治の舞台に民族自決を呼び戻した。[一一]

旧ロシア帝国は周辺諸国、すなわち、清朝、ペルシャ、トルコなどに対しても、帝国主義的・植民地主義的抑圧を加えていたが、(一二)一九一七年十一月八日、人民委員会議の議長レーニンが率いるソビエト政権は「平和に関する布告」を発し、「無賠償」「無併合」「民族自決」に基づく即時講和を第一次世界大戦の全交戦国に提案した。(一三)

革命後ただちに、ボリシェビキ政権は、フィンランド(一九一七年十二月)の独立を承認し、一九一八年、ブレスト＝リトフスク条約で、第一次世界大戦から正式に離脱し、リトアニア(三月)、エストニア(四月)、ポーランドおよびラトビア(十一月)の独立宣言を、それぞれ民族自決権の行使として承認した。さらに、ラトビア、ウクライナ及び、トルコとの国境付近のアルダハン、カルス、バトゥミに対する旧ロシア時代の帝国主義のすべての権利を放棄した。(一四)

このように、ボリシェビキの民族自決は、ヨーロッパ・非ヨーロッパの区別なく植民地を否定して民族自決を承認した内容であった。この平和に関する布告は、諸外国の民衆やマルクス・レーニン主義の被圧迫民族解放理論に多大な影響を与えた。

一九一七年十一月十六日、ソビエト政権は「ロシア民族の権利宣言」を発し、旧ロシア帝国の被圧迫諸民族の解放とこれら諸民族との自発的で誠実な同盟を作り出すことを明らかにした。それは、①旧ロシアのすべての民族は平等で主権がある、②同じく、分離と独立国家の形成を含む諸民族の自決権がある、③すべての民族及び民族宗教的な特権と制限を廃止する、④すべての少数民族種族集団の自由な発展を認める――という内容である。(一五)

旧ロシア帝国はロシア人のみではなく、ウクライナ人、ベラルーシ人、グルジア人、アルメニア人、タジク人、ウズベク人など多数の中小諸民族がおり、諸民族の牢獄と呼ばれていたが、「ロシア民族の権利宣言」は周辺諸民族の自決権を尊重した。これは民族自決権に関する社会主義国家の政策の原点をなすものともいわれる。

ボリシェビキ者が強く民族自決を主張してから、帝国の中で解放を求める民族の「自決」について議論されるようになり、第一次世界大戦の終結（ベルサイユ講和）までは、主として、ロシア帝国、オーストリア・ハンガリー帝国、オスマントルコ帝国の支配下にあった東・中欧やバルカン諸民族の民族独立運動があった。

一九二二年十二月、ソビエト社会主義共和国連邦（ソ連）が成立した。ソ連はロシア共和国、白ロシア共和国、ウクライナ共和国、カフカス共和国の四か国から構成された。いくつかの主たる民族には主権国家の体制を与えた。しかしそれは後のプロレタリア独裁に服従させることとなり、諸民族は建前としては平等であったが、実質的にはロシア優位の中でそれ以外の民族は従属的な地位に置かれた。(一六)

一九二二年、レーニンが病に倒れて以降、スターリンが影響力を獲得した。二年後にレーニンが死去すると、スターリン体制が続くことになる。レーニンは一党独裁の単一イデオロギー国家を後世に残した。

レーニンの民族自決権論といえば、彼が「政治的自決という意味、すなわち分離および独立国家の形成の権利という意味」で民族自決権を無条件に承認したことで知られている。しかし、レーニンは一方で民族自決権が無条件に認められるべき絶対的権利であると述べるが、他方では民族自決権が社会の発展全体の利益、階級闘争の利益に服する条件付きの権利、すなわち相対的権利であると主張している。(一七)この二つの主張は一見矛盾している。つまり、レーニンは決して諸民族の事実上の分離独立を望んでいたわけではなかった。諸民族は無条件の分離権をもってはいるが、これを行使せず、進んで大国の中に留まってくれることを希望していたと考えることができよう。

丸山敬一はレーニンが民族自決を主張する理由について次のように指摘する。(一八)「第一に、レーニンは分離の自由のみが、自由で自発的な同盟、結合、協力、結局のところ民族間の融和を可能にすることを知っていた。第二に、彼は、被抑圧民族の敵意や疑念を消し去るのを助け、両民族のプロレタリアートをブルジョワジーに対する国際主義的闘争へと統一するのを助けることを知っていた」。つまりレーニンは民族自決権を主張したが、本音では事実上の分離独立を望んでいるわけではなく、諸民族のプロレタリアートが自決権を獲得して自発的にソビエトに接近、融和してくれることを期待していたのである。唐渡晃弘は、社会主義者は、中長期的には民族自決による民族共同体をイデオロギー共同体に発展的に変容させることを構想し、民族自決はロシアの領土を取り戻すためのレトリックとして用いられたにすぎなかったと指摘する。(一九)

レーニンは「民族を越えた階級的結びつき」の立場から民族問題にアプローチし、中央集権的巨大国家形成の方向を歴史の発展方向とみて、諸民族が大国家の中で相並んで平和のうちに共存してくれることを望んだが、今日においてはもはや「階級」ではなく民族的結びつきの方が強く重要であることが証明されている。

当時帝国主義の包囲の中ただ一国の社会主義国家ソビエトの国際的実行だけでは、自決権を国際法上の権利として確立するには不十分であるが、それがパリ講和会議における十四か条の平和原則と第二次世界大戦後における民族自決権の発展にとって重要な前史をなすことは否定できないと考えられる。

(二) スターリンの民族自決

一九一三年にスターリンは「マルクス主義と民族問題」と題する論文を発表し、民族自決が適用される集団を定義した。彼はヨーロッパの社会主義活動家の認識をはるかに超え、アジアの諸民族の存在を認識していたことが特徴である。(二〇) 一九一七年の十月革命の後、スターリンは民族問題人民委員となり、さらに一九二二四年、ソ連共産党中央委員会書記長となり、国際共産主義における民族問題をリードするようになった。

民族人民委員会のスターリンはロシア革命前には、「民族自決は民族相互間では絶対的な権利であり、ある民族が他民族の民族問題に介入することはいかなる場合にも認められない」という見解を強調していた（二一）。つまりスターリンのこの立場に立てば、周辺民族がたとえ革命の利益に反する自決権の行使をするようなことがあっても、モスクワから軍隊を派遣してその自決を暴力的に叩き潰すようなことはできないことになる。

しかしスターリンもレーニンと同様に、辺境の非ロシア系諸民族が、ロシアを見習って、それぞれの民族内部で革命を遂行すること、また分離の権利を与えたのち、社会主義諸国の自由連合のメンバーとして自発的にもう一度ロシアと結びつくことを期待していた。当時のボリシェビキ者らは一人も例外なくロシアに続いてヨーロッパに、少なくともドイツには早急に革命が起こると信じていたという（二二）。しかし現実にはそれと違う展開を辿った。ロシア周辺地帯に一斉に生まれ出た非ロシア系諸民族の政府は、例外なく反ボリシェビキで、ロシアから完全な分離を要求した。その中で、ブルジョア民族政府と労働者、農民の対立が激化し、しかもこれらのブルジョア民族政府の背後には、ヨーロッパの反革命軍が控えていた（二三）。

辺境地方の諸民族政府がロシアからの完全な分離を要求するような事態になった時、スターリンは民族自決を全面的に放棄し、プロレタリアートの自決を一元的に掲げる道を選んだ。彼は一九一八年の第三回全ロシア労・兵・農代表ソビエト大会の演説で、次のように明瞭に述べた（二四）。「自決の原則は、その民族のブルジョアの民族の自決としてではなく、その勤労大衆の自決として解釈されねばならない。自決の原則は社会主義のための闘争の手段でなければならないし、社会主義の原則に従属しなければならない」。

民族自決論とプロレタリアートの利益が合致する場合はいい。だが、自決権の行使が革命の利益に反する場合にはプロレタリアートの利益の方を優先することになる。ロシア革命後に現実にこのような事態が起こった時、ソビエト政権は暴力を用いて他国を介入し、民族自治は空約束となってしまった。

スターリンは、この立場から、民族自決権が対外的、国内的にもプロレタリアートの利益に従属すべき「相対的」権利をなすととらえ、周辺諸民族の分離に反対していくことになる。その結果、民族の国家的分離権は単なる名目的な権利に変わってしまった。

モスクワからプロレタリアートの自決権が一元的に主張される時、周辺諸民族は実質的な分離権を失うのである。一九三六年から一九三八年の大粛清時代には政治的反対派や少数民族は収容所（ラーゲリ）に収監された。また一九四一年に独ソ戦争が始まると、ソ連は民族自決よりも民族を団結させてドイツと戦う必要が生じ、周辺諸民族が分離独立を要求することは不可能となった。「スターリン憲法」（一九三六年設定）にもソビエト連邦には同権を持つ各民族共和国が自由意思により結びついた「統一的な民族連邦国家」として規定されている。[二五]しかし、これは建前のものだった。民族運動をプロレタリアート解放運動のために利用するという態度だった。これはマルクス、エンゲルスからレーニン、スターリンを貫く態度である。[二六]

一九三九年八月、スターリンはナチス・ドイツとの間に独ソ不可侵条約を結び、東欧における両国の支配圏を確定したとされる。この協定によって、スターリン政権はポーランドをドイツとともに分割し、翌年にはバルト三国を併合した。[二七]スターリンの国境線をできるだけ広げる政策は第二次世界大戦の終結まで続き、極東から東欧まで広大な地域及び民族はソ連の勢力下に呑み込まれた。

「階級」の立場に立つマルクス主義と「民族」の立場に立つナショナリズムは本来全く異質な運動であったが、プロレタリアート第一主義の立場に立ち続けるボリシェビキ者は、民族問題に「階級」の立場からアプローチしてきた。しかし二十世紀末のソ連の崩壊は「階級」の立場から民族問題は解消できないことを証明しているといえよう。

第三節　第一次世界大戦後の民族自決

十九世紀以来、ヨーロッパの紛争の多くはナショナリズムに起因しており、一九一四〜一九一八年の欧州を中心に約三十か国が参戦した第一次世界大戦も同様であった。つまり民族問題が戦争の一つのきっかけであった。またロシア革命も大きな反響をひきおこした。西側の一部の政治家たちはロシアの「平和に関する布告」に抵抗し、ヨーロッパの戦後処理において民族自決を主張し始めた。すなわちヨーロッパの国境線を民族性に基づいて再編すれば、戦争の根本的原因が取り除けるという発想だった。

第一次世界大戦の終結にあたり、アメリカ大統領ウッドロウ・ウィルソンやイギリス首相ロイド・ジョージは民族自決を主張した。一九一八年一月五日、ロイド・ジョージは戦争目的を表明し、戦後の領土画定は自決権あるいは被治者の同意が尊重されるべきであると述べた。(二八)一九一八年一月八日、ウィルソンはアメリカ議会で十四か条の平和原則を発表し、そこに講和の公開、秘密外交の廃止（第一条）、公海航行の自由（第二条）、平等な通商関係の樹立（第三条）といったアメリカ独自の提案が含まれているが、民族自決に関しては、民族境界線に基づくイタリア国境線の画定（第九条）、オーストリア・ハンガリー帝国の民族自決（第十条）とバルカン諸国の独立保証（第十一条）、オスマン帝国支配下の民族の自治と独立の保証（第十二条）、それにポーランドの独立（第十三条）があった。そして最後に、諸国家の連合の結成、すなわち後の国際連盟を提案している（第十四条）。つまり各民族の発展は他からの干渉なく自ら決定できることを国際的に保障するものだった。(二九)この十四か条は、ベルサイユ平和条約の原則としてとり入れられた。

しかし、イギリス、フランスを含む戦勝国は植民地を有しており、結局、戦勝国の間で民族自決がすべての民族に無差別に適用されるのではなく、ヨーロッパのみで適用されることが確認された。ベルサイユ条約によって東ヨーロッパに、フィンランド、エストニア、ラトビア、リトアニア、ポーランド、チェコスロバキア、ユーゴスラビアなどの新興国が生まれた。

「平和に関する布告」がヨーロッパ・非ヨーロッパの区別なく植民地を含めた領土・民族の強制的「併合」を否定して民族自決の全面的承認の規定になっているのに対し、「十四か条」は限定的な規定となり、その具体的な適用範囲も、第十~十三条に表れているように、ほとんど敵対する同盟国の領土、旧ドイツやオーストリア・ハンガリー（およびロシア）支配下にあった東欧・中欧諸国に限定され、実質的にはこれらの国の解体を意味する内容であった。

第一次世界大戦後の新しい国際秩序であるベルサイユ体制を維持する機構として国際連盟が設立され、そこに委任統治制度が設けられた。実際この制度の対象地域は、旧ドイツ領植民地とオスマン帝国から分離された地域という敗戦国の植民地だった。一方、戦勝国の植民地については適用されなかった。以上のように、第二次世界大戦以前においては、民族自決の原則は西側諸国においては一つの政策としてみられていただけで、普遍的な法的権利としては認められていなかったといえる。[三〇] このように自決権はヨーロッパのみに留められ、植民地が自決権を得るにふさわしい水準に発展するまでは、「文明国」の庇護が必要とされ、このような考えは国際連盟の委任統治制度へと結びつくこととなった。

ベルサイユ条約での民族自決は非ヨーロッパ圏には適用されなかったが、植民地支配下にあったアジア、アフリカの民衆に大きな期待を抱かせ、民族解放闘争が激化した。中国や韓国で反日運動が活発化し、インドでも独立運動がおこった。[三一] 結局、朝鮮、エジプト、インドなどで民族運動が盛り上がり、アジアやアフリカでは、モンゴル、アフガニスタン、イラク、イエメン、エジプト、サウジアラビアなどが独立を果たした。

一九三〇年代の世界大恐慌の時代、ナチスが「人種」のイデオロギーを掲げ、ソ連は「階級」のイデオロギーを強調し、民族という存在は影が薄くなった。[三二] 独立した諸国は、ベルサイユ体制において独立が維持されたが、国際連盟は無力化しており、世界恐慌以後、これらの国は政情が安定せず、また小国ゆえに大国の緩衝国と成り果て、第二次世界大戦が勃発すると次々に侵略を受け、独立を喪失した。

ナチス・ドイツは民族自決を根拠とし、チェコスロバキアやポーランド、オーストリアなどに住むドイツ系住民の保護を名目に、それらの地域に侵攻した。また、一九三八年にヒトラーがミュンヘン協定によってズデーテン地方の割譲を求め、マイノリティ保護と民族自決がドイツ領土拡張の口実に利用された。民族自決の原則が大国による領土拡張の口実になり、大国の宥和政策は、小国の犠牲の上に成り立つものであるという苦い教訓が残された。

しかし、アメリカ（およびロシア）が「民族自決」を容認したことの反響は大きく、十四か条における民族自決の適用から外されていたアフリカの大部分やアジアなど植民地・半植民地地域では、民族自決がその後の民族独立の指導原理になり、本国（連合国）の政府に対し、より高度の自治や独立を要求する運動のきっかけともなった。アジア、アフリカでの民族独立は、第二次世界大戦後に一斉に達成され、いわゆる「第三世界」を構成することとなる。

第二次世界大戦中に、連合国は既に様々な形で民族自決の承認をうたっていた。例えば一九四一年八月、アメリカ大統領ルーズベルトと英首相チャーチルが発表した「大西洋憲章」は、関係人民の自由に表明された願望に基づかない領土的変更の不承認や、自らの政府形態を選ぶ人民の権利の尊重を宣言していた。[三三]

第二次世界大戦後、ドイツ、日本、イタリアの敗北で列強の数は少なくなり、また戦勝国であったイギリス、フランスも国力が疲弊し、植民地を失い、昔の力はなかった。残されたのはアメリカとソ連の二大スーパーパワーだった。

第四節　第二次世界大戦後の民族自決

ヨーロッパから始まった白人の人種主義と植民地主義が二回の世界大戦を招いた。この二つの問題に向けて国際的な取り組みが始まるのは、第二次世界大戦後のことである。[三四] 一九四五年に国際連盟に代わるものとして国際連合（国連）が創設された。そこで民族問題で再び戦争を起こすことを防止し、各民族の不満を減少するために、国連において、人権保護、平和維持、民族自決権などが確立され、それらは国連憲章、世界人権宣言の中に規定された。国連憲章の中に「国際平和の確立、人権と自決権に基づく相互協力、基本的人権の普及拡大」が明言されている。

自決権が国際法上その姿を現し始めたのは国連憲章である。そこでは自決権について次のように規定している。[三五]

第一条　国際連合の目的は次の通りである。

一　略

二　人民の同権および自決の原則の尊重に基礎をおく諸国間の友好関係を発展させること並びに世界平和を強化するために他の適当な措置をとること。

第五十五条　人民の同権及び自決権の原則の尊重に基礎をおく諸国間の平和的且つ友好的関係に必要な安定および福祉の条件を創造するために、国際連合は、次のことを促進しなければならない。

a　一層高い生活水準、完全雇用並びに経済的及び社会的の進歩及び発展の条件

b　経済的、社会的及び保健的国際問題と関係国際問題の解決並びに文化的及び教育的国際協力

c　人種、性、言語又は宗教による差別のないすべての者のための人権及び基本的自由の普遍的尊重及び遵守

国連の取り組みによって民族自決権は国際法上の権利として承認され、アジア、アフリカで民族独立運動が活発化した。そして民族自決によって、多くの国が独立を獲得した。国連が成立した当初の原加盟国はわずかに五十一か国であったが、一九四五年から二〇二一年の現在までの七六年間に三・八倍に増え、現在加盟国は百九十三か国である。(二六) 新加盟国の大部分は、第二次世界大戦後に帝国主義支配から政治的独立を勝ち取ったアジア、アフリカ新興国家である。これらの国は第三世界と呼ばれた。

東ヨーロッパ、アジアの一連の国々で人民民主主義革命が勝利し、これらの国々はやがて社会主義国家に発展していった。さらに一九五九年、革命に勝利したキューバも社会主義への道を進んだ。こうして社会主義国家は戦前のソ連、モンゴルのわずか二か国から十数か国に増え、全体として地球上の面積、人口の約三分の一

に至った。(三七)

国連における反人種主義の闘争も社会主義勢力が主導し、それにアジア・アフリカ諸国が加勢し、西欧諸国は次第に劣勢となる。そして闘争から二十年もたたないうちに二つの重要な勝利があった。一つは、植民地独立付与に関する国連総会の決議であり、もう一つは、人種差別撤廃条約である。いずれも人種主義を否定する歴史的な合意である。

「アフリカの年」といわれる一九六〇年には、十七の新興諸国の国連加盟が一挙に認められ、この勢いで、同年十二月の第十五回総会において「植民地諸国、諸人民に対する独立付与に関する宣言」(略して「植民地独立付与宣言」)が採択された。国連憲章では人民の自決権を基礎におく諸国間の友好関係を発展させることは謳われてはいたものの、そこには自決の定義はなかった。「植民地独立付与宣言」では自決権を次のように定義した。(三八)

一　外国による人民の征服、支配及び搾取は、基本的人権を否認し、国際連合憲章に違反し、世界の平和と協力の促進に障害となっている。

二　すべての人民は、自決の権利をもち、この権利によって、その政治の地位を自由に決定し、その経済的、社会的及び文化的発展を自由に追求する。

つまり民族自決権とは、すべての民族が自らの運命を自ら決定する権利である。それは対外的に民族が独立国家を形成し政治的地位を確立することであり、対内的に民族が自国内で完全な主人たるということである。(三九)

国連や諸国家の行動を経て、植民地人民の独立の権利は一般国際法上の権利として認められ、国連文書の中で頻繁に引用されるようになり、人民の自決権は国際規範となった。例えば一九九五年にかつての施政国であったポルトガルがオーストラリアに対して、オーストラリアとインドネシアの間の大陸棚の石油資源探索に関わる条約・「ティモール・ギャップ条約」の有効性を争った事件がある。ポルトガルは、東ティモール人民の自決権及び資源主権が侵害され、同時にポルトガルの施政権も侵害されたとして、国際司法裁判所（ＩＣＪ）にオーストラリアを訴訟した。本裁判において国連は、自決権は現代国際法の不可欠の原則であり、普遍的な権利であることが強調された。こうして一九六〇年は人民の自決権が初めて定義され、民族自決権の確立にとって大きく前進した年であった。しかし、その自決は植民地のみに限定されていた。「植民地独立付与宣言」は国際法秩序の変容において重要な出来事であるといえようが、植民地の独立がほぼ達成された今日では、国家内部の先住民・少数民族にも自決権が及ぶかどうかが議論の対象となっている。

「植民地独立付与宣言」の五年後、人権の国際的保護において画期的な出来事は「あらゆる形態の人種差別の撤廃に関する国際条約」（略して「人種差別撤廃条約」）である。この条約において、「人種差別」とは、人種、皮膚の色又は民族的若しくは種族的出身に基づくあらゆる区別、排除、制限又は優先であって、政治的、経済的、社会的、文化的その他のあらゆる公的生活の分野における平等の立場での人権及び基本的自由を認識し、享有し又は行使することを妨げ又は害する目的又は効果を有するものをいう。

一九六六年十二月の国際連合第二十一回総会が採択した国際人権規約「経済的、社会的及び文化的権利に関する国際規約」（以下「Ａ規約」と称する）、「市民的及び政治的権利に関する国際規約」（以下「Ｂ規約」と称する）の共通の第一条で以下の規定が設けられた。[四〇]

一　すべての人民は、自決の権利を有する。この権利に基づき、すべての人民は、その政治的地位を自由に決定し並びにその経済的、社会的及び文化的発展を自由に追求する。

二　すべての人民は、互恵の原則に基づく国際的経済協力から生ずる義務及び国際法上の義務に違反しない限り、自己のためにその天然の富及び資源を自由に処分することができる。人民はいかなる場合にも、その生存のための手段を奪われることはない。

三　この規約の締約国（非自治地域及び信託統治地域の施政の責任を有する国を含む。）は、国際連合憲章の規定に従い、自決の権利が実現されることを促進し及び自決の権利を尊重する。

そしてB規約の選択議定書は、権利が締約国によって侵害された場合、個人が規約人権委員会に申立をなす権利を認めている（一条）。

ここで注目されるのは、民族自決の概念は、単にまだ独立国家を形成していない被圧迫民族にのみ適用されるものではなく、政治的独立を達成した諸国の国内の民族の自決権（内的自決）についても扱われているということである。さらに、政治的自決だけでなく、経済的、社会的及び文化的自決、特に天然の富と資源を自由に処分することができる権利を承認していることである。すなわち、人民や民族は、もとから住んでいる地域内に存在する天然の富と資源の主権者であって、自己の生存を保持するために、他に妨げられず、それを開発・利用する生来的権利をもっているという「天然の富と資源に対する永久的主権」の観念である。

世界人権宣言には含まれていなかった民族自決権の規定が人権規約案に含まれたことは大きな成果であった。国際人権規約により、規約締約国は自決権を保障する国際法上の義務を負うことになる。

自決権は本来集合的権利であるのに対して、人権は個人権である。自決権と人権の関係は、一九五二年の「人民及び民族自決権」に関する国連総会決議において、人民及び民族の権利が全ての基本的人権を十分に享有するための前提条件であることが示されている。つまり、自決権なしには人権は保障されないというのである（他方で、人権が自決権の実現に貢献する面もある）。

続く一九七〇年には「国際連合憲章に従った諸国間の友好関係と協力について国際法の諸原則に関する宣言」（略して「友好関係原則宣言」）が採択され、そこで「人民を外国の征服、支配および搾取の下に置くことは、この原則に違反」すると述べ、外国の征服、支配および搾取の下にある人民の自決権を明確に認めるに至った。(四一)

一九七五年、「ヨーロッパ安全保障協力会議」で採択されたヘルシンキ宣言では、「人民の同権と自決」において、すべての人民は「常に」完全に自由に「自らの欲する時及び方法でその国内的及び対外的な政治的立場を決定」する権利を有するとし、自決権が継続的な権利であり、外的のみならず、内的自決権も認められるべきものとの見解を示した。(四二)

国連成立以後、社会主義圏の国は増えたが、東欧のポーランド、ハンガリー、チェコスロバキアなどは、社会主義の連帯と、民族自決の要求との矛盾に永く悩まされることとなった。「ブレジネフ憲法」（一九七七年設定）でソ連は各民族共和国が自由意思により結びついた「統一的な民族連邦国家」として規定しているが、戦後のポーランド、ハンガリー、チェコスロバキアなどの自由化を求める動きに対しては、ソ連軍が派遣された。ソ連共産党書記長レオニード・イリイチ・ブレジネフは、ソ連・東欧圏の一国の主権は、社会主義全体の利益に従属すべきだとする「制限主権論」を唱えた。(四三)やがてバルト三国の独立要求などを契機として東欧社会主義圏の崩壊に至ることとなる。一九八〇年代、旧共産圏の多くで計画経済が失敗し国家の統治力が弱まり、九〇年代に入って、ソ連、ユーゴスラビアなどが崩壊する中、新独立国家が認められた。東西ドイツの併合もあったが、全体からみれば、国連加盟国は増える一方であった。(四四)

第五節　冷戦後の発展

冷戦終結後、最も大きな事件は、やはりソ連などの社会主義体制の崩壊とそれに伴った民族紛争の噴出であろう。歴史は「階級」の時代から「民族」の時代に入ったともいわれた。冷戦後、民族問題に取り組んできたのは主に国連とEUである。

一九九二年に国連では「民族的又は種族的、宗教的および言語的少数者に属する者の権利に関する宣言」、いわゆる「国連少数者の権利宣言」が採択され、そこでは国に対して少数者のアイデンティティを保護・促進することを義務づけ、個人の権利保障の前提として集団に対する一定の保護が必要であることを認めている。(四五)

一九九三年からマイノリティの集団的権利の承認は大きく前進した。国連は一九九三年を「先住民族の国際年」と定め、同年にはウィーン人権宣言と行動計画に先住民（Indigenous People）の権利を規定した。翌一九九四年には、「先住民族の権利に関する国連宣言草案」が採択された。草案の審議はその後も続き、「先住民族の権利に関する国連宣言」は二〇〇六年に人権理事会決議として採択され、後に修正をへて二〇〇七年に国連総会決議で採択された。

二〇〇七年の宣言は、先住民族は集団としてあるいは個人として人権を享有すること（一条）、先住の民族及び個人には一切の差別から自由である権利があること（二条）、先住民族は自決権を有しており（三条）、自決権にもとづいて内輪の事項及び地域的な事項に関する自治権を有すること（四条）、などを規定している。つまり「先住民族の権利宣言」は先住民族の自決権に関する規定をおき、自決権の行使形態として自治を認めた。いわゆる内的自決に限定されてはいるものの、先住民族が自決権を有すると規定しており、集団としての権利を承認していることが注目される。(四六)

また二〇〇七年に「少数者問題に関するフォーラム」（Forum on Minority Issues）が設置され、民族的または種族的、宗教的および言語的少数者に関する問題についての対話と協力を促進し、そして少数者問題に関する独立専門家の作業にテーマに沿った貢献と専門知識を提供するための場が設けられた。

冷戦後、民族問題に取り組んだもう一つの主役は欧州である。一九八九年から東欧で民主化革命が発生し、少数者に関連する緊張が安全を脅かす原因となることが注目された。欧州安全保障協力会議（ＣＳＣＥ）の一連の会議でマイノリティの権利が議論された。例えばＣＳＣＥコペンハーゲン会議においては民族マイノリティの諸権利の尊重が「平和、正義、安定、そして民主主義の重要な要点である」ことを確認した。(四七)一九九三年にＣＳＣＥが中心になり民族問題を専門に扱う機関として民族マイノリティ高等弁務官（ＨＣＮＭ）を設立し、民族間の緊張が高まった際、早期警報を発し、早期行動を取るなどの取り組みを行っている。

第六節　現代国際法における諸原則

国際法には第一に自決原則がある。民族自決の起源はベルサイユ条約の一連の取り決めにあるが、第一次世界大戦後は普遍的な原則とならず、欧州に限定された。第二次世界大戦後、国連憲章に「人民の同権及び自決の原則の尊重」(第一条二項)が規定され、後に「植民地付与宣言」(一九六〇年)や「国際人権規約」(一九六六年)、「国連友好関係宣言」(一九七〇年)で民族自決が提唱された。(四八)国連は民族自決権の行使、非植民地化の実現について大きな役割を果たし、民族自決は現代国際法上最も重要な原則の一つとして確立しているといえるだろう。

しかし、民族自決権の変遷過程でみたように、既に確立していた民族自決権によって自動的に自決が達成されたわけではなく、長い闘いの中から独立を勝ちとらなければならなかった。現在、旧植民地主義体制は崩壊したものの、ウイグル人やチベット人など、植民地主義の延長で弾圧され、民族自決権を行使できない民族がいる。

第二は内政不干渉の原則である。主権国家体系においては、主権国家が相互的に他国の国内管轄事項に干渉してはならないという不干渉の原則は、国際法の最も根本的な規範の一つである。すなわち主権国家体系の下では自国の政治制度や自国民についての法制度とその運用などは、国家がそれぞれ自身で自由に決定することのできる「国内管轄事項」とされる。(四九)この原則は第一次世界大戦後の国際連盟の設立を契機に規定され、第二次世界大戦後、国連憲章では第二条七項によって規定された。(五〇)

内政不干渉原則という問題が自国の内政と密接に絡んでいるため、欧米諸国が中国の民族問題や人権問題に関して批判する際、中国は「内政干渉」であると強く反発するのが常である。ある国の内戦や人道危機に対して国連が行動を取ろうとした際も、国連安全理事会の常任理事国(略して「P5」)である中国はしばしば拒否権を行使してきた。例えば二〇一一年からシリアで反政府デモが発生し、国連はシリア政府の民間人に対する暴力、攻撃、人権侵害を停止するため、国連安保理として三度(二〇一一年十月、二〇一二年二月、二〇一二年七月)

にわたってアサド政権への制裁案が論じられた時、中国は三度とも拒否権を発動した。(五一)

同様に重要な原則として第三に武力不行使原則がある。一九七〇年の「友好関係原則宣言」でその内容が端的に表現されていると考えられる。国連憲章では「すべての加盟国は、その国際関係において、武力による威嚇又は武力の行使を、いかなる国の領土保全又は政治的独立に対するものも、また、国際連合の目的と両立しない他のいかなる方法によるものも慎まなければならない」(第二条四項)と規定している。(五二)例外的に武力行使が認められるのは国連憲章七章下の軍事的強制措置と第五十一条の自衛権の行使の場合のみである。また自決権の行使に関連して、「友好関係原則宣言」では植民地支配の下にある人民の自決権が否定された場合、その人民はそのような支配に対抗する自衛権を行使する権利を有すると主張される。(五三)

第四に領土保全原則がある。領土保全原則とは「物理的要素(国家領域とその内蔵する資源・価値)に対する実効的な占有・管理をいい、各国は主権平等の原則に基づいて相互に他国の領土保全を尊重し介入・妨害を差し控える義務を負う」というもので、国際法の基本原則である。(五四)この原則は国家が戦争や武力行使などによって他国の主権を侵害することを差し控え、自国領域の一体性を確保するという意味で、国家間の関係を規律する原則といえる。

また近年特に注目されるのが「保護する責任」(Responsibility to Protect：R2R)という概念である。国連は長い間、内政不干渉原則に固執してきたが、人道的危機(大量殺害、戦争犯罪、人道に対する罪、民族浄化など)に際して、これを防ぐあるいは抑止することに何度も失敗した。アルメニア、ボスニア・ヘルツェゴビナ、ルワンダ、カンボジア、コソボ、東ティモール、ダルフールなどのジェノサイド、大量虐殺などである。こうした失敗の経験があって二〇〇〇年以後、国際社会は人命の保護を第一とするR2Rの考え方に関心を持つようになった。(五五)

R２Rという概念は二〇〇一年に「主権と介入に関する独立委員会」の報告書において提唱され、二〇〇五年の国連総会首脳サミットで、各国は、ジェノサイド、戦争犯罪、民族浄化及び人道に対する罪から「人権を保護する責任を負う」と定義された。（五六）二〇一一年三月のリビアへの軍事介入は、このR２Rに基づく事例といわれる。

以上のように民族自決の法的起源は一八世紀に遡るが、一つの原則として確立されたのは第一次世界大戦後のベルサイユ条約である。しかしこの原則の適応範囲はヨーロッパと中東に限定され、植民地支配下にあったアジアやアフリカの民衆には強い不満があった。第二次世界大戦後、民族自決は権利として確立され、植民地統治下にあった民族の脱植民地化を加速させ、アジアやアフリカをはじめ世界各地で国民国家をめざす傾向が加速された。

分離独立を前提にする民族自決権は正当な権利として、また国際法において一つの原則として確立されたとはいえ、主権国家体系の現代国際社会では民族自決権の行使は領土保全原則と相克する。しかし多くの場合はその矛盾を掲げながら、新国家の分離独立が認められてきた。そして冷戦後にはさらに内政不干渉原則から「保護する責任」へと進展し、マイノリティの権利を擁護することによって国際社会の平和と安定を維持しようとした。

民族問題がある国や地域において、実行支配している国家側と、多民族国家から脱出して民族国家の樹立を目指す民族側の間で対立が起きるのは一般的だが、両者とも自分の主張の正当性を訴える為に国際法から自分に有利な原則を主張する。例えば民族問題が起きた時、前者は領土保全原則を主張するが、後者は民族自決権の行使を訴える。前者は内政不干渉原則を主張するが、後者は保護する責任を訴える。このように国際法上では矛盾する原則があり、各側は自分の都合の良いところを使うわけである。

現在の国際社会では植民地支配はほぼ終結されたといわれるが、中国のような昔の帝国の遺産を継承し、多様な民族を抱え、国民国家とはいえない国家がまだ存在する。そこに主体民族・漢族と明らかに違うウイグル人やチベット人、モンゴル人などの民族が組み込まれている。政治的な独立、経済や社会、文化の発展を自らの意思で決定するとされる民族自決権は、中国内のこれらの民族に実態として適用されていない。中国政府は国連をはじめ、国連憲章、世界人権規約、植民地独立付与宣言などに加入しており、それらでは自決権が明確に規定されているが、ウイグル人やチベット人、モンゴル人の現状では明らかに自決権が侵害されており、中国政府のこうした国際法に反する政策は明白に不当である。

民族自決権は時代によって変遷してきたが、民族問題に対する認識はかつての不干渉主義から「人道的介入」や「保護する責任」に象徴される介入主義に変わりつつある。こうした変化は将来の中国の民族問題にも多大な影響を与えるだろう。

第五章

「少数民族」弾圧の根源

中国当局がウイグルの地域で定期的に「テロ撲滅キャンペーン」を行い、公開の場で「公拘公捕大会」と言われる見せしめの裁判を行っている様子

出典：産経新社 HP「ウイグル弾圧『五輪と政治は別』なのか」（2022年1月4日アクセス）
https://www.sankei.com/article/20210408-VXC26IHQSRKUBKJFDWUIGP643A/photo/3Q4JVTWL7VMCPCPKHQZKRG36LQ

中国政府はなぜ「少数民族」を弾圧するのであるのか。その根源的理由としては二つの考え方があげられる。すなわち、漢民族の「中華大一統（統一）」観念と地政学上の考えである。中国は長い歴史の中で、常に夷狄《いてき》、外患の侵略という国難に対処しなければならなかった。この経験から漢民族の中で国の統一を守る意識が強くなり、現在の中国政府が「少数民族」を弾圧している理由にも漢民族のそうした保守的観念が働いているとみられる。

かつて中共は「台独」、「蔵独」、「疆独」（台湾、チベット、ウイグルの独立）といわれる三つの地域の独立運動を警戒し、それらを核心的利益（死活的国益）と位置付けてきた。現在では「港独」、「蒙独」（香港、モンゴルの独立）の問題も加わり、「三独」から「五独」になりつつある。これらの地域を地政学的にみてみると、いずれも中国の国境線が貫く辺境地帯に位置しており、そして漢民族と異なるアイデンティティを有している民族が暮らしているのである。習近平政権はウイグル問題、具体的にはウイグル人による民族分離独立運動を警戒し、ウイグル自治区で未曾有の弾圧政策を行っている。

第一節　「中華大一統」という観念

現在の中国の領土は、必ずしも古来より一貫して中国固有の領土であったわけではない。十九世紀末から二十世紀初頭に清朝は列強諸国の本格的な侵略を受け、藩部《はんぶ》と呼称された非漢族領域に省制を敷いて、中国の領土として一体化したのである。（一）

中華世界では儒教が国教となった漢の頃から、有徳の天子（皇帝）が「天の命」によって天下の統治を委ねられた、というのが統治を正統化するロジックとなり、そこで皇帝が実際に官吏を派遣して統治する範囲が「中華」、その外部が「夷狄」とみなされていた。この儒教を中心とした思想は中華思想ともいわれる。漢族中心主義の中華思想では、周辺諸民族はみな野蛮人とされ、中国の王朝と皇帝が天下（世界）の唯一の支配者とされる。皇帝の徳が中心に位置付けられる華から、同心円状に周辺の夷に向かって広がりおよぶという世界観（華夷秩序）をもとに、中国の歴代王朝が辺境諸地域（属国と藩部）との関係を制度化したものが「冊封《さくほう》・朝貢《ちょうこう》」体制である。[二] この制度は基本的に日清戦争後の一八九五年に終わったとされる。

　モンゴル人や満洲人による中国支配の時代に、中華思想は変質し、非漢民族でも儒教や漢字など漢文化を受容すれば「中国の民」であると考えられるようになった。清朝の支配民族である満洲人は「入関」（山海関を越えて華北に入ること）以前、モンゴル人と協力関係があり、モンゴル人のハーンとして臨んでいた。そして入関後、明朝の版図を継承し、中華文化や理念に基づいて中国本土を統治した。その後、西北への遠征を続け、乾隆帝の時代にチベットや東トルキスタンも清朝に加えられ、この非中華文化の地域を「藩部」として間接統治を行った。清朝皇帝と「藩部」の王らとの冊封などの「儀式」によって放任主義（＝自治）が認められ、その地域の「風俗」を認めつつ秩序維持が図られた。[三] つまり、東アジアには中国の王朝を中心に「冊封・朝貢」によって構築された秩序があり、これが現代中国の基本的な立場を理解する上で不可欠な観点となっている。

　中国では「秦漢以来、偉大な祖国は統一された多民族国家である」とされるが、[四]「中華」の伝統的な支配領域はどこまでだったのだろうか。実は「中華」と「夷狄」の境界は、かなり曖昧・可変的なもので、現実の政治状況の影響を受けて変わっていた。中国史上、初めて地方割拠の局面を終結させて統一的な政権を作り上げたのは秦の始皇帝である。当時、統一された範囲は中原、すなわち黄河と長江の中下流の平原の農耕地帯に限られていた。（五） 一般的に中国の伝統的領土とは、ほぼ明王朝の時代の版図を指し、それが中華世界の原型とも言える。宋の伝統的領土は燕雲《えんうん》十六州と呼ばれ、もっと狭かった。夷狄の王朝である元によって雲貴高原が加えられ、清によってモンゴル高原、チベット高原、ジュンガル盆地とタリム盆地も加えられ、現在の領土になった。

清はモンゴル、チベット、東トルキスタンなどを藩部として、一定の実質的な自立性も認め、現代の外務省にあたる理藩院という組織を通じて緩やかな間接統治をしていた。清朝研究の専門家の茂木敏夫は清朝を満・漢・藩と三分するが、それは満洲人の故地である東北地域と、漢土ともいわれる明以来の中国的統治体制を敷いた地域、そしてモンゴル、チベット、ウイグルのいる藩部である。（六） 清朝はオスマン帝国などの帝国と同様に、民族意識としての国家ではなく、支配版図という意識が強い帝国と言えよう。

ところが、近代に入ると、清朝は列強の圧力を受け、属国や藩部が独立させられ、冊封などに基づく関係を喪失した。属国や藩部が奪われる厳しい過程を経て、（七） 残された藩部と内地十八省を「領土」とする近代国家の再構築に着手し、「改土帰流」政策を行った。十九世紀末、「新疆省」（一八八四年）や「台湾省」（一八八五年）が設けられ、一九〇〇年代に満洲人の故地である満洲に東三省が設けられ、東チベットは西康省が設置された。藩部に対して積極的に直接統治を行い、主権国家としての体裁を整えようとした。

一方、中国はこれまでの歴史で、周辺諸民族の夷狄である匈奴、突厥《とっけつ》、モンゴル、満洲人などの侵略を日常茶飯的に受けてきた。近代では外国の夷狄であるロシア、アヘン戦争以後はイギリスや日本などの侵攻に直面した。「中華帝国」が常に瓦解される危機にさらされていることから、漢族のエリートの中に伝統的な危機意識のほか、外国の侵略に抵抗する反帝国主義的意識も加え、国の安定的統一を目指す政治秩序観が生まれたのである。政治学者、歴史学者の横山宏章は「なによりも国家の安定的統一を志向する伝統的政治秩序意識から、その危機意識が生まれる。より厳密に表現すれば、天下の秩序安定とかかわる意識である。その危機意識は現在まで継続され、再生産されている。その意味において伝統的な『治国、平天下』の政治理念は現在まで貫徹しているということができる」と指摘する。(八) つまり漢族には「中華帝国」の瓦解を恐れる意識が根底にあり、そこから「中華大一統」観念が生まれたのである。

清朝末期の「改土帰流」以後、元来は様々な異民族や統治方式から成り立っていた清帝国の領域を、一様かつ一体不可分の「領土」とみなす認識が漢族の中に生まれ、現在の「中華大一統」領土意識へと拡大された。辛亥革命後の一九一二年三月に制定された憲法にあたる「中華民国臨時約法」、一九一三年に国会憲法起草会議が作成した憲法草案（天壇憲章）、一九一四年の中華民国約法、南京国民政府成立後の一九三一年五月に制定された訓政時期約法、一九三六年五月五日の中華民国憲法草案（いわゆる五五憲章）、そして、一九四六年の中華民国憲法のいずれもが藩部の領有権を主張している。つまり、漢族王朝の伝統的な領域は基本的に中国本土の十八省に過ぎないが、現代において、中国政府が主張している領土はあくまでも拡大された「伝統的領域」である。

横山宏章は、近代中国の政治を考える場合、春秋・戦国時代を起源とする儒教的倫理観念に遡らなければならないとし、中国政治の主役である近代エリートの政治意識は一貫して伝統的な支配が解体される政治的危機意識の上に築かれている、と指摘する。(九) 王柯も中国が多民族国家体制を維持しなければならない本質の理由について、政治学的考えからのドミノ理論ではなく、中国古典や中華文化に求められると主張する。(一〇)

アヘン戦争以来百八十年経た現在、中国は歴史の屈辱を雪いで、大国としての存在を回復しようとし、かつて藩部であったモンゴル、チベット、ウイグルの地域にも厳しい姿勢で臨んでいる。中国政府がチベット人やウイグル人の分離独立を絶対に許さない理由は、中華思想に由来する漢族の保守的「中華大一統」観念が根源にあるといえるだろう。かつて近代的民族国家の創出を目指していた辛亥革命も、民族自決を認めていた共産革命も、いずれもその理念と異なる国になったことは「中華大一統」観念の表れではなかろうか。

国際法や政治学の理論からアプローチすれば、民族自決権や人権の概念が適用されるが、漢族の「中華大一統」観念からみれば、「少数民族」の人権や自決権の容認は、国の解体をもたらしかねないし、漢族の「中華大一統」観念も傷つけ、政府に対する漢族民衆の信頼関係も失い、政権の崩壊に繋がるのである。逆に、中国政府が「少数民族」を強権的に支配していることは漢族の理解と支持を得ているといえるだろう。

その一方、清朝の領域に入るモンゴル高原や朝鮮半島、インドシナ半島、中央アジアなどの地域では民族自決権による主権国家ができている。かつて蔣介石の国民政府も毛沢東の共産党政権も、これらの地域の独立を認めていた。本来は「中華大一統」では藩部や属国の分離独立を認めないのだが、実際は中国でも台湾（国民党）でもモンゴル、北朝鮮、韓国、ベトナム、カザフスタンを含む周辺諸民族の独立を認めている。しかしそれに対して中国の多くの国民は疑問を発していない。国民政府や中共は「中華大一統」観念を正確にふまえているわけではない。中共は中国で七十年以上（一九四九年〜）統治しており、国民党も台湾で六十年間（一九四九〜二〇〇〇、二〇〇八〜二〇一六年）施政し、現在も台湾の第一野党である。「中華大一統」観念も絶対的なものではなく、一定の妥協や譲歩があるはずである。そうであれば、ウイグル人もその例外・妥協として国際政治の原則・民族自決権によって「中華大一統」から離脱するのは可能であるはずだ。

主権国家の国境線ははっきりするが、「中華大一統」観念での領土はどこまで及ぶのか不明確である。十九世紀半ばから清朝は二度のアヘン戦争や清仏戦争、日清戦争や義和団事件を経て、中華帝国の姿を失った。現在、大国としての立場を回復しようとする中国は「中華民族の偉大なる復興」を掲げ、西洋列強や日本に蚕食されてきた十九世紀半ばから、「恥辱」を受ける以前の「輝かしい過去」への回帰を目指している。漢族の「中華大一統」観念を前提とした「国権の回収」とは、どこまでの領土を目指しているのだろうか。

一九二〇年代から一九三〇年代に「失われた領域」として学校の地理教科書に使われ、その後の日中戦争時、中華民国の内政部がアヘン戦争以降、中国が失った領域を示したとされる「中華国恥図」がある（一一）（図-11／次頁）。それによると、インドシナ半島、マレー半島、朝鮮半島、琉球、現在のカザフスタン、アフガニスタン、ロシア領となった沿海州、サハリン、日清戦争で日本に割譲した台湾が本来の中国領土だったということになる。しかしそこに示された「国境」の意味は漠然としており、これが実際に示しているのは近代的な国際法に基づく国境や領土ではなく、王朝時代の「冊封・朝貢」体制に近い領域だった。

中共と国民党の戦後の公式言説では「中華国恥図」に描かれたような主張をしていないが、時々「中華国恥図」にあるような議論が中国で出ている。実際孫文も近いことを言っていた。一九二四年の大アジア主義演説で、孫文はいくつかの国に対して中国に朝貢したほうがいい、また武力で強制的に植民地化する帝国主義よりも、周辺国が自ら中国に接近した冊封の方がいいと語っていた（一二）。一九六一年、周恩来は溥儀に会見した際、「清は版図を確定し、人口を増加させ、文化を発展させるという三方面で良いことをした」と再評価した（一三）。これらは漢族の大一統観念の表れと言えるだろう。

毛沢東時代、中共は統一国家の完成、失われた領土の回復（具体的には台湾）を主張したが、後にインド、ソ連、ベトナムなどと数々の摩擦を作り出した。現在では国力の増加に伴い、カシミール、南シナ海、東シナ海だけではなく、朝鮮半島や沖縄の領有権についてもしばしば言及している。二〇〇四年、国家プロジェクト「東北辺境の歴史と現状に関する研究」で、高句麗を中国の地方政権と位置づけ（一四）、中国共産党系有力紙も「高句麗

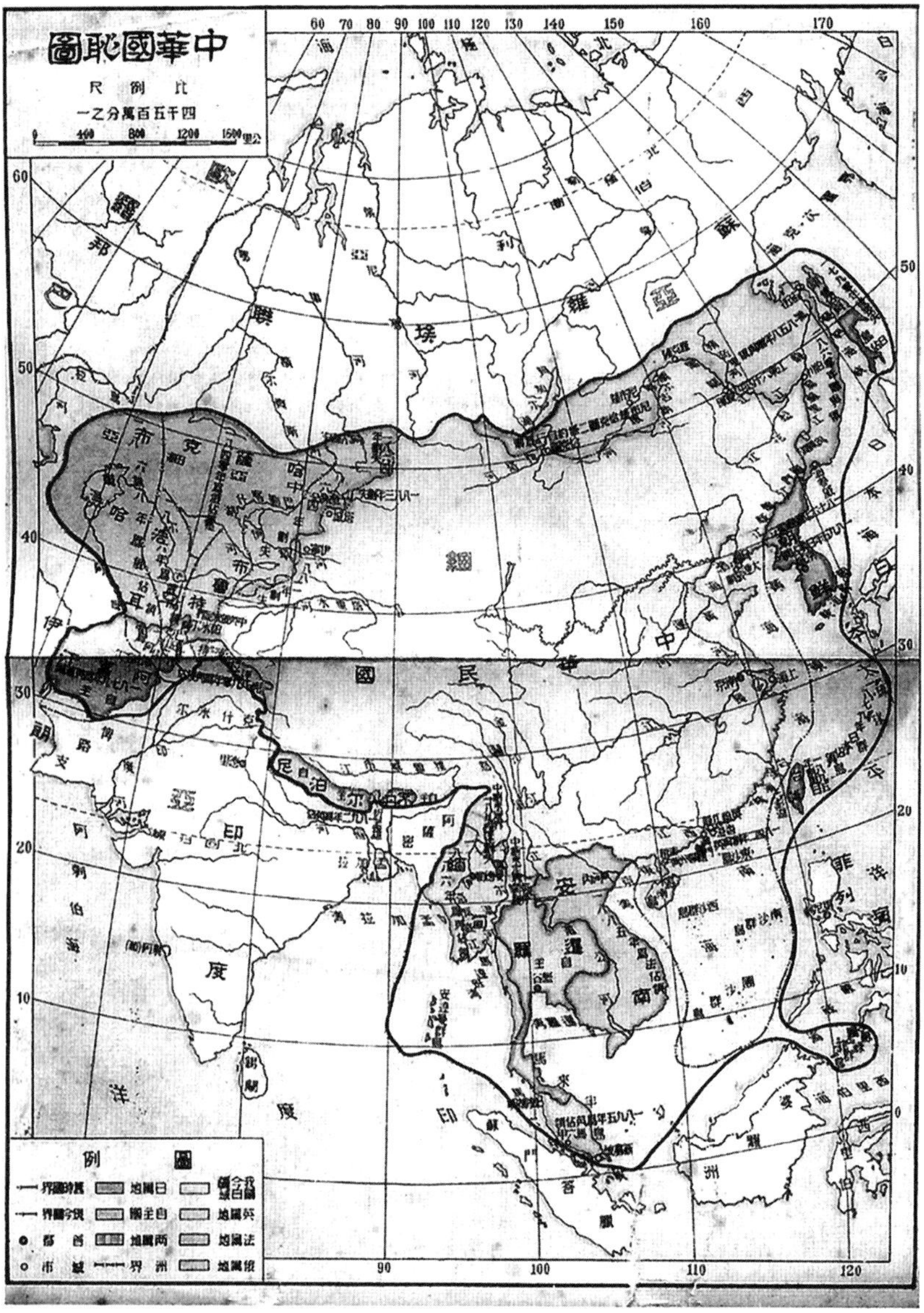

編集不詳『少学適用本国新地図』（世界興地学社、1939年）
（この地図では、点線が現在の国境、太い線がかつての国境とされている）

図-11　中華国恥図
出典：川島真「近現代中国における国境の記憶――『本来の中国の領域』をめぐる」『境界研究』１号、2010年、13頁

は中国の一部」などと主張した。[一五] 二〇一七年の米中首脳会談で習近平は米大統領トランプに朝鮮半島は「かつて中国の一部だった」と発言した。[一六] 沖縄に対しても学者や政府系有力紙、民間人の間で「琉球回収、沖縄解放」などの議論がされている。

中国政府は国際法上で根拠がないにも関わらず、領有権を言い続けてきた。現在、中国の実効支配下にある領域は国境線を有しているが、「歴史上の中国」に含まれた空間（台湾、南シナ海、尖閣諸島及び琉球、朝鮮半島、モンゴルや東トルキスタン及びチベットの外縁）は明確な国境線がなく、ただ未来の中国としての版図を想定していたのだろうか。その背景の根本には漢族の保守的な「中華大一統」観念が働いているといえるだろう。

漢族の「中華大一統」観念が正当であれば、巨大な中国を作りあげることは漢族の発展や幸福に繋がるはずである。しかし、それは本当なのか。古代ギリシアの哲学者のアリストテレスは国の人口や在り方について、「人口の多すぎる国が良い法によってりっぱに統治されることは、非常に困難であり、おそらくは不可能である」とし、「とにかく、国家の大きさにも適当な度合いというものがあり、その点は動物や植物や道具などほかの一切のものと同様である。実際それらはいずれもあまりに小さすぎたり大きさが度を越していたりすれば、自己の機能を果たすことができなくなる。そして、あるいは自己の本性を失い、あるいは、本性を失わないままでも、みじめな状態になるだろう」と指摘した。[一七]

アリストテレスとほぼ同じ時代の中国の思想家老子は、「小さい領土の国で、国民は少ない状態」が理想的な国のあり方としている。[一八] フランスの近代哲学者ルソーは、人間の身体の大きさには限界があり、国家の最良の体制の持ち得る大きさにも限界があると述べ、「大きな領土がもたらす資源」より「よい政府から生まれる活力」を第一のものとすべきと強調した。[一九]

百年前の一九二二年、日本の東洋史学者・矢野仁一は「支那は国に非ず論」を著し、中華世界帝国の国境の曖昧さ、複数の政権の存在、外交や経済及び軍事の非一体性、均質的な国民の不在などの点を挙げて、「近代国民国家」への転換の困難性を指摘した。(二〇) 中共が政権を掌握してから幾つかの問題を克服したが、均質的な国民の形成には至っていない。毛里和子は「現代中国は、そこに住む『ひとびと』は『大衆』であって『国民』ではなかった。また、イデオロギーと政治動員によってのみ統合されていたという意味で、『帝国』の残滓を引きずったいわば『疑似国民国家』だった」(二一) とし、中国が持つ政治的サイズからして、既成の近代国民国家を形成するのは非現実という結論を導いている。

古今東西を問わず学者らは国の在り方について「中華大一統」観念と違う論点を提示している。「中華大一統」観念に基づき、国が大きければ大きいほどよいとすれば、均質的な国民を作ることは困難となる。かつてのイギリスやフランス、オスマン帝国などの大帝国が植民地の民族を加えて均質な「イギリス人」、「フランス人」、「トルコ人」を作ることができなかったのと同様である。つまり「中華大一統」観念を前提に、人口が十四億人、面積が九六〇万平方キロメートル、五十民族以上の中国で、均質的な、単一に統合された国民国家を想定するのは非現実的と結論づけられよう。

第二節　地政学上の考え

国家間の地理的な位置関係が、国家に与える政治的（主に国際政治）、軍事的、経済的な影響を、マクロな視点から研究する地政学は、十九世紀の帝国主義がきっかけであり、地政学、地理学ともに帝国主義と戦争が起源となっている。[二二] 地政学とは、スウェーデンのウプサラ大学教授のヨハン・ルドルフ・チェーレンやドイツの地理学者フリードリヒ・ラッツェルの政治地理学を踏襲して創始され、ドイツ人のカール・ハウスホーファーにより発展させられ、後にナチス・ドイツの公認イデオロギーになった。[二三] 第二次大戦中にファシズムのイタリアと軍国主義の日本にも影響を与え、敗戦とともに消滅したとされる。つまり、地政学はナチズムやファシズム、軍国主義を正当化した面のある理論である。

アメリカの政治学者ハンス・モーゲンソーや地理学者のリチャード・ハーツホーンからはナチス・ドイツの侵略や大量虐殺政策に根拠を提供したとの理由で地政学は「えせ科学」、「知的な毒物」と酷評され、戦後は学問的正統性を失っているとされる。[二四]

地政学は基本的にユーラシア大陸が中心となっていた。すなわち、東欧をおさえることができればユーラシアをおさえることができ、ユーラシアをおさえることができれば世界をおさえることができる。[二五] 十八世紀、露清両国は中央アジアで覇を競った。結局、ロシアが西トルキスタン、清朝が東トルキスタンを制圧した。十九世紀初頭からインドを植民地として有していたイギリスは中央アジアの覇権をめぐってロシアと「グレートゲーム」を展開し、東トルキスタンはその焦点の一つとなった。一八九五年のパミール協定によって、パミール高原地域におけるイギリス、ロシアの勢力範囲が確定したが、それを契機に東トルキスタンは緩衝地域としての地位が確立された。[二六] チベット＝イギリス、外モンゴル＝ロシアという図式と違って、東トルキスタンはイギリス、ロシア両国に関係のある地域となった。これは東トルキスタンが地政学的観点より大国の緩衝地帯となり、国際政治と深く絡み合っていることを示している。

十九世紀の後半、ウイグル人の蜂起で、東トルキスタンにはいったん独立政権（ヤクブ・ベグ政権）が樹立されたが、その地域はイギリス・ロシア両国が対立する中、相互に牽制する緩衝地帯であるため、イギリスとロシアのいずれにとってもこの地域は相手のコントロール下にあるより、清朝の支配下にあった方がましだった。そして清朝の軍事中心の近代化を強調する洋務派の中で、新興日本を警戒する李鴻章らの「海防論」と、ロシアを防ぐ緩衝地帯として「新疆」の不可欠性を強調する「塞防論」が対立し、結局、東トルキスタンはロシア、清朝、英領インド間の緩衝国として、清朝に再植民地化された。第二次世界大戦中、日本も地政学上・満洲の利益を保護するために、東トルキスタンに興味を持っていたが、結局海洋国家であるイギリスと日本の勢力は大陸国家であるロシアと中国によって排除された。

一九四五年の初め、ドイツの敗戦が予想されたが、対日戦争の勝利までには五十万人の米兵の損失、そして一年半の時間が見込まれた[二七]。ルーズベルトは、もしソ連が「日ソ中立条約」を廃棄し、対日作戦に参加すれば、早期に日本に打ち勝つことができ、アメリカ側の死傷者を大いに減らすことが可能と考えた。しかしスターリンは国境に、できる限り多くの安全地帯を確保したいと考えた[二八]。

こうした背景があって一九四五年二月上旬にソ連、アメリカ、イギリスの三巨頭がクリミアのヤルタに集まり、対ドイツ戦争や東欧諸国問題、国際連合の創設などのほか、秘密裏に対日戦争を検討した。会談の最後の日、秘密協定が結ばれ、これがいわゆる「ヤルタ密約」である。一九四五年二月十一日に締結されたこの密約では次のように規定されている[二九]。

三大国、すなわちソヴィエト（ママ）連邦、アメリカ合衆国および英国の指導者は、ドイツ国が降伏し且つヨーロッパにおける戦争が終結した後二箇月又は三箇月を経て、ソヴィエト連邦が次の条件で連合国側において日本国に対する戦争に参加することを協定した。

一　外蒙古（蒙古人民共和国）の現状は維持する。

二　千九百四年の日本の背信的攻撃により侵害されたロシアの旧権利は、次のように回復される。

（イ）樺太南部およびこれに隣接するすべての島を、ソビエト連邦に返還する。

（ロ）大連港を国際化し、この港におけるソビエト連邦の優先的利益を保護し、また、ソビエト社会主義共和国連邦の海軍基地としての旅順口（ママ）の租借権を回復する。

（ハ）東清鉄道および大連に出口を供与する南満洲鉄道は、中ソ合弁会社を設立して共同に運営する。但し、ソビエト連邦の優先的利益は保障し、また、中華民国は、満洲における完全な主権を保有するものとする。

三　千島列島はソビエト連邦に引き渡す。

前記の外蒙古並びに港湾及び鉄道に関する協定は、蔣介石総帥の同意を要する。大統領は、スターリン元帥からの通知により、この同意を得るための措置を執す。

三大国の首班は、ソビエト連邦のこれらの要求が日本国の敗北した後に確実に満足されることを合意した。

ソビエト連邦は、中華民国を日本国の束縛から解放する目的で、自国の軍隊によりこれに援助を与えるため、ソビエト社会主義共和国連邦と中華民国との間の友好同盟条約を中華民国国民政府と締結する用意があることを表明する。

ソ連は対日作戦に参加する条件として、モンゴルの独立の現状維持を提起し、アメリカはこれを支持した。一方、蔣介石は米ソの圧力の下で、モンゴルの独立を認めるものの、交換条件としてソ連が東トルキスタン共和国にいかなる援助も与えないこと、また中国の東トルキスタンにおける領土及び行政の主権を認めることを打ち出した。[三〇]これに対しスターリンは蔣介石の要請に応じて東トルキスタン共和国に対する支援を止め、東トルキスタン共和国側に国民政府と和平交渉することを促したのである。[三一]

この時点で、スターリンは既に米ソ対立を想定していたとされる。親米政権の国民政府がモンゴルを支配下に置いたら、ソ連は直接アメリカの勢力と接触することになり、国境地帯に緩衝国を設けたいソ連にとって決して望ましくないのである。一方、東トルキスタンとソ連の間には西トルキスタンが隔たっており、西トルキスタンを既に支配下に置いていたソ連にとって、東トルキスタンの重要性はモンゴルほどではない。

その一方、国民党政権が成立して以来、その勢力は東トルキスタンに入っていないが、蔣介石は第二次大戦の初期からソ連との交渉で「新疆問題」を意識していた。段瑞聡によると、独ソ戦争が勃発した一日後の一九四一年六月二十二日、蔣介石はソ連顧問ワシーリー・チュイコフと会見し、ソ連に支援することを表明し、同じ二十三日の蔣介石の日記には「独ソ戦争に対して、どちらが勝っても、我が国は身近な利害に基づいて判断するべきだ。まして日本軍が滅びておらず、共産党も災いしており、「新疆」も不安定である。それらの問題はいずれもソ連を頼って解決しなければならない」と記している。[三二]つまり国民政府が南京から重慶に追い出された日中戦争の最中でも蔣介石はソ連との交渉によって東トルキスタンの併呑を意識していた。第二次大戦終結直前、蔣介石は東北・「新疆」・中共と三つの要因を十分に研究した上で、外モンゴルを放棄したと理解される。[三三]ウイグル人の民族自決権は大国同士の取引材料として使われた形である。

加々美光行によると、〔二四〕スターリンはヤルタ協定に基づいて中共以上に国民党への支持を意識し、日本降伏直前の八月十四日にソ連と蔣介石の国民政府の間に中ソ友好同盟条約が締結され、モンゴル人民共和国の独立と引き換えに東トルキスタンの中華民国への併合に合意した。後にソ連の圧力で東トルキスタン共和国側は国民党政権と和平交渉を行うことが強要された。そして、国民党政府が一九四六年一月に、スターリンの国民党支持に対する見返りとしてモンゴル人民共和国を承認した。大清帝国の広大な藩部のうち中国から離脱したのは外モンゴル地域だけである。

第一次大戦後の世界がベルサイユ体制、第二次大戦後の世界はヤルタ体制とも呼ばれるが、ヤルタ体制ではベルサイユ体制と同様に民族自決の理念よりも各国の利益が重視され、東欧や南欧諸国の解放は議論されたもののの、アジア諸民族の民族自決権や解放は完全に無視された。大国同士の都合が、ウイグルなどの小さな民族の運命を振り回した。そしてソ連はヤルタ体制によって東欧やアジアにおける勢力圏を広げることができ、これは後の毛沢東の共産革命の勝利に通じる基礎を作った。楊海英は、ヤルタ体制がモンゴル人やウイグル人にもたらした影響について「旧ソ連や中国の思惑により「新疆」は中国の統治下に入り、モンゴルは分割された。当事者の民族が呼ばれない密約で領土が奪われた」とし、ヤルタ協定がモンゴル人及びウイグル人の民族自決権を葬り去った元凶と語る。〔二五〕二〇〇五年、ブッシュ大統領は戦後六十周年にラトビアの首都リガを訪問した時、「ヤルタ協定はアメリカが犯した最も深刻な問題」と語った。〔二六〕

この地政学的な意図や要求が最大の動機とされるヤルタ協定では民族自決権の承認や植民地主義の否定、領土拡大の禁止などの連合国の理念に対して明らかに重大な矛盾が存在しており、この条約によってウイグル人の民族自決権が奪われ、現代に至る苦難のきっかけとなった。その意味でウイグル問題は、ヤルタ協定の当事国であった米英露を中心とする国際社会に大きな責任があると考える。

第二次世界大戦後、国際社会は平和主義に転換し、経済発展に重心を置いた。しかしウイグル自治区は中国にとって地政学上の重要性が増す一方である。一九五〇年二月十四日、中ソ友好同盟相互援助条約が調印された。石井明によると、[三七]同条約では「新疆」における石油や金属などの四つの合弁会社の設立が合意された。また、同時に調印された同条約の補充協定では、「中国の東北と新疆では、外国人に利権を譲渡してはならず、第三国の資本あるいはその公民が直接あるいは間接に参加している工業、財政、商業およびその他の企業、機関、会社、団体の活動を許さない」と規定した。つまり「新疆」は中国の一部でありながら、地政学上の理由からソ連も自ら勢力範囲に組み入れようとした。

ウイグル自治区の地形について中国語では「三山挟二盆」と表現する。すなわち北からアルタイ山脈（阿勒泰山脈）、ジュンガル盆地（准噶尔盆地）、デングリ山脈（天山山脈）、タリム盆地（塔里木盆地）、クンルン山脈（崑崙山脈）と三つの山に二つの盆地が挟まれている。高い山の存在は地政学上の重視される要素であるが、ウイグル自治区では三つの山に挟まれた二つの盆地にも地政学上で重視される地下資源が豊富である。ウイグル自治区の石油、天然ガス、石炭の埋蔵量は、それぞれ中国全土の埋蔵量の四分の一、三分の一、三五・九％を占める。[三八]二〇〇八年、ウイグル自治区の天然ガス生産量は二三六億立方メートルで全国一位（二九・九％）、石油生産量は二七一五万トンで全国三位（一四・三％）を占めていた。[三九]それ以外に鉱産資源の種類も幅広く、ほとんどの種類を埋蔵し、埋蔵量は全国的に上位を占めている。つまりウイグル自治区の地形上の特徴、地下資源の保有、これらの全ては地政学上、重視される要素である。

中国はウイグル自治区と上海を結ぶ「西気東輸」（西の天然ガスを東に運ぶ）パイプラインを建設し、ウイグル自治区経由で中央アジアに繋ぐ石油、天然ガスのパイプラインを張り巡らしている。また上海からウイグル自治区を経て中央アジアそしてトルコに通じる高速鉄道や道路も整備された。「一帯一路」などグローバル戦略を打ち出した中国は、積極的にウイグル自治区経由で中央アジアに進出している。つまりウイグル自治区は中国のエネルギー確保や経済発展にも欠かせない地域となっている。

このように地政学からみると、ウイグル自治区は国境沿いの戦略的・軍事的要所に位置しており、安全保障や経済のいずれにしても重要な地域である。中国の面積の六分の一を占める最大のウイグル自治区が独立するのは、中国の資源と国防上の最前線を失うことを意味する。

二〇〇一年、アメリカはタリバンを制圧するために対テロ戦争を発動した。軍事作戦の勝利を確保するために、アメリカはアフガニスタンやウズベキスタン、キルギスタンに軍事基地を所有して、中央アジア諸国と連携する関係を確立している。しかしアメリカの中央アジアにおける軍事的・政治的な影響力の強化には中露両国が警戒心をとがらせている(四〇)。つまり中央アジアにおいて中露以外に新たなアクターであるアメリカが登場したのである。かつてイギリスとロシアは中央アジアの覇権をめぐって「グレートゲーム」を展開したが、これからはアクターがアメリカと中国に代わった新たな「グレートゲーム」が再開されるだろう。

両大戦に至るまで、欧米列強や帝国主義の日本は他国が資源を有する土地の直接支配や領有を目指していた。ナチス・ドイツはゲルマン人に十分な空間が与えられていないとの考えから、周辺地域を「生存圏」と位置付けて領土を併合した。戦前の日本も朝鮮半島や満洲などを「生命線」と位置付けて、領土を奪う戦争を引き起こした。平和主義に転じた現代国際社会では、両国とも民主的政府と経済的活力よって国の復興を実現した。

中共が政権を掌握する前後、国力がまだ強くない段階でモンゴル人やチベット人、ウイグル人を支配したが、これは「侵略」とされなかった。改革開放以後、社会主義のイデオロギーが有効な統合理念として役割を果たせなくなってから、中共は「中華民族」を復興させるという民族主義を打ち出した。それを支えているのは「中華大一統」観念や地政学上の考えといえるだろう。昔周辺諸民族を併呑した経験と現在の国力の上昇に伴い、「中華大一統」観念は日に日に伸長している。中共の周辺諸国に対する拡張政策はかつての「少数民族」を「侵略」した「中華大一統」観念の延長であり、それは主権平等や民族自決、人権擁護などの原則に立つ現代国際社会には相容れないものである。

第六章

対応策と今後

2022年5月、「新疆ウイグル自治区」の公安当局から大量流出したウイグル人らの強制収容に関する内部資料「新疆公安ファイル」の中にある写真。資料には共産党幹部の発言記録や収容施設の内部写真、2万人以上の収容者リストや本写真を含む大量の内部資料が含まれる

出典：「Xinjiang Police Files」HP（2022年7月1日アクセス）https://www.xinjiangpolicefiles.org/

満洲人の清王朝は一七六〇年に東トルキスタンを併合して、その版図は最大となった。清朝は統治下にあったモンゴル、チベット、ウイグル、漢族を区別して、それぞれの伝統によって支配していた。その後、満洲人の支配を終わらせて漢族の近代国家を目指したはずの孫文、「階級」による搾取を終わらせて離脱権を前提とした連邦制を主張した毛沢東は、いずれも権力を掌握する前後の時期、そうした理念を翻して諸民族を中国に併呑した。つまり漢族の指導者らが当初の理念を覆して不当に周辺諸民族を中国に併呑した経緯が、現在のウイグル問題やチベット問題、モンゴル問題の根本原因となっている。

現在の中国は、約三百年前の清の最盛期の領域（外モンゴルだけ含めていない）をほぼ継承し、[一]「階級」による社会主義の単一イデオロギーで諸地域を統治している。しかし現代国際社会は国民国家が基本であり、二十世紀後半、中東欧の社会主義多民族国家は民族統合の問題を解消できず次々と崩壊した。中国は「少数民族」を「中華民族」に強引に統合しようとしているが、その方針は歴史の進歩に逆行している。

国家は生物と似て、第一の本能は自己の生存である。[二]中国では国民の幸福、福祉の向上よりも中共が政権を維持することが最優先されている。天安門事件以後、支配を続けるため中共は漢族のナショナリズムを高揚させ、「少数民族」の限定的な自治権も縮小されつつあり、「少数民族」が漢族を中心とする「中華民族」に同化されようとしている。

中国政府は「少数民族」の権利を侵害しているが、国家の統一、領土の維持、多民族国家を保つことは、政権の正統性に関わる大きな問題であるから、中共を揺るがす民族問題はその存在さえ認めていない。民族問題の解決に不可欠である対話や和解のプロセスも一切取り込まれず、力によって民族問題を抑えようとしている。中国の民族問題の解決にとって最も核心である難点は中共の一党支配体制だといえるだろう。

力による民族問題の抑圧は一時的に有効かもしれないが、決して問題が消滅するわけではない。むしろ対立を深刻させるのは必至であろう。こうした状況の中で、中国の民族問題はそれぞれの民族の問題だけではなく、中国及びアジアにおいても将来の安定と繁栄に関わる大きな課題である。本章ではウイグル人の平和と幸福を取り戻し、アジアの安定も図る視点からウイグル問題にどう対応すべきかを、方法論として検討する。

第一節　現体制下での方策

中国の憲法及び中共の規約（綱領）において、守らなければならない四つの基本原則がある。すなわち、①社会主義の道、②人民民主主義専制（プロレタリア独裁）、③中国共産党の指導、④マルクス・レーニン主義と毛沢東思想の堅持である。規約の前文では「ブルジョア階級の自由化に反対しなければならない」と規定している。[三]また憲法には、「社会主義制度は、中華人民共和国の基本となる制度である。いかなる組織または個人も、社会主義制度を破壊することは、これを禁止する」（第一条二項）とある。

かつてのファシストやナチス、スターリンの支配は「全体主義体制」と呼ばれるが、[四]中国もこれらの国と同様に単一のイデオロギー（社会主義）と中共の支配だけが認められ、全国民をそれに向かって動員し、それに従わない国民を厳しく弾圧する政治体制である。毛里和子は、「中国の政治体制はほとんど全社会に浸透しており、スターリンのソ連、ヒトラーのナチス・ドイツと多くの点を共有している。唯一のイデオロギー、排他的政党によって政治体系を独占し、国家が社会をコントロールしてきたスターリン時代のソ連は毛沢東時代の中国と変わらない」と指摘する。[五]

二〇一九年末、中国の政治的主役である中共は九一九一万四千人の党員を抱えており、中国人口の六・六％を占める巨大な政党である。[六] 膨大な党員を有している中共は、党に忠誠を尽くす世界最大の軍隊・人民解放軍を有しており、権利の独占によって新たな既得権益層ができている。これらの支持基盤によって独裁支配を敷いている。

習近平は政権維持のため漢族のナショナリズムを強め、毛沢東式の個人崇拝、イデオロギーの強調、思想統制、警察組織などの手段を用いて、独裁支配を行っている。この一党支配の独裁体制の下でウイグル人は中共と、中共がバックアップしている漢族との二重の抑圧を受け、民族政策も中共と漢族の利益が優先されている。人口の多さで世界一位、経済の規模で世界二位、国土の面積では世界三位である巨大な中国は、漢族中心の中華思想を継承し、「少数民族」を「中華民族」に同化する政策を強めている。満洲人などは母語も話せずほぼ同化されているが、まだ完全に同化していないウイグル人やチベット人、モンゴル人は同化を強いられている。中でもウイグル人がジェノサイドに相当する弾圧を受けており、一つの民族として生存することも危うくなっている。中共による「少数民族」の弾圧が続く中、迫害を食い止め、そしてウイグル人社会に自由と平和を取り戻すためにはどうすればよいのか。以下の三つの論点から検討したい。

(一) 国際社会の世論に訴える

二〇二〇年六月、中国の「香港国家安全維持法」（国安法）の施行などに対して「ファイブ・アイズ」を構成する英米など五か国が中国を非難する共同声明を発表し、中国も強い言葉で反論した。[七] 中共は外部勢力が香港の民主活動に影響を与えることに過剰に警戒している。一九七四年から始まった第三の民主化の波で外部アクターは決定的な影響を与えたといえそうだ。サミュエル・P・ハンチントンによると、ローマ法王はカトリック教会のトップとしてポーランドにおける民主化を、ヨーロッパ共同体（EC）は東欧諸国における民主化を、アメリカは南米やアジアなどの地域における民主化を支え、そして周辺諸国に対するソ連の干渉の緩和も、これらの地域の自由化と民主化を推進した。[八]つまり民主化には、卵を孵化させるように外部の環境が整っているかどうかが大切なのである。

「新中国」が成立した当初、毛沢東はソ連陣営に入り、一辺倒政策をとっていた。六〇年代、中ソ間で激しい対立が生じ、毛沢東はアメリカともソ連とも対立して「三つの世界論」を提起、第三世界のリーダーとして世界を変えようとした。[九]つまり毛沢東の時代、中共は国際世論にあまり影響されずに独断専行の支配を行っていた。しかし、改革開放以後、中国は本格的に世界経済システムに入り、毛沢東時代と違って国際条約や国際基準などと協調せざるをえなくなっている。例えば、労働矯正制度、一人っ子政策、週六日労働制度などの政策は国際世論に批判され、国際的な圧力の結果、中国政府はこれらの政策を改め、二〇〇四年には、「国家は、人権を尊重し、保障する」（第三十三条二項）との文言を憲法に明記した。

しかし習近平政権以降、国際条約や国際基準などを軽視するケースが頻発している。人権条約の違反だけではなく、「海の憲法」とも呼ばれる国連海洋法条約（UNCLOS）や世界貿易機関（WTO）などに反する状況が起きている。[一〇]中共は強い姿勢で反論しているが、国際社会から孤立し、経済成長ができなくなれば、中共の支配も危うくなる。

二〇一九年夏から半年に及んだ香港での大規模な抗議デモは国際社会にリアルタイムで伝えられ、香港人の自由に対する熱望と中共の強権支配を世界に知らしめた。国際社会では香港問題に対する関心が高まり、アメリカ、イギリス、台湾をはじめとして、香港市民に対する支援と中共に対する制裁が論じられた。

二〇一八年以来、ウイグル問題も香港問題と同様に国際社会の関心を引き、しばしば両者は同時にメディアで語られ、両者の間の連携もみられる。（一一）しかしこの二つの問題についてメディアの報道には相違がある。日本を対象にインターネット上の報道はグーグル、新聞は「朝日新聞」、テレビの報道は日本放送協会（ＮＨＫ）を対象にして調べてみると、表‐４のような結果が出た。

データをみると、いずれも香港の報道はウイグル自治区の十倍ほどである。香港はアジアの金融センターといわれ、中国の一部であっても特別行政区として高度な自治が認められている。報道の自由も一定程度保障され、海外メディアの取材も可能である。しかしウイグル自治区は中国の一地方政府であるため、報道の自由もなければ、海外で使われているツイッター、フェイスブック、ユーチューブなども全て使用できない状況である。

フリーダム・ハウスの報告書『インターネットの自由度　２０２０』によると、調査対象となった六十五か国の中で、中国は第六十五位になり、「最もインターネットの自由度が低い国」として六年連続の最下位に挙げられている。（一二）ヒューマン・ライツ・ウォッチによると、中国当局は「統合合同作戦プラットフォーム」（ＩＪＯＰ、統合聯合作戦平台）と呼ばれるビッグデータ・プログラムを通じてウイグル人を逮捕しており、国外にいる親戚と通話したことで収容されたことも証明されたという。（一三）インターネットの検閲が中国の沿岸部より厳しいウイグル自治区において現地情報を国際社会に伝えるのは相当困難である。

ウイグル問題の国際化に伴い、国連や欧米諸国でしばしば議論されてきたが、中共は不都合な情報の流出を防ぐため、情報統制を徹底している。ウイグル自治区で『新疆日報』などのメディアの報道も国家秘密とされ、国内外のインターネットの繋がりもほぼ遮断されている。近年はさらに徹底した監視システムができ、ウイグル自治区自体が大きな牢屋ともいえる。海外にいるウイグル人も当局公安関係者に脅され、ウイグル人の状況について積極的に発信できる人は少ない。ウイグル自治区での人権侵害は他の地域に比べて桁違いであるが、現地の状況を正確に迅速に国際社会に伝えられていないのが現実である。

　専制主義の国は常に情報を統制し、自分に都合の良い情報しか出さないが、その被害は国内のみならず、国際的混乱を引き起こすかもしれない。一九八四年四月二十六日、チェルノブイリ原子力発電所の事故が起きた時、ソ連は原発事故の情報を隠蔽し、大量の放射能が放出され、周辺諸国に大きな被害をもたらした。二〇二〇年のコロナ危機でも中共はメディアをコントロールし、最初は疫病に関する情報を公開していなかった。また国内で警鐘を鳴らした医師、[一四]市民の視点から封鎖下の武漢の現状をＳＮＳで投稿した記者などは懲役刑になったり、行方不明にされたりした。[一五]中共は旧ソ連と同じく情報を制御し、結果、世界に大きな災いをもたらした。

　中共の情報統制によって、民族問題は国内に留まって収束するのか。帝国主義の時代から多民族国家の内部における民族問題は世界的な次元と規模に発展し、世界大戦にまでつながった。同様に中国の民族問題も強権的な情報統制がなされているが、抑えきれず国際化している。二〇二〇年末に、オーストリア戦略政策研究所はウイグル自治区で

	グーグル	朝日新聞	NHK
香港	5,040,000	754	149
ウイグル	633,000	94	13

表-4　主要メディア3社におけるウイグル及び香港問題の報道の比較表。出典：朝日新聞、NHK、グーグルのデータベースを利用して筆者が作成。ウイグルの場合は「新疆」と「人権」を、香港の場合は「香港」と「デモ」をキーワードに、朝日新聞データベース（http://database.asahi.com/library2/main/top.php）、NHKデータベース（https://www.nhk.or.jp/archives/chronicle/index.html）、グーグル（https://www.google.co.jp/webhp?tab=rw）を検索した。朝日新聞とNHKは2019年1月1日から2020年12月31日までの2年間、グーグル検索は2020年12月31日の時点のデータを利用した（2020年12月31日アクセス）

の「再教育施設」に関する調査報告を発表し、「協調した国際的圧力がなければ、中国はこれら（ウイグル人）の人権侵害を無慈悲に大規模に実行し続ける可能性が高い」と指摘した。(一六) 米国亡命中の「盲目の人権活動家」陳光誠も中国での人権弾圧に対して、「遠い場所で起きているようにみえる人権侵害に無関心でいれば、問題は拡大し続けて自分たちにも影響を及ぼす」と警鐘を鳴らし、「アジア全体が民主化する過程で、日本はとても重要な役割を果たすだろう」と、日本の政府や市民の関心と関与を求めた。(一七)

中共が著しい人権弾圧をしてきたことは明らかであるが、国際社会はどんな対応をしていたのか。「血の日曜日」と呼ばれる天安門事件以後、アメリカをはじめ欧米諸国、オーストラリア、ＥＣ（欧州共同体）、先進国首脳会議、世界銀行などは中国の事態を強く批判し、軍民両面における制裁を論じ、ソ連のゴルバチョフも批判的な態度を表明した。(一八) しかし日本やＡＳＥＡＮ（東南アジア諸国連合）諸国は、中国の改革開放路線をいち早く支持する立場を表明し、中国に肯定的な態度を取っていた北朝鮮や東ドイツ、ルーマニアなど独裁的社会主義の国々と同じ姿勢を示した。一九八九年の天安門事件当時、中国民主化運動の先頭に立ったウイグル人の学生リーダー、ウルケシ・ドレット（吾爾開希）は、「天安門事件の後、中国とビジネスを再開した最初の国は日本だ。私は当時、日本に非常に失望した。中国政府に対して〝民主化運動を弾圧してもいい、非暴力の者を非理性的に武力でいじめてもいい〟という誤ったメッセージを送ってしまったからだ」と述べた。(一九) 皮肉なことに、日本やＡＳＥＡＮ諸国は政府、民間を含め、中共の改革・開放路線を支援したが、中共は経済を発展させ、国力の上昇に伴い軍事力を強化し、今や日本及び周辺諸国の安全保障上の最大の脅威となっている。

つまり自由と民主主義への根本的な挑戦に対して、国境を越え、制度を越えて連帯しなければ、結局、自身が標榜する価値観さえ危うくなる。毎年政治的権利と人権の現状に関する国際的調査を行うフリーダム・ハウスは、歴史上、権威主義に宥和策を取ることは権威主義の拡大と民主的主権の破壊をもたらしてきたが、現在（二〇二〇年）も民主主義の国々は権威主義に対して適切な措置を取っていないと警告している。[二〇]

歴史は、自国民を弾圧する政府は必ずその矛先を外国にも向けることを教えてきた。現在の中国は核兵器保有大国であり、同時に社会主義として独裁政治を敷いている。社会構造の面では厳格に統制された「全体主義」であり、経済においても国が経済を掌握する国営企業が中心である。こうした中国に対し、国際社会も経済発展によって中国を変えるという宥和主義が限界に達したことに気づき、中共を封じ込める政策に変わりつつある。

中国は「少数民族」弾圧や香港問題、領土問題やコロナ禍などで国際社会からの信頼を失いつつあり、欧米諸国や日韓などの周辺諸国の対中国感情も悪化している。二〇二〇年十月、米国の調査機関ピュー・リサーチセンター（Pew Research Center）は、主要十四か国の対中感情に関する世論調査結果を公表した。[二一]報告によると、ほとんどの国で約四分の三以上が中国を否定的にみており、平均六割以上が中国を好意的に感じず、中でも日本が最も高く、八六％が中国を好意的に感じていない。内閣府の調査によれば、七割以上が中国に親しみを感じないとなっている。[二二]日中共同の世論調査を行うシンクタンク「言論ＮＰＯ」によれば、中国に「良くない」印象を抱く日本人は八割を超えた。[二三]つまり先進国のほとんどは中国に良い印象を持っていないことがわかる。

中国の「少数民族」弾圧を国際社会にリアルタイムで伝え、各国の一般市民や政府、国際的ＮＧＯ団体、研究者の理解と関心を獲得することによって、中国に対し国際的圧力をかけることができるだろう。具体的には、国連、特定の国家からの経済的、政治的な制裁が考えられる。[二四]二〇一九年十月、アメリカ政府がトルファン市公安局やカメラ世界最大手の杭州海康威視数字技術（ハイクビジョン）など計二十八の中国企業・政府機関に制裁をかけた。[二五]そして二〇二一年一月、英国政府もウイグル自治区での強制労働に関係した製品を英国内から排除すると発表した。[二六] これらは経済制裁の一例である。

アメリカやイギリスのように特定の国が国内措置として中共に対する非難や制裁を行うことは可能だが、国際的に中共あるいは習近平の罪を問うことには限界がある。国際社会には国際法や規約などのルールは存在するものの、各主権国家よりも上位の権威（権力）である「国際政府」は存在しない。また国連は大国が常任理事国となる大国中心主義である。つまり国際社会は「世界政府」や「国際警察」が存在しないアナーキー（無政府）状態であり、すべての主権国家が建前として平等である国際社会において、中共の犯罪を裁き責任を追及するのは国際社会の仕組みからして困難である。また自らの経済的、政治的な利益を得るため、中共による人権弾圧を黙認し、あるいは積極的に支持する国も存在する。フリーダム・ハウスも「世界の自由　２０２０」で、中国の融資や投資などを受けた国々が、中国に賛同したり非難を回避したりしていると指摘する。[二七] 国連もウイグル問題をめぐり、世界二位の国連予算分担国になった中国への批判を避けているとの声もある。[二八]

国際社会には限界があるが、中共の民族弾圧に対して無関心や曖昧な態度でいいのだろうか。中国は国内で自ら憲法や自治区法を破って「少数民族」を弾圧するが、国際的にもしばしば国際法に違反してきた。ハンチントンも一九九〇年代の著書で、「中国経済は日本に代わって世界第二位になる」こと、そして日本と異なる中国は「経済力を軍事力や政治影響力へ注ぎ込むことに躊躇しない」ことを予言し、「日本が東アジアの他の国での民主主義の拡大と確立に指導的役割を果たすことは正しい」、さらに「日本の将来の安全保障にとって不可欠である」と指摘した。[二九]

フリーダム・ハウスは「世界の自由　２０２０」で、権威主義の国が民主主義の国を互いに引き離し、国際舞台に空白を作り出し、民主主義を不安定にしようとしているとし、民主主義の国々が前向きに一致した行動をとらなければならないと指摘している(三〇)。

国際社会は一致団結して、中共のルール違反や人権弾圧に対して本格的に対応しないと、自らの価値観も脅威にさらされることは明らかである。困難な状況の中、国内外のウイグル人はあらゆる手段を使い、ウイグル自治区での弾圧をリアルタイムで国際社会に伝えることによって、国際社会が中共にプレッシャーをかけ、ウイグル問題に積極的に介入することが可能となるだろう。その際、国際社会の中共に対する措置としては、各国政府や国連機関による非難声明、経済制裁、外交関係の制限・断絶、国際組織からの追放なども可能になってくるだろう。

(二) 漢人社会に訴える

民族は、「かくして国家をもつ選ばれし民族とこれをもたない選ばれざりし民族」に分けられるが(三一)、昔の帝国や旧ソ連、旧ユーゴスラビアなどの多民族国家では、従属地域の諸民族は、たいていの場合独立して主権国家を作り上げた。十九世紀の漢族も満洲人に支配され、列強の侵略も受け、「亡国滅種」の危機に陥った。この民族自立の流れの中で、漢族の知識人は満洲人による清朝の支配から離脱して漢人の国家の樹立を目指していた。

ウズベク人やカザフ人、キルギス人、トルクメン人も同じく他民族の支配から逃れて独立を獲得した。現在ウイグル人が訴えていることは満洲人支配から離脱した漢族やスラブ人の支配から逃れたテュルク系民族と同じである。清の満洲人の支配から脱した漢族はウイグル人の不幸と苦境がわからないはずはなかろう。

「新中国」成立以来、ウイグル人は漢族と同じ国に包摂されているが、居住地も歴史も文化も違うため、誤解と偏見が存在する。中華民国時代の一九三二年、文芸雑誌『南華文芸』では「回教徒怎不吃猪底肉」(回教徒はなぜ豚の肉を食べないのか）とあり、ムスリムが豚を食べないのは祖先がブタだからだと書かれた。[三二]ムスリムの食習慣のタブーに対する無理解が表れていたが、このような誤解が漢族に広がっており、今日でも漢族のウイグル人やムスリムに対する無理解、偏見に由来する差別的言動が頻発している。

現在、ウイグル人は差別され、弾圧を受けているが、ウイグル自治区出身の漢族も差別されつつある。ウイグル自治区で運用されている監視システムは漢族の地域にも適用されている。つまりウイグル人に対する弾圧の強化に伴い、漢族の人権状況も悪化していることがわかる。中共の歴史を振り返ってみると、市民の被害の総体はむしろ漢族のほうが大きいともいえる。

一般に社会主義の国における粛清や殺人はレーニンから始まったといわれるが、中共はそれを継承し、政権に好ましくない人物は容赦なく処刑し、国民に対する暴虐な悪政を度々行ってきた。政権掌握以後、中共は漢族らに対して地主、富農、反革命、左派、右派、走資派、ブルジョア、科学者、知識人、学者、国民党の工作員、西側のスパイ、悪質分子などと分類の上、「人民の敵」として彼ら及び家族、親戚、友人を弾圧し、虐殺した。ハワイ大学名誉教授のR・J・ラムルによれば、中共は政権をとった一九四九年十月から一九八七年までの約四十年間で三五二三万人を虐殺し、これは中国の老若男女二十二人ごとに一人を殺したに等しいという。[三三]漢族の学者らも一九五九年から始まった大飢饉について研究成果を出している。例えばリベラル派の学者の辛子陵は二〇〇五年に中共中央政治局が解禁した文書から各年の「不正常な死」を試算し、それによると一九五九年から一九六二年の四年間の総計算は三七〇〇万人を超えるという。[三四]新華社の元記者楊継縄は一九五九年から一九六一年にかけて、全国の不正常な死亡者は三六〇〇万人、生まれるべくして生まれなかった人口が四千万人、結果、大飢饉による人口消耗を計七六〇〇万人と計算している。[三五]

文革以後、虐殺の規模は縮小されたが、天安門事件では、台湾の発表で学生・市民の死者は三七〇〇人余、負傷者は九六〇〇人余に上った。[三六] その後も事件の関与者や支持者に対する処刑、法輪功、民主化や人権活動家に対する迫害が続いている。二〇一七年に服役中に亡くなったノーベル平和賞受賞者の劉暁波も迫害を受けた一人である。中共がこれまで統治してきた歴史は殺人の歴史といっても過言ではない。死者は漢族が圧倒的に多いのである。つまり現在ウイグル人はいわゆる「三つの勢力」（テロリズム、分離主義、宗教的過激主義）として弾圧されているが、歴史的にみれば、漢族の被害の方が大きい。

　中共は政権掌握してから暴力によって統治してきたが、近年では政権を維持するためのコストが急増している。二〇一二年に中国の治安維持費の伸び率が国内総生産（GDP）を上回って一一・五％に達し、その総額（約九兆円）は国防費を上回った。[三七] これは漢族の政府に対する不満が高まり、政権の危機感が強まっていることを表している。漢族にとっても中共は肯定的に受け入れられる政権ではないのであろう。

　しかし漢族の中では中共に対して肯定的ではなくても、ウイグル自治区での弾圧に対して冷淡な人々が多い。二〇〇九年のウルムチ事件の時、漢族とウイグル人が衝突して死傷者が出たこともある。近年、国連をはじめ欧米諸国が中共を刑事的手続きなくウイグル人を強制収容していると批判しても、多くの漢族はウイグル人の苦境に対して違和感を持っていない。なぜであろうか。これは中共の巧みな政策によって生じた無理解と偏見の結果だと考えられる。

　中共は巧妙な情報操作によって党の利益を漢族の利益にすり替え、中共に不満を持つ人を漢族の敵とみなすように人々の認識を操作している。言論と報道が制限されている中国では野蛮、愚かな「少数民族」が中共に優遇され、悪いのは「少数民族」というイメージができている。中共による検閲や情報操作の結果、中共に都合の悪い情報が一切伝えられていない。漢族の多くは中共の主観的な偏った情報でウイグル人を理解してしまう。こうした状況では、ウイグル人の中共に対する反発は、結局、漢族への反逆となってしまう。

現在の国際社会ではテロリズムの定義に関する普遍的な合意がないにもかかわらず（三八）、九・一一以後、中共は世界の反テロブームを利用し、ウイグル人をテロリストと想定して弾圧してきた。二〇〇二年に「東トルキスタン・テロ組織の罪」と題する白書を発表し、国営テレビでウイグル人をテロリストと宣伝してきた。中共の一方的な情報しか得られない一般の漢族は中共の宣伝を信じ、ウイグル人をテロリストのイメージでみてしまう。

「計画出産」（一人っ子政策）についても、ウイグル人と漢族の間で認識の違いがある。この政策では基本的に一組の夫婦に子供一人しか持てないが、ウイグル人などの「少数民族」に対しては特例として二人許されている。ウイグル人にとって計画出産政策は人道上も宗教上も受け入れられない政策であり、一九九〇年代に反対デモが起きたことがある。また結果的にウイグル人の人口抑制と同時に漢族の入植を目的とする政治的背景がある。したがって一人っ子政策はウイグル人にとって決して歓迎すべきものではないが、漢族らは漢族が一人の子供しか持てないことに対して、ウイグル人は二人許されるので政府がウイグル人を優遇しているととらえている。

計画出産のこうした点は、強盗にあった被害者の話にたとえるとわかりやすい。Aは強盗に十万円盗られ、Bは一万円盗られた。AはBに対し「お前いいよな、一万円で済んで。俺は十万円も盗られたんだぞ」とうらやむかもしれない。しかし、本来は強盗が人の金を奪うこと自体が問題であり、被害額の多寡は事の本質ではない。同じように、政府が市民の子どもを持つ自由を制限すること自体が不当なのであり、一人だけか、二人まで許されるか、その数の問題ではないのである。つまり多くの中国人は問題の本質よりも、もたらした被害の差という表面的な面だけ重視しているのである。
また大学入学試験においても両者の間で認識の違いがある。中国では「少数民族」の生徒が漢語の大学に進学する際に合格ラインを漢族の生徒より低く設定する仕組みがある。言語、文字をもたない「少数民族」にとっては「優遇」措置と思われるかもしれないが、ウイグル人やチベット人、モンゴル人にとっては同化を前提にした政策である。つまりウイグル人は自分の文化やアイデンティティが同化されるという犠牲の上に大学進学をせざるを得ない。しかしこの点も、漢族はウイグル人に対して優遇措置が与えられているととらえ、「優遇されているのになぜ反抗するのか」といぶかしく思う。
歴史認識においても、漢族の多くは中共の宣伝によりウイグル自治区は紀元前から中国の一部であったと認識し、「少数民族」の問題は祖国を分裂する問題とみなしている。中国の反体制作家王力雄は「今の中国は（植民地化された時代を経て）国家統一を最優先課題に成立した歴史的背景があり、民族独立や分裂につながる動きを許すことができない。（漢民族が大半の）民衆の側も同じで、みな「独立反対」と騒ぐだけだ。少数民族の立場を深く、静かに考えられる人がいない」と指摘した。(三九)
中共のいわゆる「優遇」措置の真意と差別や搾取の実態が伝えられていない中で、多くの漢族は中共がウイグル人を「優遇」していると誤解してしまう。学者の中でも、全国総人口における「少数民族」人口は増える傾向があり、計画出産、大学入試などを挙げて、政策上で「少数民族」が優遇されていると主張する者がいる。(四〇)
ドイツの反ナチ運動の指導者マルティン・ニーメラーは『彼らが最初共産主義者を攻撃したとき』という詩で次のように語った。(四一)

ナチが共産主義者を襲ったとき、自分はやや不安になった。けれども結局自分は共産主義者でなかったので何もしなかった。

それからナチは社会主義者を攻撃した。自分の不安はやや増大した。けれども自分は依然として社会主義者ではなかった。そこでやはり何もしなかった。

それから学校が、新聞が、ユダヤ人が、というふうに次々と攻撃の手が加わり、そのたびに自分の不安は増したが、なおも何事も行わなかった。

さてそれからナチは教会を攻撃した。そうして自分はまさに教会の人間であった。そこで自分は何事かをした。しかしそのときにはすでに手遅れであった。

現在、中共はウイグル人、チベット人、モンゴル人などの「少数民族」を弾圧しているが、かつては漢族も走資派、ブルジョア、左派、法輪功などと分類され、文革では地主、富農、反革命、悪質分子、右派は「黒五類」と定義され、様々なレッテルを貼られて弾圧を加えられた。今も女性や宗教的マイノリティ、ＬＧＢＴなどの権利は軽視されている。ラジオ・フリー・アジアによると、二〇二〇年八月一日、中国共産党の機関紙『人民日報』（海外版）は人権弁護士・地下宗教（非公認宗教）・反体制派・ネットリーダー・弱者層の五種類の人を中国の台頭を邪魔する連中とし、いわば「新・黒五類」としている。[四二] 弾圧の過去をもち、現在も弾圧と恐怖による統治を続けている中共が、非党員の十三億人の「中国人」、香港人と同じ言語圏の一億人ほどの広東語話者などを「反政府側」だと「断罪」したら、ウイグル人と同じ運命を辿るだろう。中共の独裁体制のもとで、誰もが弾圧の対象になりかねない。ニーメラーが語ったように、漢族もウイグル人の痛みと苦しみを知り、中共の弾圧を止める行動をとらないと、いつの間にかその弾圧は自分に来るかもしれない。その時、声を出そうとしても間に合わないのである。

その一方、ウイグル自治区で実権を握り、ウイグル人を弾圧しているのはほとんどが中共の幹部であり、彼らは漢族が中心である。しかしウイグル人の中にも政権側について、中共の弾圧に加担している人がいないわけではない。同じようにすべての漢族を中共政権と同一視するのは不適切である。

中共の施政下においては両民族の連帯は容易でないが、中国でウイグル人が不平等に扱われていることを漢人社会に訴え、ウイグル人は異質な反社会的集団ではなく、中共の圧政の被害者だという真実を伝えなければならない。ウイグルでの人権弾圧を食い止め、将来ウイグル問題を解決に導くには、ウイグル人と漢族の対話を通じてウイグルの現状の真実を漢族にわかってもらうことが極めて重要である。不信感が深い両民族がいきなり政治などハードルの高い分野で連帯するのは難しくとも、文化や音楽などの分野を通じて理解を深めることができると考えられる。

（三）　中共に訴える

〈民族意識の不滅性〉

ウイグル自治区は歴史にしても、地理にしても、民族にしても、中央アジアに属しているのは明らかである。漢族と異なる地域で暮らすウイグル人は中世期に王国（オルホン・ウイグル汗国）を持っており、二十世紀に入ってから二度（一九三三年と一九四四年）にわたって国名、国歌、国旗、軍隊などを有する近代国家を建設し、民族国家を世界に宣言したのである。

一九四五年、国連が創立された際、加盟国の数はわずか五一か国だったが、その後次第に増え、現在加盟する独立国家は四倍の百九十三か国となった。これは第二次世界大戦後に多くの地域と民族が大国の支配から逃れて自決権を求め、独立国家を樹立してきた経緯を反映している。国連成立当初、東トルキスタン共和国はまだ存在していたが、巨大な共産主義大国に挟まれていたために、国際的承認を得られず、結局、中国に併呑されたのである。つまり「新中国」の成立に伴い、ウイグル人の民族自決権が剝奪されたのである。

　第一次世界大戦後のパリ講和会議から民族自決と非植民地化が国際社会の基本的原則となった。植民地帝国であれ、多民族帝国であれ、自決によって「帝国」の正統性が否定され、「民族国家ないし国民国家」が国際秩序の基本単位となってきた。国連の基本的条約の一つである国際人権規約は、「人民の自決の権利」は「すべての人民が自決権を持ち、政治的地位を自ら決定することができる」とする。いわゆる「自己決定権」である。しかし民族国家が主役になった現代国際社会で、ウイグル人の自決の権利を履行する機会は一度も与えられなかった。

　中国政府はウイグル人の土地を「併呑」した根拠としてこの地域は「歴史的にみて中国固有の領土」と主張している。(四三)しかし、東トルキスタンの人々が中華式の支配を受け始めたのは「新疆省」が作られた清朝末期である。それ以前、この地域は遊牧民が支配してきたことは明らかである。かりに歴史的根拠があるとしても、歴史的な領域の所有権を求める「失地回復主義」的な論拠は基本的に現代国際法と相容れないものである。(四四)もし中国政府の歴史的領有権の主張が正当であるならば、歴史的に民族の移動が激しい大陸で国境線を定めることはほぼ不可能となるだろう。

　民族問題は継続性がある。旧ユーゴスラビアの民族紛争、旧ソ連諸国の民族問題の歴史的淵源はオーストリア・ハンガリー帝国とオスマン帝国によって分割支配されていたバルカン半島の民族問題、そして旧ロシア帝国の周辺諸民族の支配にまで遡り得る。(四五)

東ティモールは、十六世紀からポルトガルとオランダに征服され、十八世紀初めはポルトガルが占領、十九世紀の半ばにオランダがその半分を奪い、二十世紀半ばには日本軍が侵攻してきた。第二次世界大戦後は再びポルトガル支配の状態に戻ったが、一九七五年に独立派が独立宣言を出した。しかし翌年、インドネシアが併合し、武力衝突や弾圧が頻発し、一九九九年からの国連統治を経て、二〇〇二年に独立を達成した。人口約百二十六万人の東ティモールの人々は複数の宗主国、四世紀にわたる植民地統治を受けてきても、独立への信念は固く、二十一世紀の初めに独立を成し遂げた。(四六)スペイン北部のバスク人は近代的国家を持ったことはないが、十世紀頃バスク人が作った王国（ナバラ王国、アンゴラ王やカスティリア王権）とマドリードを中心とするカスティリア文化を根底として分離独立を求めている。(四七)漢族も清朝に征服されて二百六十年後、漢族の国を作り上げたのである。(四八)

ウイグル問題も同様に清朝に遡ることができる。ウイグル人が初めて清朝に侵略されたのは、一七六〇年の清朝による征服である。その後、ウイグル人は様々な抵抗を行い、十九世紀半ばにいったん主権を回復したが（ヤクブ・ベグ王国）、一八八二年に再び漢族軍閥・左《さ》宗棠《そうとう》に征服された。辛亥革命後、漢族軍閥の支配が続くが、一九四九年に国共内戦で勝利した中共が東トルキスタンを併呑したのである。このように、ウイグル人は清朝に征服されてから二百六十年、中共に併呑されてから七十年になる。

ウイグル人の国民国家（東トルキスタン共和国）が滅びたのは前世紀のことであり、国家の象徴である国旗、国歌、国章、国名などは中国で禁止されてもウイグル人の記憶からは消えてない。ウイグル自治区が成立してからもウイグル人は先人の革命精神を後世に伝えようとした。例えば、十九世紀の農民軍のリーダーであるサディール・パルワンの反清活動を背景にした民俗詩、二十世紀前半のトルファンの蜂起を語る演劇『火炎山的怒吼』（火炎山の怒号）、クムル蜂起を舞台にした『足跡』や『英雄たちの涙――目醒めよ、ウイグル』、グルジャ蜂起を描いた『母なる故郷』などのウイグル語の小説などがある。またウイグル人は自ら歴史書を書き、自民族の文化・歴史の復興を目指した。このような動きはウイグル人のナショナリズムを喚起し、独立する機運を高めた。二〇〇〇年以後も、自民族の尊厳や主権を取り戻す民族運動は高まっており、「近代的民族国家」を持っていたウイグル人の民族意識は簡単に消えるものではない。

かつて清朝や漢族軍閥の時代、ウイグル人への抑圧は反発を招いた。現在中国政府は同化政策を強め、「少数民族」の分離独立を防ごうとしているが、過去の歴史からみても逆効果だろう。滋賀大学教授の筒井正夫は、「思想・宗教・民族を奪われた多数の人々の怨嗟は深まるばかりである」と述べ、民族意識の不滅性を指摘した。(四九)中共の強制力によってウイグル人の要求を抑え込むことは一時的にはできるかもしれないが、ウイグル人の自立への意識を消滅することはできない。

〈民主主義の普遍性〉

民主制は完璧な政治制度とはいえないが、これまでの中で最も良い政治体制だとはいえる。アリストテレスは諸制度の中で「独裁制が一番悪いものであって国家体制のあるべき姿から一番遠く離れており」とし、「民主制が一番中庸を得たもの」と評価した。(五〇)

独裁体制は一般に軍事独裁、一党独裁、個人独裁、君主独裁、ハイブリッド独裁に分けられる。(五一)中共は民族独立と革命の過程で出現し、国共内戦を経て「新中国」を樹立した。サミュエル・P・ハンチントンは中共を一党独裁と分類している[五二]。毛里和子は毛沢東時代を「伝統を引きずった全体主義的政治体制と呼ぶのが妥当」であるとし、鄧小平時代は「一党独裁、そのネットワークは毛沢東時代と少しも変わってない」と指摘する[五三]。

非民主的なシステムにおいては、血統や富、暴力、互選、学識、任命、選定、くじ、あるいは試験によって指導者になるが、民主主義のシステムでは、指導者は国民による競争的選挙を通じて選ばれる[五四]。そして政治権力は分割され、政府は野党やメディアなどによって監視され、権利の乱用と腐敗を防ぐことができる。効率性が低い点も指摘されるが、民主主義政府は権威主義的政府よりも、国民に暴力を用いることは遥かに少ない[五五]。政府が主権者である国民を弾圧すれば容易に権力を失うからである。

独裁体制を強いる中国では、十四億の国民に政治的権利は与えられておらず、指導者を選ぶ競争的な選挙もない。議会にあたる全国人民代表大会（全人代）が最高権力機関とされるが、メンバーは中共の指名によって選出されている。つまり中国では指導者も全人代の代表者も中共に牛耳られている。こうした中国では政治的権利の剥奪、政治的反対派への弾圧やいやがらせ、政治集会の禁止、メディアのコントロール、検閲など民主主義に反する措置が取られている。

昔も今も独裁政権が抱える二つの矛盾がある。アリストテレスは、非民主制には「支配階層内部の争いと、加えて、彼らと民衆との争いという二重の内訌（内紛）が生ずる」と指摘した[五六]。中国の歴代王朝もこの二つの矛盾に悩んできた。秦を滅ぼした陳勝・呉広の乱から清朝崩壊のきっかけとなった太平天国の乱まで、数多くの民衆反乱が中国で起きた。政権が弾圧しきれなくなった場合に王朝の交代が発生したのである。支配階層内部からの反乱もよくある。内部で皇帝を狙っての反乱が起きないように、役人を去勢したり、自分の親族や同郷者を起用したりしたのである。かつて後宮とされる紫禁城に居住が許される「男性」は皇帝・皇子以外すべて宦官であったようだ。現在の中国でも独裁者が抱く二つの矛盾は依然として変わっていない。中共の政権が倒れる最大の要因は政権の内紛か農民・市民の反乱がきっかけになるだろう。

習近平政権は武力で反体制派を抑圧したり、メディアを統制したりして、その地位は盤石であるかのようにみえるが、必ずしもそうではない。いかなる独裁者も一人で国を治めることはできず、自分の支配に協力するエリートを安定的に維持する必要がある。習近平は膨大な中国を統治するために軍や官僚たちの協力を必要とする。そのためにエリートに権力や資源を与えなければならない。しかし与えすぎると、自分の立場が弱まり、反乱によって政権を奪われる危険性が生じる。逆に習近平が自分の立場の強化のため、エリートの権力や資源を奪い、あるいは粛清するなら、エリートはこれを恐れ、自分の立場が奪われる前に反乱を起こしかねない。これは権威主義的権力配分の問題と呼ばれるが、バランスがきわめて難しいのである。(五七)習近平政権発足後、前の胡錦濤時代の官僚に対する排除や粛清、反腐敗キャンペーンなどが目立つが、この問題と強く関連しているといえるだろう。

独裁政権にはもう一つ、権威主義的統制問題と呼ばれる政権外の反体制派の反乱を防ぐ問題がある。(五八)この問題に対しては習近平が抑圧するか、あるいは反体制派に一定の資源を与え、体制への取り込みを図るか、ということが考えられる。相手に資源を与えれば自分の取り分が減るので、少ない資源で効率的に取り込まなければならない。習近平政権は基本的に反体制派に対して強権的な対策を行っているが、この場合は、軍への依存が強まる。文革の時代、毛沢東は軍への依存が強まり、結局、林彪によるクーデター未遂事件を招いた。習近平は軍を十分に掌握しているとはいえ、軍への依存が強まることによって、権威主義的権力配分の問題が生じる可能性は十分にある。

民主化の第三の波が始まった一九七四年には民主主義体制をとる国はわずか二五％程度だったが、二〇一〇年には約六割まで増えた。（五九）国際社会における民主化の潮流は、しばしばバックラッシュがあるとはいえ、中長期的には不可逆性があり、いずれ中国が民主化するのは歴史の必然であると考えられる。

〈漢族の民族主義のジレンマ〉

漢族の民族主義は孫文に遡ることができるだろう。二十世紀初め、孫文は清朝の打倒と漢民族国家の樹立を目指し、漢族の民族主義を提唱した。孫文を引きついだ蔣介石は日中戦争の過程で漢族の民族主義をさらに強化させ、漢族中心の国族の概念を持ち出した。毛沢東の時代は「社会主義だけが中国を救う」「共産党がなければ新中国はない」などのスローガンを掲げて、社会主義のイデオロギーによって国民を結び付け、社会主義は人々に受け入れられていた。被支配者側の中共に対する信頼も強かったため、民族主義を煽る必要もなかった。

毛沢東の死後、中共は文革期の急進策を改め、イデオロギーではなく、経済発展に重点を置いた。二十世紀末、多くの共産圏の国々は崩壊し、国際的に社会主義イデオロギーが失墜した。一方、中共の融和策や共産主義イデオロギーの崩壊などの原因で、民主化運動や「少数民族」のナショナリズムが高揚し、中共に対する信頼も弱くなった。ウイグル自治区では宗教の回復、文化の発展によってウイグル人のナショナリズムが台頭した。

国民の無条件的な支持を得にくいと認識した中共は、新しいイデオロギーを創出する必要があった。結局、政権維持として中共が持ち出した答えは、孫文や蔣介石が唱えていた「民族主義」だった。中国は国民の九割以上は漢族が占めており、中国の「民族主義」は「大漢民族主義」であり、「少数民族」の「分離主義的民族主

義」ではない。(六〇)

アメリカの文化人類学者パトリック・ルーカスによると「中国の民族主義は中国人全体の民族主義ではなく、漢族の民族主義である。ウイグル自治区で民族学校の閉鎖、ウイグル語の制限、ウイグル人と漢族の結婚の奨励などは漢族中心の民族主義拡大と関係があり、いわば『漢族になれ』ということで、少数民族側に受け入れられるわけがない。最近の学校で推進している『漢服運動』はその一つの例であり(六一)、多民族国家である中国にとって危険な動き」と指摘した。(六二)

近年、習近平政権が掲げた「中国の夢」や「中華民族の偉大な復興」などは、いずれも漢族ナショナリズムであり、「少数民族」を漢族と平等な関係に置いたものではない。ウイグル自治区における漢語教育の強要、ウイグル人文化や意識の否定などはそれを示している。政府の後押しにより漢族ナショナリズム傾向は加速され、一般市民レベルでも政策レベルでも露骨な高まりをみせている。(六三)中国政治や社会を批判的にみる歴史学者の章立凡は中国で「愛国主義が利用されるのは、国民の不満を抑えるためだ」と指摘する。(六四)

新たに台頭するナショナリズムを助長し騒ぎ立てるには敵が必要となる。中共が管理しているマスコミや学者らは侵略の歴史を反省しない日本、中国を分割しようとしている米国、自分と異質であるイスラム教徒のウイグル人を中華民族の敵としてしまう。

ナショナリズムは自民族中心主義と排外主義に変質しやすく(六五)、強力な動員力がある。外国人に対する「西洋鬼子」（欧米人の蔑称）、「日本鬼子」や「小日本」（日本人の蔑称）、「高麗棒子」（韓国・朝鮮人の蔑称）、「台巴子」（台湾人の蔑称）」などは漢族の間やネット上でよく使われるが、二〇一二年、尖閣諸島をめぐって日中両国の関係が悪化した時、その嫌悪感は行動となって表れた。当時、中国で反日運動が高まり、同年八月、日本の駐中国大使・丹羽宇一郎の公用車が北京市郊外で襲われ、国旗が奪われた。この襲撃犯たちに対し中国のネット上には、「我々の英雄を守れ」「政府は愛国勇士を逮捕するな」などと全面擁護する中国語の書き込みであふれ、さらに中国の主要ポータルサイト「騰訊網」の調査では、回答者約五万三千人のうち八二％が襲撃を「良いこと」だとしていた(六六)。

静岡大学教授、楊海英によると(六七)、清朝の時代に漢民族は三百年ほど「少数民族」に支配され、この歴史的な屈辱感と恨みが現在の「少数民族」弾圧政策に影響しているという。また、習近平はアヘン戦争以後から「新中国」成立までの百年を、西洋列強及び日本に支配された「屈辱の百年」として反米帝・反日政策を打ち出した。つまり、漢族のナショナリズムは対外的に反米帝・反日、対内的に反「少数民族」の側面がある。

民族主義が高揚する中国で、ウイグル人でも外国人でも、中華民族にとって「好ましくない」人物の権利が侵害されても問題視されない状況が生まれている。逆に中国政府が外国人や「少数民族」に対して譲歩すれば、漢族から弱腰との批判を免れなくなり、政権の権威失墜、反政府運動につながるかもしれない。こうした危機意識から中共の民族政策は強硬化しているとみられる。

東京大学教授の松田康博は、「自らの主張を教育や宣伝を通じて国民に浸透させ、異論を許さない。国民は自然と政府の主張を信じるようになり、政府も自分の主張に縛られ、柔軟性を失っている」と一党独裁体制に特有の矛盾を述べる(六八)。

改革開放以後、中共の統治の正統性は、以前の社会主義のイデオロギーから、経済発展と漢族ナショナリズムに代わった。しかし経済発展と漢族ナショナリズムには矛盾が存在する。まず漢族のナショナリズムは対外的に反米、反日観を招いている。その結果、中国は日本やアメリカなどの国と関係が悪化している。こうした状況の中で、中国の経済発展にもマイナスの影響をもたらしている。また漢族のナショナリズムは対内的に反「少数民族」の側面がある。漢族ナショナリズムによって「少数民族」と漢族の関係も悪化している。その結果、「少数民族」側の離反意識がさらに強化され、中共の安定統治を揺るがしている。漢族ナショナリズムの高揚によって、中共の対外、対内政策は柔軟性を失い、結局は経済発展も政権維持も難しくなりつつある。したがって漢族ナショナリズムは中共にとっても漢人社会にとってもむしろ逆効果であり、放棄すべきであるといえるだろう。

第二節　中共が変わらない場合

二〇一三年に発足した習近平政権は「中国の夢」を掲げ、強い国の建設を目指している。二〇一八年に憲法改正を行い、主席の任期二期の制限を撤廃した。つまり二期満了の二〇二二年以後も習近平政権の継続が可能となった。二〇二〇年十月に開かれた第一九期中央委員会第五回全体会議（五中全会）において習近平は後継者を指名しておらず、今後については新たな中期経済計画「第十四次五か年計画」（二〇二一～二〇二五年）と、今世紀半ばまでに「社会主義現代化国家」を実現するという目標、中間点にあたる二〇三五年までの計画を策定した[六九]。こうした計画の背景には二〇二二年以降も自身が権力を維持し続けるという前提がある。

解決の先がみえない中で、ウイグル人はどうすればいいのか。消極策と積極策が考えられるだろう。消極策はウイグル問題を諦めて中華民族に同化されてしまう、あるいは暫定的にウイグル問題を放棄しタイミングを待つ、あるいは中国の政治体制の変更を待つ。一方で積極策は、武装闘争をするか、または非暴力、非軍事の抵抗をするか、である。

（一）消極策

中国の歴史において、漢の武帝や唐の太宗の時代、西域に遠征し、積極策によって国の安全を守ろうとしたことがある。その一方、宋や明などのように国外に遠征せず、消極策によって防衛に徹した場合もある。ウイグル問題についても、消極策と積極策が考えられる。消極策とはウイグル人の民族運動を進めず、中国政府を刺激しないで現在の状況を甘受するとの考えである。

〈同化に応じる〉

国際的にみれば民族対立には「社会的な背景」がある。中国でも同様に漢族が周辺諸民族を見下す「中華思想」がある。[七〇]「中華思想」では漢族が自らを「中華」あるいは「中国」と美称し、周辺諸民族をわざと動物偏の漢字を選んで「夷《い》狄《てき》」と蔑称した。その対比を強調することから「華《か》夷《い》秩序」とも呼ばれる国際関係ができた。華夷秩序では漢族は「中華」、非漢族は「蛮《ばん》夷《い》」に分類され、文明的、先進的、上位である漢族と野蛮、後進的、下位である「蛮夷」という構図ができている。つまり「中華思想」や「華夷秩序」では「中華は貴く夷狄は賤しい」という種族主義が強いのである。

現代版の華夷秩序について松本ますみは次のように述べている。[七一]

> 現代版の華夷秩序は、ある人間集団がそれ以外の人間集団を自らの集団に従属させて支配するような政

治体制や社会関係を補強する。また、他者を自分に従属させ支配しようという意識に基づき、力の支配を正当化する考えにもつながる。また、自者にのみ権利があり、他者には全く権利がないか、あるいは少し権利があっても、自者の許容範囲の中に置くという人権無視の考えにもつながる。

かつてウイグル自治区には民族学校と漢語学校が存在し、漢語学校に行くウイグル人生徒は「民考漢」、民族語学校に行くウイグル人は「民考民」と呼ばれた。「民考漢」はウイグル人と漢族の中間のアイデンティティを持つため、ウイグル自治区の「十四番目の民族」（ウイグル自治区には公式に十三の民族が存在するとされる）と呼ばれた。「民考漢」は漢語が流暢であるが、ウイグルの古典、文化、音楽などはあまり知らないし、ウイグル語も十分に話せない。このハイブリッド的な民族は自分自身を中国人と思っていても、漢人にとって「民考漢」はあくまでも異民族に属するので、漢族からは見下されている。現在ウイグル自治区では漢語が堪能な大学の教授であれ知識人であれ、強制的に収容施設に送られている。本来彼らは、ウイグル人と漢族をつなぐ仲介者、架け橋のような役割を果たせるはずであるが、異質な集団と分類されて弾圧を受けている。また、ウイグル人は肌、髪の毛、顔など人類学の特徴からみても漢族と明らかに違っているために、言葉だけが漢語であっても、外見は漢族ではないのがわかる。つまり日本語ができる外国人のような存在である。

現在の中国では「少数民族」を差別し、強引に「中華民族」に同化しようとしているが、この周辺諸民族を敵視する観念は漢族の中で古くから存在している。たとえば儒教の『論語』には「夷狄」について次のような言葉が載せられている。「子曰、夷狄之有君、不如諸夏之亡也」（夷狄の君有るは、諸夏の亡きが如くならざるなり）(七二)。現代の日本語に訳せば、「野蛮人の国にたとえ君主があっても、中国に君主が無い状態にも及ばない」となる。

諸民族の国々を徹底的に貶めてみている。春秋三伝の一つとされる『公羊伝』においては、ある国を「夷狄」と判断する理由が次のように記述されている。(七三)

無義であること。(荘公二十四年の戎・僖公二十一年の楚)
朝することができないこと、中国の礼制を知らないこと。(僖公二十九年の介・襄公十八年の白狄)
嫡子《ちゃくし》の名を匿《かく》すこと、つまり嫡庶(正妻の子と妾の子)の区別が無いこと。(昭公五年の秦)
乱淫であること。(定公四年の呉)

つまり中国古典では「夷狄」である周辺の諸民族は「中華」と区別され、非礼・非道徳的・非道義的とみなされていたことがわかる。この「華夷の区別」の理念から、「中華」の人々は、野蛮・未開とみなす「夷狄」に対して、おおよそ二つの道があり、それは「攘夷《じょうい》」か「教化」かである。(七四)中国の歴史では、「夷狄」の人々が「中華」の文化を慕って「中華」へ「上昇」する場合もあり、「中華」が「夷狄」へ「堕落」した場合もある。基本的には中国の春秋時代から「攘夷」が盛んに唱えられてきた。現代の中国では漢族の民族主義が高揚し、「夷狄」のモンゴル人やチベット人、ウイグル人などを同化しようとするが、この民族主義も儒教思想の「夷狄」観念の表れである。中共が「少数民族」を「中華民族」に同化しようとしているのも「夷狄」に対する「教化」の道である。

漢族に古の聖人以来、異民族を排斥する「攘夷」思想がある中で、たとえウイグル人全員が漢語を完全に話し、『論語』を頭に入れ、ウイグル自治区最大のエイティガールモスクを壊して孔子廟にしても、非漢族であることには変わらないし、漢族と非漢族を差別する構図は長い歴史の中に存在しており、対立と差別は終わらないだろう。したがってウイグル人が同化という消極策をとっても問題の本質はほとんど解決しないと考えられる。

〈政治体制の変革を待つ〉

中国の政治の在り方について、民主か独裁かの論争は中華民国の時代から漢族のエリートの中で議論され、その代表的な人物は胡適《こせき》と陳独秀であった。(七五)マルクス主義者となった陳独秀は中央集権的統一政府の樹立を唱えたが、啓蒙主義を主張する胡適は各省の権限を強化する「連省自治」の連邦制度を希求した。(七六)孫文の死後に台頭した蒋介石は一九二八年北伐戦争を戦い抜き、軍閥割拠を打破して中国統一に成功した。一九三〇年代、蒋介石の独裁化に対抗して民主化論争が再燃し、その中で蒋廷黻《しょうていふつ》、丁文江《ていぶんこう》らは、分裂した中国を統一し近代的国民国家を建設していくためには専制独裁が必要であると主張した。(七七)日本の中国侵略は中国に亡国の危機をもたらし、個人の尊重を主張する啓蒙主義よりも一致団結した救国が優先され、基本的に国民党独裁が継続された。一九四九年、国民党独裁に代わり中共が支配の正統性を確保し、国民党よりも強力な中央集権体制を築き上げ、今に至るまで一党独裁を堅持してきた。

改革開放以後、「政治体制」の改革が再び議論され、厳家祺をはじめ党内外の改革派学者が三権分立、権力の相互統制を強く主張した。(七八)復活した鄧小平も毛沢東の個人独裁政治の危険性を認識し、過度の権力集中を是正する「集団支配体制」や「以法治国」(法によって国を治める)などを導入した。胡耀邦、趙紫陽など中共の改革派は経済改革に伴い、政治体制の改革、「党政分離」(党と行政の分離)、「党企分離」(党と企業の分離)、地方分権などを試みた。しかし一九八九年の天安門事件以後、改革派知識人の多くは、亡命や逮捕、あるいは沈黙をさせられ、中共内部でも基本的に保守的な観点が主流となり、経済体制に関する改革は行ったものの、「政治体制」の改革は棚上げにした。

胡錦濤政権末期から習近平政権への移行期にかけて、「普遍的価値」や「憲政民主」をめぐる論争が再び活発化したが、習近平政権が本格的に始動してからメディアや学術の分野に対する圧力が強化され、彼に対する期待の声はもはや消えてしまった。

習近平体制が続く中で、中国の民主化はどうなるのだろうか。考え方として、外部からの武力介入と内部からの変化が挙げられる。外部からの武力介入は、ある国家の秩序が崩壊し、国民が無政府状態に投げ出されているような場合、あるいは国家が自国民に対して大規模で組織的な暴力を繰り返しふるっているような場合、人権擁護の唯一の手段として直接介入が想定できる。(七九) ただし、国際連合憲章では、武力行使の合法性判断において安全保障理事会に決定権が与えられている。つまり安全保障理事会による軍事的強制措置だけが認められている。冷戦終結以降、ハイチ、ソマリア、イラク、ボスニア、コソボ、リビアへの介入では、この人道的介入の観点が言及されたことがある。しかし中国は核兵器を有し、拒否権をもつ国連安保理常任理事国である。経済、軍事、国力などの面においてもこれらの国と桁違いである。現在、アメリカに次ぐ大国である中国が、諸外国によって武力介入されることは現実的にほぼ想定できない。

諸外国による武力介入が期待できない冷酷な現実の中で、残るのは国内の人々が努力して内部から民主化を引き起こすことである。内部からの民主化は「上」(中共内部)からの民主化、「下」(民衆)からの民主化、「上」「下」双方からの民主化に整理できよう。まず「上」からの民主化について検討したい。

「上」からの民主化は一般に支配側内部のエリートたちから民主派勢力が出現し、自ら独裁体制の諸制度を改革して民主化に導くことを意味する。「上」からの民主化として一九八〇年代の台湾が挙げられる。当時台湾で民主化運動は一定の盛り上がりをみせ、一九八七年に蔣経国は四〇年近く実施してきた戒厳令を解除した。翌年総統に就任した本省人の李登輝が漸進的に民主化を進め、一九九六年に総統直接選挙が初めて実施された[八〇]。

中国で「上」からの民主化を推進できる実力者としては党と軍のトップが想定できよう。天安門事件後、中共の内部では保守派が主流となった。二〇一二年に習近平が党総書記に就任した当初、彼が改革派であった父親の息子ということもあり、一部に「中国の蔣経国」になるのではないかとの期待もあったが、二〇一三年五月に習近平政権の言論統制の最たるものともいわれる「関於当前意識形態領域情況的通報」（現在のイデオロギー領域の状況に関する通報）が下達された[八一]。いわゆる「九号文件」と呼ばれるこの「通報」では「七不講」（七つの言ってはいけない問題）が規定されている。すなわち、①普遍的価値、②報道の自由、③公民社会、④公民の権利、⑤党の歴史的錯誤、⑥権貴（特権）資産階級、⑦司法の独立、の七項目について、高等教育の現場で語ってはならないという内部通達だった[八二]。この「通報」で習近平体制のイデオロギー問題に対する観点が極めて露骨に示され、習近平に対する期待の声も聞こえなくなった。後に習近平は潜在的なライバルに対する排除や側近の登用、そして党内の規律の強化などの措置によって権力基盤を固め、現在の中国で「習同志を核心とした党中央」という表現が頻繁に使われている。こうした習体制の強化の中、党の内部から改革派が現れるのは当面、不可能であろう。

軍によるクーデターは二〇一三年のエジプトクーデター、二〇一四年のタイ・クーデターなどが知られるが、人民解放軍の場合はどうだろうか。中国では一九七一年九月に林彪ら軍高官がクーデターを計画し、発覚してから妻子とともにソ連への亡命を試みたとされる「クーデター未遂事件」がある。毛沢東は林彪事件で大きな打撃を受け、事件後急速に「老け込んだ」といわれる。習近平政権で同じクーデターが起こり得るだろうか。

まず、中国人民解放軍は国防軍ではなく、党軍であることを確認しておきたい。建国最初の時には国家の軍隊という建前だったが、一九五八年の中央軍事委員会の会議で重大な変化が起こり、軍の統帥権は党の中央軍事委員会のものであることが決められた（八三）。この体制は基本的に今日まで変わってない。さらに一九九七年に国防法が設定され、軍に対する党の指導を法律で明文化した。「党が鉄砲を指揮する」という認識は中国のリーダーの脳裏に叩き込まれている、という。

二〇一二年十二月、習近平は深圳市の軍人や共産党関係者に対する演説で、旧ソ連崩壊の原因について「共産党政権の崩壊を防ぐために、誰も立ち上がらなかったのはなぜか。それは党が軍を掌握していなかったからだ」とし、軍は党を守る最も大切な組織と位置づけた（八四）。天安門事件で「人民の軍隊」と呼ばれる人民解放軍が人民に銃口を向け、中共を危機から救ったことも、この軍隊が党を守る「党衛軍」であることを示している。

また習近平は党、軍両方の最高指導者である。鄧小平の時代には党の総書記、国家主席、中央軍事委員会主席の三つのポストは分かれていたが、天安門事件の際に軍事委員会主席である鄧小平と党の総書記である趙紫陽が対立したことが理由で、江沢民の時代からこの三つのポストは一人が務めるようになった。党総書記、国家主席、軍事委員会主席を務める習近平は、二〇一五年に軍事改革を行い（八五）、潜在的ライバルを排除し、軍に対する統制を強めている。二〇一五年以来、「抗日戦争七十周年」「軍建設九十周年」「建国七十周年」の三度にわたる軍事パレードを行い、毛沢東以来、最も多く軍事パレードを行った主席といわれる。現在、習近平の軍に対するコントロールは強力であるとみられる。軍と中共の関係、そして習近平の軍における影響力を考えると、第二の「林彪事件」が起こり得る可能性はゼロに近いだろう。

「上」からの民主化がほぼ期待できない中国で、「下」からの民主化はどうだろう。「下」からの民主化は支配される民衆が革命を起こして支配する側を倒す運動である。これの典型的な事例としてフィリピンが挙げられるだろう。一九七〇年代後半から、マルコス独裁体制下のフィリピン経済は悪化し、そして一九八三年八月、アキノ暗殺事件という政治危機があり、反政府民主化運動が一気に高揚した。(八六)一九八六年の大統領選挙でマルコス大統領は勝利するが、開票の不正操作などの原因によって退陣が求められ、そこで軍部の一部勢力の離反が起き、それに民主化勢力が集結した。マルコス大統領は政局をコントロールできず、アメリカに亡命した。野党の統一候補であったコラソン・アキノが大統領に就任し、民主化革命が実現した。

　中国で「下」からの民主化運動が最も高揚したのは一九八九年春の学生デモだったが、民主化の必要性を認識していたはずの鄧小平は、「下」からの民主化運動が現れた時、抑圧の立場をとった。天安門事件以後、中共は反体制派への抑圧を強める一方で、経済の発展に重点を置き、経済成長によって統治の正統性を確立しようとした。欧米諸国や周辺諸国も中国の経済発展によって民主化が進むことを期待していた。ノーベル平和賞受賞者の劉暁波も「中国の変革を推進する根本的な希望は政府ではなく民間にある」と語った。(八七)

　一九七四年から始まった第三の民主化の波において、最も活動的な支持者は都市の中間層であった。(八八)理論家たちは、「ある国が、一人当たり国民総生産（ＧＮＰ）の一定のレベルあるいは一定の識字率を達成して、一定の経済発展の閾《しきい》を越える時、民主主義を発展させることがある」と論じている。(八九)東アジアの「開発独裁」といわれる韓国、(九〇)台湾、シンガポールにおける経済の成長は、政治的民主化と歩調を合わせることによって民主主義体制を達成した。二〇一九年に中国の一人当たり国内総生産（ＧＤＰ）は一万ドルを超えたといわれている。(九一)国際通貨基金（ＩＭＦ）のデータによると、二〇二〇年の中国の一人当たりの国内総生産（ＧＤＰ）は一・一七万ドルとなっている。[九二]つまり中国で民主主義の経済的基盤は一定程度できたととらえることができる。

ピーター・ナヴァロは『米中もし戦わば　戦争の地政学』の中で、市場経済の発展によって生じる「中間層の成長」、「第三者組織」、「情報の自由流入」の三つの要素が政治体制の変革を促すと主張する。[九三]

しかし、中国では市民が組織化することは許されていないし、ウイグル問題や人権問題、言論の自由、環境問題などを訴える第三者組織は弾圧されており、またハイテクを用いて情報の流入を制限している。つまり中国で民主化に繋がるすべての行動は厳しく弾圧されているため、民主化運動は低迷している。

一方、香港は「中国人」移民の流入、中国化の強要、社会格差などの問題で社会不満が増大した。二〇一四年の雨傘運動や二〇一九年も半年に及ぶ抗議デモが生じた。しかし習近平は鄧小平と同様に「下」からの民主化を容認しない姿勢を示している。

「上」「下」双方からの民主化は民衆の反体制運動と支配側の民主化勢力が連動して政権交替を実現することを指す。モンゴルは「上」「下」双方からの民主化の事例であろう。一九八〇年代末の東欧革命による民主化の波はモンゴルに影響し、体制内外で政治改革の動きが始まった。[九四]一九八九年秋、知識人や学生を中心にモンゴル民主連盟が結成され、民主化運動はさらに拡大した。政府側は改革派の要求を取り締まらず、積極的に憲法改正や複数政党制の導入などを施行し、名実ともに民主化への道を踏み出した。

中国で民衆は政権に対する不満はあるが、中共は強権支配で社会の安定を保ってきた。日本国際問題研究所の報告によると、[九五]①中国の都市住民は共産党の治世に不満を抱えながらも、一方で安定志向が強いので、これが「安定バネ」になる、②二〇一〇年から中央は農村の民生向上のために支出する財政移転額を急増し、農民らは村役人に不満を抱えても、共産党の治世そのものを倒そうとは考えていない、③今後急速に進む少子高齢化により、中国社会からは「動乱」を起こせるパワーも失われていく、という。

二〇〇八年、アイオワ大学教授の唐文方の日中韓市民に対する世論調査では、日本人の三三％と韓国人の二一％に対して、「中国人」の七八％が自国の政府が自分たちのニーズに応えていると答えた。(九六) この調査結果は十分に民意を反映しているとはいえないが、かなりの「中国人」が中共に信頼を寄せているといえるだろう。

ハンチントンは一党独裁体制には制度的枠組み及びイデオロギー的正統性があるため、「一党独裁体制から民主主義への移行は、軍事体制から民主主義への移行より困難である」と指摘する。(九七) また中国の民主化を阻害する要素として膨大な農民人口があること、そして民主主義の経験がない点を挙げている。また儒教文化の影響について「儒教社会は、国家に対抗する権利の伝統を欠如させていた。個人の権利が認められる範囲は、国家によって決定されていた。調和と協調は、意見の不一致や競争より好まれた。秩序の維持と階級秩序への尊敬こそ中心的価値であった」とし、伝統的儒教は反民主主義であり、儒教あるいは儒教影響下にある社会は、民主主義をあまり歓迎しないと指摘する。(九八) つまりハンチントンは中国で民主化は簡単に起きないと考えているのである。

確かにハンチントンが指摘するように、中国社会では儒教的価値と習慣が強く残っており、儒教の教えによる「尊卑・男女・長幼」の伝統的な人間関係、そして「忠君愛国」などの権威主義的な考え方がある。指導者らも、西欧民主主義や人権を軽蔑し、権威主義政治システムの維持を強調している。

米国に亡命している経済学者、何清漣も中国の民主化に悲観的で、中国の民衆は「自己組織化の能力に欠け、ばらばらな砂のような存在である」とし、仮に天安門事件のような民衆による反政府運動があっても力強い習近平政権に鎮圧されると語った。(九九) その一方、米国に亡命している「盲目の人権活動家」として知られる陳光誠は将来の民主化の可能性について、「私たちの努力次第だ。最も理想的な状態としては、いまの台湾のようになれるのではないか」などと期待を語っている。（一〇〇）

中国は問題山積であっても、体制変更は、中共のスタンス、諸外国の介入、民衆の抵抗、経済状況、偶発事態など様々の要素が絡み合っているため、明確に結論付けるのは難しい。しかし、中共側にも民衆側にも改革や大規模な民主化運動が当面起きそうな空気はないのが今の現実である。習近平体制が続くというシナリオの下で「上」からの民主化も「下」からの民主化も考えにくいといえるだろう。

漢族への同化に応じても、「華夷の区別」の理念がある中国では、「夷狄」であるウイグル人が差別される状況は解決できないし、また、体制変革を待つ方針をとっても、中国では官民両方において民主化運動は低迷している。つまり消極策によってウイグル問題の解決を図る方向は、ほとんど合理性がないといえる。

（二）　積極策

中共によるウイグル人に対する不公正、不正義が続く中で、ウイグル人は積極的な行動をとって、苦境から脱出するしか方法がないだろう。積極策とは可能な人力や資源を動員して自らウイグル運動を進めていく考え方である。方法論としては武力闘争か、非暴力、非軍事の抵抗運動がある。

〈武力闘争〉

武力闘争は、「破壊のための行為」であり、「力による闘争」であり、「暴力的接触」である。結果的に当事者や外部に物理的破壊や生命の喪失や身体的被災をもたらす。植民地の独立戦争のように、（宗主）国に対して一部勢力が反旗を翻して、反政府集団が国家権力を攻撃することは、国際法上で内乱、あるいは内戦と呼ばれるが、結果として、ある国の独立に関係する戦いは、独立戦争と呼ばれることも多い。ウイグル人の場合は思想や信条が違う民族集団として、一方の権威である中国政府に戦いを挑むことになる。ウイグル人の武力闘争は分離独立を求める傾向が強くても、国際法上では内戦となる。内戦について検討してみよう。

第一に、中共にテロリストとされて一層の弾圧を強める口実を与えてしまう点がある。テロ（terror）の明確な定義は今日でも国際的には確立していないようだが、(一〇一) テロリズム（Terrorism）を遡ると、フランス革命（一七八九年）後、権力を掌握したロベスピエールが対立勢力に対して行った恐怖政治を語源とする。(一〇二) 最初は権力者の反対派粛清のための手段だった。十九世紀初頭以降、逆に「テロリズム」の意味は国家に対する反体制側が行使する暴力的手段を意味するように変わり、国家による革命的「テロリズム」は、二十世紀になってナチズムや共産主義など全体主義の母胎になった。(一〇三) 九・一一以来、虐げられた少数派による権力者への対抗手段ではなく、一般市民に対する無差別襲撃と理解されるようになり、アメリカをはじめ世界中で「テロとの戦い」が展開された。

民族紛争の場合、一般的に圧倒的な政府軍と弱い反政府勢力という構図があり、弱い勢力は政府軍と対等な力がないため、テロやゲリラ戦しか手段がなくなる場合が多い。例えば、一九五〇年代のアルジェリア民族解放戦線（ＦＬＮ）、一九六〇年代からイギリス政府に対抗したアイルランド共和国軍（ＩＲＡ）、一九七〇年代からトルコと戦ってきたクルド労働者党（ＰＫＫ）、一九八〇年以降、スリランカ政府に対抗したタミル・イーラ解放のトラ（ＬＴＴＥ）、二〇〇〇年代のチェチェン独立派、近年のフィリピン反政府組織モロ・イスラム解放戦線（ＭＩＬＦ）は、いずれも民族の自決や分離独立を目指しているが、テロ活動が激化したためテロリズムとされたのである。

ウイグル人の武力闘争は中国政府による国家テロリズム（白色テロ）に対する自衛と理解できるが、[一〇四]現実の国際社会は、戦後、血なまぐさいテロを経験し、一般市民に対する無差別襲撃がテロととらえられている。[一〇五]九・一一事件以後、中国政府は世界中が「テロブーム」になったことを利用し、ウイグル人をテロリストとして弾圧を正当化したことがある。二〇〇二年、中国政府は『テロ白書』を発表し、ETIM（東トルキスタン・イスラム運動）を「テロ組織」と断定し、[一〇六]二〇〇三年に四つのウイグル人組織をテロ組織、十一人をテロリストと認定した。[一〇七]当時、この問題は米中間の取引材料となり、アメリカ政府は中共の主張を承認した。しかし中国の主張は国際社会に対する説得力に欠けたため、二〇二〇年十二月、アメリカ政府はETIMを「テロ組織」の認定リストから除外した。[一〇八]いずれにせよ、武力手段を好まない国際社会では武力闘争は賛同されにくいし、また武力紛争は再び中共の弾圧に理由を与えてしまう可能性がある。

第二に、交戦相手と認められるのが難しい。主権国家の特徴として、物理的暴力を行使する主体が国家に限定されている。つまり中国では中共政権が国内における強制力を独占している。そして、一国家内で武力紛争が生じた場合、既存の政府はこれを内戦と認めない傾向がある。なぜなら、どんな国でも、内戦は政府の政治基盤を弱めるためであるからだ。内戦と認めた場合は、反政府勢力は既存の政府と対等な交戦資格を持つことになり、国際人道法上、平等に交戦当事者として扱わなければならない。また、反政府勢力の地位の承認は外部の介入の政治的口実になり、様々な面で政府に不利な状況が生じるからである。一方、中央政府としては、内戦ではなくテロとして鎮圧するのが好都合である。

ウイグル人がパルチザンを組織し中国政府に反旗を翻した時は、中国政府は彼らを法と秩序を壊す者とし、国内的なテロや暴動、あるいは騒乱として弾圧するのは間違いないだろう。この場合は内戦ではないため、反政府勢力の人命、財産への不必要な殺戮・破壊行為を禁止する国際人道法も適用されない。中共は戦闘員だけではなく、一般のウイグル人にも反政府勢力の支持者として弾圧を拡大するかもしれない。パルチザン組織のメンバーや一般のウイグル人もテロリストとされて無慈悲に一掃され、一方的な結果になる可能性が高い。反政府勢力が事実上の支配を確立した場合、中央政府が黙示的に反政府勢力の法的地位を認めるのがほとんどのようだが、事実上の支配を確立するのは容易ではない。

現在、ウイグル自治区では政府側は圧倒的な武力を持ち、社会の隅々までAIやハイテクノロジーによる監視システムができ、武装勢力を組織するどころか、ウイグル人のコミュニティの結成もできなくなっている。つまり、現段階ではウイグル自治区で反政府武装勢力を組織することは非現実的であり、小さな反政府武装組織ができたとしても、中共にテロ扱いされ、懲罰として弾圧が拡大され、むしろ逆効果となるだろう。

第三に、内戦時に物質や弾薬の提供、資金の調達などで越境するネットワークが必要となる。第二次世界大戦後、中共が国民政府に挑んだ時も、幹部や各部隊をソ連と隣接する東北に赴かせ、そこで根拠地を樹立し、後の内戦の基礎条件を備えたのである。(一〇九) ソ連崩壊後、中共はウイグル人独立運動を警戒し、ロシアとの四三〇〇キロの国境、カザフスタン、キルギスタン、タジキスタン三か国との三〇〇〇キロメートルの国境を画定した。一九九六年にウイグル自治区周辺諸国（ロシア、カザフスタン、キルギスタン、タジキスタン）と「上海ファイブ体制」を作り、二〇〇一年にウズベキスタンが加わって「上海協力機構」に格上げされた。二〇一五年にインドとパキスタンが加わって八か国となり、アフガニスタン、イラン、モンゴル、ベラルーシの四か国がオブザーバー加盟国になっている。(一一〇) これらの組織では中国の意図に沿って「あらゆる民族分離主義、極端な宗教勢力、テロ活動」と戦うことが宣言され、ウイグル人に手を貸さないよう釘を刺されている。[一一] 中国はＩＳの台頭、アフガニスタンにおけるタリバンへの懸念ゆえ、二〇〇三年から上海協力機構合同対テロ実兵実弾演習（平和使命）を中央アジアで頻繁に行ない、ウイグル自治区の国境管理も強化している。ウイグル自治区は八つの国と接しているにも関わらず、二〇〇〇年以後、ウイグル人が中国の西北部から東南部の雲南省や広東省などを経由して第三国に逃れることが増え、それはウイグル自治区の国境が徹底管理されていることを示している。

中国当局によるウイグル自治区周辺諸国との連携の強化、国境警備の強化、ウイグル人に対する厳しい監視などが実施され、ウイグル人と外部の繋がりがほぼ遮断されている中で、越境して周辺諸国で反中国政府活動を展開することはほぼ不可能となっている。つまりウイグル自治区と周辺諸国で反政府運動を展開する国際的な環境が整っていない。

第四に、内戦を起こした場合、一方的に圧倒的な政府軍が存在する状況にある。内戦は軍隊による国家間戦争とは異なり、対立集団が一定レベルの軍事訓練を行ったとしても、一般的には民兵化またはゲリラ化して戦うケースが多い。中共は世界最大の正規軍隊である人民解放軍を持ち、優れた軍事設備や弾薬、交通手段などを有するだけではなく、巨大なＡＩ化されたドローン、無人機などハイテクノロジーが導入されている。このように、素人の部隊とプロの正規軍隊の戦闘は自らの部隊の犠牲が多大であり、通常は一方的な結果に終わる。

第五に、国際的支持を得るのが難しい。国連憲章は加盟各国に向かって人権を称揚するように求めながら、他方では他国に対する武力行使を禁じるとともに内政干渉も禁じている。[一二] 平和主義と領土保全原則に立つ現代国際法から成り立った社会では武力闘争を支持するのは一般的に難しい。先に述べたように、政府側としては反政府勢力をテロとして片付けたいので、国際社会の支持はテロに関与したと批判されかねず、多くの国は関与を躊躇しがちである。

武力闘争は成功を約束するものではないだけではなく、仮に武力闘争が成功を収めた場合も危険性が残る。武装勢力は内戦の勝利後、軍事力を集中し、社会組織や機関を弱体化したり解体したりすることによって、前政権よりももっと独裁的になることがしばしばある。(一一三) ハンチントンは「中庸と妥協によって樹立された政府は中庸と妥協によって支配されるが、暴力によって樹立された政府は暴力によって支配される」と指摘する。(一一四) かつてパルチザンを組織し、暴力革命を通じて「新中国」を樹立し、そして政権を掌握してから国民党より独裁度の高い政権を作った中共もその典型的な一例である。独裁体制に敵意を持つウイグル人は、武力闘争を選んだ場合、自ら新たに独裁政権を作ってしまう可能性は十分にある。現在の国内外における状況、将来に導かれる方向を考えると、ウイグル人が武力闘争を選んだ場合、不利な状況に陥るのは明らかである。合理的に考えれば、中共の強みである武力手段ではなく、中共の弱みや別の手段を探さなければならないのである。

〈非暴力闘争〉

ウイグル問題の解決がみえない、ウイグル人に対する不正義と不公正が止まらない状況の中で、ここまで論じてきた対応策では限界があるとわかる。ウイグル問題の解決に向けてどう取り組めばよいのだろうか。ウイグル人の民族運動の目的がウイグル人の幸福及び権利の回復だとすれば、武力闘争も非暴力抵抗も手段であって目的ではない。その目標を達成するための、最も有効な方法を考えるべきである。

現在、ウイグル人の反政府勢力は弱体であり、武力闘争は中共の側に有利である。巨大な中共と戦うなら、中共の強みである武力ではなく、非暴力による手段が妥当であろう。これまで論じてきた解決方法を消去法で考えてもそれしか残されていない。将来もウイグル人が希望を失わず、非暴力闘争を展開し、国内外でウイグル人の苦境を訴えつつ抵抗組織・運動を強化し、ウイグル問題の真の解決に向かって前進するしか方法がないだろう。

武力闘争は戦うために膨大な人的、物的、経済的資源が必要だが、その調達は容易ではない。軍事力や調達できる資源、そして国内外の状況において、中共が遥かに優位であるから、一般的には一方的な結果になる。現実的には地道な非暴力手段しかないだろう。

ジーン・シャープによると、独裁政権にも弱みとなるアキレス腱があり、そこを洗い出して集中的に攻撃すれば、非暴力手段によっても独裁政権の打倒は可能になる。(一一五)

暴力とは「他者を意図的に傷つける行為」と定義できるが、非暴力とは「暴力を用いずに共同の問題の解決をなそうとする信念・行動・態度」と定義することができよう。(一一六)非暴力主義者としては、米国の文学者ヘンリー・ソローやインドのマハトマ・ガンジー、アメリカのマーティン・ルーサー・キング牧師らが有名である。

十九世紀半ば、ソローは黒人奴隷とメキシコ戦争に反対し、「市民的不服従」運動をした。彼の思想はガンジーの独立運動やキング牧師の公民権運動などに思想的影響を与えたとされる。二十世紀前半、ガンジーはイギリスの植民地支配やさまざまな不正義に対し、非暴力の形で抵抗活動を行い、結局インドの独立を成し遂げた。一連の非暴力抵抗運動の中で一九三〇年の塩の専売に抗議する「塩の大行進」が有名である。植民地政府は行進者に対するすさまじい暴力を行い、ある地方では装甲車が人々に対し機銃掃射して七十人が死亡、約百人が負傷し、全インドで六万から十万人の人々が投獄された。(一一七)イギリス国民はインド国民を暴力で服従させていた植民地支配の事実に気づくことになり、英国国内からも批判の声があがった。ガンジーは「塩の大行進」、「断食」行などによって非暴力運動を展開し、インドで独立の気運が高まり、一九四七年に独立を成し遂げた。しかし、翌年一月、急進的なヒンズー教徒によって暗殺された。ガンジーは非暴力で暴力と対抗し、勝利を収め得ることを証明した人物といわれる。（一一八）

十九世紀、アメリカ南北戦争により奴隷制が廃止され、黒人奴隷としてアメリカに連れてこられたアフリカ系の人たちは解放されたはずだったが、南部諸州では学校、病院、交通機関、宿泊施設、レストラン、公園などあらゆる公共施設における人種差別と隔離が法制化された。アメリカの黒人は長年闘争することを余儀なくされ、二十世紀半ば、公民権運動がピークに達した。この運動を指導したキング牧師は黒人の政治的諸権利や経済的、社会的諸権利の平等を求め、一九六四年に公民権法が制定された。同年キング牧師はノーベル平和賞を受賞したが、一九六八年、全国遊説の途中、白人主義急進派に暗殺された。

ハーバード大学の政治学者のジーン・シャープも非暴力闘争に大きく貢献した人物である。シャープは徴兵拒否で収監の経験があり、著書『独裁体制から民主体制へ』で「非暴力行動の百九十八の具体的方法」を提示した。（一一九）二十世紀末の東南アジアでの民主化、二〇〇〇年のセルビアでの民主化運動、「アラブの春」のひとつである二〇一一年のエジプトでの反政府デモは、いずれも同書に影響を受けた市民が率いた非暴力運動だとされる。

音楽の世界ではボブ・ディラン、ジョン・バエズ、ジョン・レノン、マイケル・ジャクソンなど、歌を通じて「反戦」「平和」を訴えたミュージシャンがいる。彼らの歌やコンサートは世界中の人たちの心を動かし、「平和」や非暴力の行動を導いた。

不正義に耐えるか、正義に変えるか。非暴力は無抵抗で不正義に耐えることを選択した臆病者、意気地なしなど悪くイメージされがちであるが、実際は正反対で、暴力よりも強い意識・行動が求められる。非暴力行動は法律や政府ないし支配的権力者による命令に従わない意識と行動を、非暴力的手段を通じて実現するのである。武力行使の場合と同様、勇気、忠誠、規律などが求められ、訓練と戦術は必要であり、犠牲者も回避できない。ガンジーは、暴力は「弱者の武器」であり非暴力は「強者の武器」とし、相手を赦すことには大きな勇気が要り、精神的にも強者でなければならないと指摘する。（一二〇）

非暴力抵抗には本質的な利点がある。第一に、非暴力抵抗は暴力の悪循環に陥らない。暴力は新たな暴力を触発し、際限がない。ウイグル人が中共に対して暴力抵抗した場合、中共に更なる抑圧の口実を与えてしまう。九・一一以後、ウイグル人をテロリストとして弾圧したこともその証である。第二に、非暴力抵抗は問題の根源を焦点化しやすい。暴力の繰り返しの中では問題の焦点が復讐に移り、問題解決の本質からそれやすい。自民族の権利と幸福の回復が本来の目的であるにもかかわらず、武力闘争によれば暴力のサイクルに陥り、本来の目的から逸脱して報復に傾斜してしまうのである。

一九三〇年代のインドにおけるガンジーの独立闘争、一九六〇年代の黒人差別撤廃運動、一九七〇～一九八〇年代のフィリピン人のマルコス政権に対する抗議行動、二〇一〇年のチュニジアにおけるジャスミン革命。これらは非暴力抵抗による成功例である。一九四〇年代前半、ナチス占領期のデンマーク、ノルウェー、オランダの市民たちの非暴力抵抗も有効に機能したといわれる。（一二一）

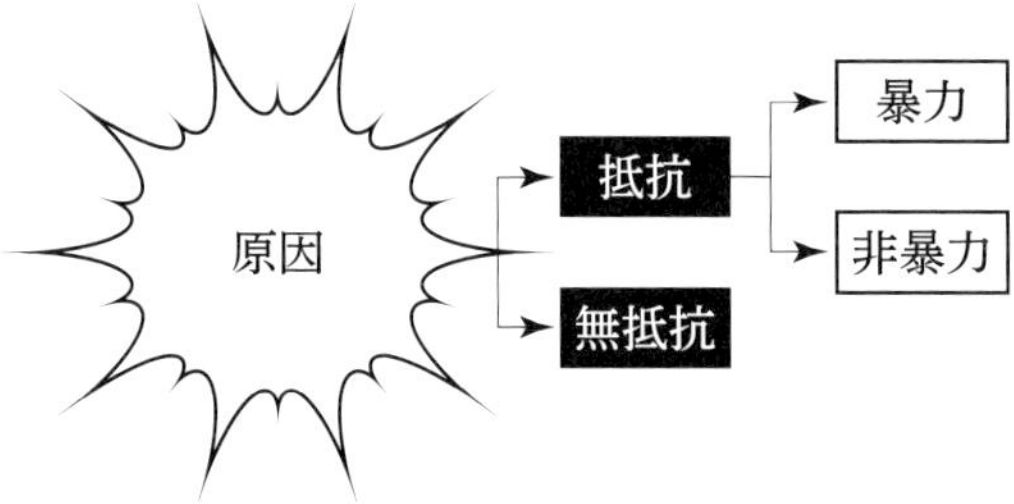

表-4　非暴力抵抗の流れ
出典：ジーン・シャープ（瀧口範子訳）『独裁体制から民主体制へ――権力に対抗するための教科書』（筑摩書房、2012年、60～65頁）を元に筆者が作成

〈非暴力の限界〉

しかし非暴力抵抗も限界があり、特に中国における非暴力闘争の難しさは想定できる。

毛沢東は「革命とは、客を招いてごちそうすることでもなければ、文章を練ったり、絵を描いたり、刺繡をしたりすることでもない。そんなお上品でおっとりとした雅やかなものではない。革命とは暴力である。一つの階級が他の階級をうち倒す、激烈な行動なのである」と述べ、「政権は銃口から生まれる」との教訓を残した。[一二二] 現在、中共指導部も同様に軍や警察など国家暴力機関に力を入れ、政権を揺るがすあらゆる行為に対して暴力で鎮圧してきた。つまり毛沢東の時代から現代まで、中共の指導部は暴力機関こそ党の力の源と重視してきた。

一九五九年、チベット人蜂起をきっかけにチベット仏教の最高指導者ダライ・ラマ十四世がインドに逃れて亡命政府を樹立し、非暴力手段によってチベット人の「高度な自治」を求めてきた。亡命チベット人の中には暴力的、急進的なチベット青年会議派もあるものの、ダライ・ラマは「自分は非暴力を主張している。また中国からの独立分離を求めていない。求めているのは六百万チベット人の高度な精神的自治だ」と再三に述べている。[一二三] ダライ・ラマの非暴力の主張は世界中で認められ、一九八九年にノーベル平和賞を受賞した。チベット自治区では二〇〇九年二月以来、少なくとも百五十名以上のチベット人が人権と自由を求めて焼身自殺による抗議を行った。しかし、中国政府はダライ・ラマと亡命政府を「分離主義」だとして批判し、チベット自治区をインドに対する「最前線」と明確に位置づけ、二〇一六年の同自治区の治安対策予算を二〇〇七年の五倍以上に急増し、締め付けを強化している。[一二四]

ウイグル人の穏健派として知られる中央民族大学の経済学者のイリハム・トフティは、ウイグル自治区での民族政策の不公平、漢族とウイグル人の融和などを主張し、暴力に断固として反対している。(一二五)しかし二〇一四年に「国家分裂罪」で無期懲役となった。二〇二〇年にはノーベル平和賞の五人の候補者の中に選ばれたが、現在まだ服役中である。

中国では漢族の非暴力活動も厳しく弾圧されてきた。一九八九年六月、民主化を求める学生が人民解放軍によって暴力で鎮圧された天安門事件があるが、十年後の一九九九年四月、法輪功メンバーが中国共産党や政府機関が集中する北京の中南海を取り囲んで座り込む事件が起きた。同年七月、中共は法輪功をオウム真理教と同列の「邪教」「カルト集団」と強引に決めつけ、凄まじい弾圧を加えた。(一二六)

二〇〇八年、人権活動家・劉暁波などが一党支配の見直しを求める「〇八憲章」を発表した。後に劉は逮捕され、二〇一〇年に国家政権転覆扇動罪で懲役十一年と政治権利剝奪が言い渡された。同年、彼はノーベル平和賞を受賞したが、釈放に近づいた二〇一七年、獄中で亡くなった。

近年、全国の人権派弁護士や憲法で保障された権利を求める「新公民運動」の参加者は弾圧にさらされ、ウイグル自治区では自分の伝統や信仰を守りたい人々も強制収容の対象となり、強圧的な弾圧を受けている。

非暴力主義も限界がある。ガンジーやキング牧師の運動は成功したが、彼らが抵抗したイギリス政府もアメリカ政府も、いずれも民主主義体制であり、一定の人権を保障する理解と仕組みがある。そして教育の自由と平等が保障されている。ガンジーとキング牧師はイギリスとアメリカで知識を学び反政府運動に携わったわけである。またインド社会のヒンズー教やアメリカ社会のキリスト教は「神への畏敬」「生命への畏敬」という非暴力の宗教的基盤がある。他方、ナチズムやファシズム体制下では、非暴力抵抗運動がどれほど効果的だったか疑問が生じるだろう。

現在の中国では人権の保障、民主主義の教育、宗教的基盤のいずれも欠けているため、非暴力抵抗の実効性は限界がある。非暴力によっても、中共に逆らう者あるいは不服従者には弾圧が待っている。特にウイグル人の場合、命も保障されない状況である。こう考えると、ウイグル自治区では中共に対する最低限の非暴力抵抗、不服従運動も困難である。

第三節　平和的な解決方法を探る

非暴力抵抗運動には限界があり、中国において展開することはさらに困難を伴うものであることがわかる。では、難局に直面するウイグル人は「目には目を、歯には歯を」の暴力の報復主義を採るべきなのか、それとも見通しが乏しくても非暴力主義を堅持すべきなのであろうか。

世界銀行は二〇一一年の『紛争、安全保障と開発』と題した報告書で「国家統治制度が十分に市民を保護しない、腐敗を警戒していない、あるいは司法へのアクセスを提供していない場合、また、市場が雇用機会を提供していない場合、あるいはコミュニティが社会的な連帯を失った場合に、暴力的な紛争の可能性が高まる」と指摘した。[一一七] 比較宗教研究を通じて非暴力コミュニケーション（Nonviolent Communication）を提唱した心理学者のマーシャル・B・ローゼンバーグは「人を分類し裁くことは、暴力の助長につながる」と指摘する。[一一八] つまり不平等と差別は民族問題を紛争状態に押し進めるものだとしている。

ウイグル人のコミュニティが破壊され、「テロリスト」のレッテルを貼られて弾圧される中で、ウイグル人の中共への不満や怨恨は増幅する。また、ウイグル人の中でも非暴力運動の重要な意義を十分に認識していない人もいる。現在の力関係では、中共がウイグル人を従属させることはできるが、何らかの要因で中共の支配が弱まった場合、今の状態がすぐに崩れることが考えられる。その時、ウイグル人は「自由は戦いとるべきものである、賜るものではない」とし、その機に乗じて暴力闘争を展開するかもしれない。つまり中共がウイグル人に対する抑圧を改善しない限り、ウイグル人の民族運動は非暴力から暴力に転化する可能性が十分にある。

しかし暴力を通じて自由は得られるのか。一九六〇年代から一九九六年まで続いたグアテマラ内戦では、マルクス・レーニン主義を樹立しようとする反政府派と権威主義政府を守ろうとする保安部隊が無差別な暴力を行使した結果、約二十万人が死亡したと推定される。[二二九] 一九七九年から一九八九年までのニカラグア内戦では二万三千人が殺されたと推定されている。[二三〇] 二〇一一年に中東に広がった民主化運動「アラブの春」をきっかけに始まったシリア内戦やリビア内戦はまだ収束がみえない。シリアでは難民、国内避難民はそれぞれ六百万人を超え、「今世紀最悪の人道危機」とも呼ばれる。[二三一] これらの内戦で暴力の報復が繰り返され、武装闘争も和平も、行き詰まっている。その一方、かつて暴力的な報復によって大きな人道危機があったイスラエルやパレスチナ自治政府、ナイジェリア、ルワンダ、シエラレオネなどの地域で、今は非暴力対話によって和解のプロセスが進められている。[二三二]

シャープは、軍事的手段とは対照的に、非暴力闘争は重要な問題を直接訴えることができ、「独裁者やそこに連なる者がどんなに挑発し、残忍な行為に出ても、保持されなければならず」、非暴力は独裁者を打倒するための鍵であると指摘している。[二三三] ハンチントンによると、暴力の使用は常に急進的反対派と穏健的反対派の間の主要な焦点であり、暴力の使用に反対する、責任のある穏健派勢力が民主化の推進、移行、交渉などのプロセスにおいて成功に導くポイントであるとされる。[二三四] つまりウイグル人反政府抵抗運動においても穏健派が急進派より強い場合にこそ成功に導く展望があるといえるだろう。ここがウイグル人の反政府抵抗運動において留意すべき要諦といえる。

中共はウイグル人による全ての反政府運動を「テロ」と非難してきたが、実際はウイグル人の反政府運動は非暴力が主流であった。例えば、天安門事件当時、ウルケシは「我々の運動は平和主義、非暴力主義が原点だ」（一三六）と主張したことがあり、（一三五）現在も世界ウイグル会議を含む多くのウイグル人組織は非暴力を主張している。

道徳的、論理的に正しいものだから徹底して非暴力を追求するという「原理的非暴力」がある。（一三七）しかし注目したいのは「戦略的非暴力」である。すなわち非暴力を用いて戦う方が犠牲を少なくできるなど、暴力よりも闘争手段として有効だから非暴力を使用し、その上で非暴力の有効性を高める戦略・戦術を構築していく立場である。（一三八）この概念はしばしば原理的非暴力と対比されるが、双方は反対の概念ではなく、補い合う概念だといえよう。（一三九）シャープは以下のように複雑で戦略的な戦い方を説明する。（一四〇）

……暴力的な闘争の手段や結果がどんなものなのか、よく知られているところだ。物理的な武器は相手を威嚇し、傷つけ、殺し、破壊するために用いられる。

一方、非暴力闘争は暴力よりももっと複雑で多様な闘いである。暴力の代わりに、心理的、社会的、経済的、政治的な武器で闘い、民衆や社会機関が参加する。これは、抗議行動、ストライキ、非服従（ママ）、ボイコット、離反、民衆パワーなど、さまざまな名前で知られているものだ。

一般的に、暴力的手段はすぐに効果を発揮し、非暴力的手段は長い時間がかかるという先入観がある。しかしシャープは、根本的な状況や社会を変えるには時間がかかるが、「独裁者に対して非暴力闘争を用いた場合、現実の戦いは比較的迅速に起こる」と指摘している。（一四一）例えば、一九八〇年代のポーランド、東ドイツ、チェコスロバキア、フィリピンのマルコス独裁政権、一九九〇年代のソ連、ユーゴスラビア、二〇〇〇年代の「アラブの春」におけるチュニジアやエジプト、リビアなど、いずれも独裁政権は数週間及び数か月間のうちに弱体化し、民衆の目の前で倒れたのである。

　非暴力は相手の心に良心が有ると信じ、対話によって問題を解決するのである。仏教では「すべての人に仏の心がある」と言い、キリスト教では「神からのものが全ての人々の中にある」と言う。（一四二）イスラム教の聖書クルアーンは「アッラーがあなたに対して至善をなし給うたように、貴方も（人々に）最善を尽くして、この地で害悪を求めるな。誠に、アッラーは害悪をなす者を愛し給わない」と主張する（第二十八章、物語章七十七）。

　明時代の思想書『菜根譚』は、「欺詐の人に遇はば、誠心をもってこれを感動し、暴戻《ぼうれい》の人に遇わば、和気をもってこれを薫蒸す」と述べている。（一四三）わかりやすくいうと、人を欺いたり、偽るような人間に会ったならば、ひたすら真心をもってこれに接し、こちらの誠意によって相手を変えていき、非道な暴力を用いる人に会ったならば、暴力で対抗するのではなく、真摯に全身全霊で相手を理解しようという和解の気持ちをもってこれに対する。（一四四）つまり暴力に対して暴力で立ち向かうのではなく、相手がこちらを傷つけようとすればするほど、誠心誠意をもって接し、その暴力を抑えてしまおうとする考えである。

　漢族はウイグル人と同様、過去に異民族に統治され、民族存亡の危機に陥った経験があり、互いの苦しみはわからないはずがない。十三世紀のイランの有名な詩人サーディーは「人間というのは同じ土塊から創られたのであるから、皆が同胞である。もし他人の痛みに心が動かないようであれば、その人は人間の名に値しない」

という詩を残した。(一四五) 相手の人間性に敬意をはらうことから、少しずつ相手も心を開き、問題の平和的な解決の糸口がみえてくるのではないか。

ウイグル人の非暴力抵抗が続く場合、中共が非暴力抗議者を暴力で攻撃すると、政府の道徳的な正統性が崩れる。それによって中共や政府に対する非難が一層強くなり、暴力をふるいにくくなるだろう。また中共の内部は一枚岩とは限らないので、内部分裂を起こす可能性もあり、第三者を味方につけることが可能になるかもしれない。

中国の伝統的な政治道徳を規律する「儒教の三綱説」では、臣は君に忠誠、子は父に孝行、妻は夫に貞節という関係がある。言い換えれば、儒教には独立自主の人格を否定し、支配者に従属する奴隷の道徳がある。現在、大多数の「中国人」は中共の抑圧を受けても、「官が死ねといえば民は死なざるを得ない。一人の人民の死は、一匹のアリの死と同じだ」という意識を持っている。(一四六) しかし明代の政治家・劉基（一三一一～一三七五年）はそれとは違う説を主張している。彼は『郁離子』の中で次の寓話を記している。(一四七)

楚の国に猿を飼って生計を立てている者がいた。楚の人は彼を猿使いと呼んだ。朝になると多くの猿たちを庭で部ごとに分け（ママ）、老猿に率いらせて山に入れ、草木の実を探させ、十個に一個を与えて自分に奉仕させていた。探してこない猿があると、鞭打った。群れの猿たちは皆畏れ、困っていたが、言いつけを守らないということは決して無かった。

ある日、小猿が多くの猿たちに聞いた。「山の木は、実は猿使いが植えたものか？」と。

「いや、天が与えたものだ」と。

「猿使いでなければ取ることができないものか」と。

「いや、皆取ることができる」と。

「それなら、我々は何故彼の所にいて、彼のために働いているのか」と。

言葉がまだ終わらないうちに、多くの猿たちは皆気づいた。その日の夕方、猿使いの寝ている隙を互いに伺い、柵を破り、檻を壊し、猿使いの蓄えを取り、皆で手を取り合って林の中に入り、二度と帰ることは無かった。猿使いはとうとう飢え死にしてしまった。

郁離子は言う、「世の中には小手先の術を使って民を使うばかりで、道に合うかどうか考えていない者がいる。猿使いみたいな者であって、疎くてまだ気づかれていないだけだ。一旦それに気づかれてしまえば、その術は行き詰まる」と。

国民国家の政治的論理は、国家主権の不可侵性を強調すると同時に、他方では国民主権の政治的正統性を重要な内容とする。(二四八) しかし中国では、十四億人の「中国人」は事実上選挙と無縁であり、基本的に中共のエリートの互選によって選ばれた二千五百人ほどの党員によって支配されている。つまり国民主権の政治的正統性が欠けている。
政府 for 国民か、それとも国民 for 政府か。民主主義の国では政府は国民の安全と幸福のために存在し、逆に国民は政府のために存在するのではない。言い換えれば、政府は国民の安全と幸福を守るための道具に過ぎない。しかし中国では諸民族の幸福や尊厳よりも共産党の支配が最優先され、国民 for 政府という関係になっている。こうした中では、民主主義の諸制度を導入し、政府の暴走を防止し、人権を擁護し、身分差や階級差を解消し、民族が和解する状況は実現できない。
山積みの問題がありながらも、大多数の「中国人」は「猿使い」の物語で描かれたように、中共の独裁政治に対し無関心、無意識になっている。いつか民衆がその不当性に気付き、反感を抱いた時に、中共に対し非協力的になるのではないか。その時、中共の政権の基礎は大きく揺らぎ、「猿使い」と同様に民衆の目の前で倒れてもおかしくないだろう。

一九四九年に政権を樹立してから中共は七十三年間統治してきた。他の国の長期政権の例をみると、メキシコの制度的革命党（PRI）は七十一年（一九二九～二〇〇〇年）、旧ソ連は七十四年（一九一七～一九九一年）、中国及び台湾の国民党は七十三年（大陸で一九二七～一九四九年、台湾で一九四九～二〇〇〇年）で寿命が尽きている。北朝鮮の金一族独裁体制はこれまで七十二年間続いている（一九四八年～）。現在中共と肩を並べる長期体制はこれだけである。

一党体制が七十年または八十年後に崩壊するという「鉄則」はないが、スタンフォード大学の学者ラリー・ダイアモンドは、中共崩壊のリスクが高まっており、いわゆる「七十年のかゆみ」に近づき、中共の一党支配が長期的に持続可能であるとは信じていないと述べた。[一四九] 民主主義と異なる共産主義のイデオロギーを強調する中共は、アメリカなど民主主義の国々と対立しつつあり、恐怖に基づく強権的支配を行っても、軍事力、経済力、技術力で上回るアメリカに対して勝ち目はないだろう。永遠に施政する政党はない。中共も例外なく崩壊するのは確かであろう。

現在、中共は統治を揺るがす民族問題を認めておらず、ウイグル人を「テロリスト」として弾圧しているが、マーシャル・B・ローゼンバーグは相手にレッテルを貼って暴力を使う背景には「恐れの感情が隠れている」

と指摘する。[一五〇]中共がジェノサイドに該当する政策を用いてウイグル人を弾圧することから、その恐怖の大きさがわかるだろう。世界中の例とかつての中共の強硬策の歴史をみても、現在の中共による力の政策は遅かれ早かれ行き詰まるはずである。中共の独裁政権が崩壊し、中国が民主化した場合、民族問題の存在を認めない中共という壁がなくなり、ウイグル問題の解決も大きく前進するだろう。その機会の到来まで、非暴力抵抗による地道でしぶとい姿勢、運動が重要である。

民族紛争を比較研究するガーは、民族紛争を予防・穏健化する政治手法として三つの条件を提起している。[一五一]すなわち、①人権保障制度の導入、②民主主義制度の定着、③対話と相互調停による「自決」の議論の推進である。人権保障や民主主義的な諸制度の導入と運用に成功すれば、身分差や階級差、種族差からの緊張や反抗、紛争勃発の可能性を最小化することができる。[一五二]「少数民族」の集団的権利、政治的権利が擁護されると、対話と和解のプロセスが再開できる。しかし、これらはいずれも従来の帝国や封建制国家、共産主義国家のシステム下では充分にできず、現在の中共の施政下でも困難とみられる。

こうした三条件が満たされる時、ウイグル民族運動勢力には指導的役割を果たせる組織、人物が求められる。しかし現在ウイグル民族運動を行っている勢力の中で、ダライ・ラマのようなカリスマ性を持つ指導者は不在だし、チベット亡命政府のような機能する中心的組織もないのである。したがって、現在のウイグル人は、粘り強く非暴力抵抗運動を継続し、反体制組織の統一を作り上げ、中共が動揺、崩壊する時の混乱に備えるのが取るべき方策であると考える。その時、ウイグル人と漢族が互いのニーズを理解し、敬意と誠意を払ってウイグル人の状況の改善、ウイグル問題の解決を図ることができるだろう。

おわりに

私は一九七七年（昭和五十二年）、ウルムチで生まれた。父と母は、ウルムチ市の近郊で農業を営んで子供を育てていた。私の故郷で中国共産党の準軍事的組織である「新疆生産建設兵団」（略して「兵団」）が各地で拡大し、二〇〇〇年ごろ、私達の町も正式に「兵団」に併合され、現在は兵団の管轄下の一つの国営農場となっている。両親とも本農場の職員として定年退職していたが、二〇〇四年に父が亡くなり、母と兄、そして姉などの親族は今もウルムチで暮らしている。

本書の第二章でふれているが、この兵団は「新疆ウイグル自治区」が設立される一年前の一九五四年に設けられ、同地の最大の漢民族集団である。兵団のメンバーは中国の内陸部から移住してきた漢民族が中心だが、兵団に吸収された旧東トルキスタン共和国の民族軍や、私たちのように、自分が暮らしている地域が兵団に併合され、兵団の管轄下になったウイグル人も極少数いる。

私は学業を終えた後、現地の国営鉄道会社に勤めていた。最初のうち、私は中国政府のプロパガンダを多少信じていて、ウイグル人も努力すれば中国共産党の支配下でも成功できるし、中国人とも理解しあえるのではないかと考えていた。二〇〇六年、中国共産党に入党することになり、その後、会社の副課長として勤めていた。しかし、平穏な生活が一変したのは三年後のウルムチ事件だった。

周知のように、ウルムチ事件とは、二〇〇九年六月二十六日に広東省の玩具工場で、ウイグル人労働者が中国人の襲撃を受けて殺された映像がネットを通じて伝えられたことが原因であり、七月五日にウルムチで、事件の真相究明と、犯人への正当な裁きを要求するデモが起きた。私もその現場にいたため、ウイグル人が置かれている冷酷な現実を体験した。本デモの主体は学生で、皆、何の武器も持たず、平和的なデモ行進をしていた。治安維持する警察官もそこにいたが、最初は暴力も衝突も何もなかった。

私はもともとデモ参加者ではなく、たまたまその現場に居合わせただけだったので、三十分ほどで現場を離れたが、その後、友人から、警察がデモ隊に発砲している、という連絡が入った。その後から、私達の携帯が全くつながらなくなり（政府が通信を遮断）、ウイグル人が次々に逮捕されていた。私はその時、ウイグル人は、平和的に正当な要求をしているだけなのに、なぜ、こんな目に遭わなければいけないのかと、憤りを覚えた。このことをきっかけに中国共産党への信頼感は徹底的に打ち砕かれてしまった。そして絶望的な気分になった。

中国政府は表で「民族団結」を強調し、諸民族の友好関係を損なう言論や行動などを厳しく統制してきたが、この事件後、ウイグルにおける状況は全く変わった。それまで中国人は、心の中では私たちを差別していたかもしれないが、少なくとも表立ってはそんな態度を見せたり、言葉に出したりすることはなかった。しかし、ウルムチ事件の後、中国人は、ウイグル人は未開で野蛮だ、中国政府はもっと厳しく取り締まるべきだ、などと言うようになった。

私は二〇〇〇年頃から鉄道会社に勤めていたので、会社員の特権として、鉄道はどの席でも無料で座れることになっていた。しかし、二〇一四年の国慶節（十月一日）、鉄道でウルムチに帰って来た時、いつものように席に座っていたら、ウルムチ駅に着く直前、警察が入ってきて、乗客の全員をチェックし始めた。そしてウイグル人の全員に、一つの車両に集まるよう命じた。そしてウルムチ駅でも警察が待ち受けていて、ウイグル人全員の身分をチェックし、その後ようやく駅を出ることが許された。

私はその時非常に腹が立ち、「なぜウイグル人だけこんなに厳しく調べるのか」と警察に抗議した。しかし警察は「いや、これはウイグル人を安全に保護するためだ」と答えた。私はもちろん納得できず、長い時間警察とやりあったが、大変な屈辱感を感じた。

日本に来て歴史を勉強していた時、インドの偉大な政治家ガンジーが政治活動を始めるにあたっての最初の決定的な体験が、南アフリカの鉄道でひどい差別を受けたことだったと知った。すなわち、一等車座席に座っていた若き日のガンジーが、インド人は貨物車に移動せよと言われ、拒否すると警官に無理やり引きずりおろされたのである。私はもちろん自分をガンジーに比べるつもりはない。しかし、ウルムチでの体験は忘れられない。ウイグル人の土地にいて、なぜ外から来たよそ者に差別され、侮辱されなければならないのかと思った。

その後、二〇一五年七月、旅行で十日間ほど日本を訪れた。中国では日本、アメリカ、欧州などは資本主義の悪しき国だと教育をされる。日本については、残忍な侵略者、災害が多い国、という悪いイメージが多く宣伝される。しかし、ウイグル人の中で、日本のアニメや映画、またウイグル地域を紹介したＮＨＫの番組「シルクロード」は現地でも人気で、日本製品もとても評判がよい。私が日本に非常に親近感を感じるもう一つの理由は二〇一二年に世界ウイグル会議の総会が日本で開催されたことだ。私は中国の反日教育を受けても、日本に来たことがなくても、日本は何となくいい国に違いないと考えていた。

そして日本の地を訪れて、日本人の優しさと礼儀正しさを実感した。それはウイグルにいた時に想像していた以上のものだった。成田空港に降りて、最初に困ったのは自動販売機の切符の買い方だった。日本語がほとんどできない私が、どうしたらいいか分からなく悩んでいると、隣の販売機の前にいた日本人女性が、手話や身振り手振りを交えて、買い方を親切に指導してくれた。その方は聾唖者だったが、日本人は残忍どころか、とても親切な民族だ、というのが、私の第一印象だった。また、東京都内にあるウイグルレストランを探していた時、道に迷って交番の警察官に尋ねた。警察官は私をそのレストランの手前まで案内してくれた。中国の警察しか知らない私には警察に対するイメージは横暴で怖い人というものでしかなかったが、日本の警察をみて、警察もこんなに優しいものなのかと驚いた。街の清潔さ、人々の礼儀正しさ、自然の美しさなどに魅せられて、私は日本への留学を決意した。

日本に来る前には、結婚して安定した何不自由ない生活をしていたが、社会的、政治的なプレッシャーはいつも感じていた。当時既にウイグル人に対する人権侵害や差別は日常茶飯のように見られるようになった。つまり人権侵害された人々は自分の権利を守ってもらう公正な法律もなく、様々な不正や理不尽なことを目の当たりにしても何も言えない状況ができていた。小さい頃から人間は正義の側に立つべきと教えられてきた私だが、いつか自分も標的になってしまうことを予想していた。恐怖と不安を感じながら、早めにウイグルを脱出することを考えていた。なぜならば、ウイグルでの不正義を見た私はその実態を暴露し、この地獄のような現実を世界に知らせる使命があると感じたからだ。

二〇一六年三月、やっと日本に上陸するビザをもらい、翌月、家族や妻と決別し、ウイグルでの全てを捨てて来日した。最初、東京の日本語学校に入り、その後、徳島大学の大学院で、政治の勉強をすることを選んだ。本書は徳島大学大学院で書いた修士論文をベースにしたものである。

本書ではウイグル人および民族自決を主題として、中国におけるウイグル人の歴史、現状、将来について、歴史学、国際関係学、政治学、国際法学などの分野から学際的、多角的に考察した。ウイグル自治区における諸問題、民族自決権の国際法上の位置づけ、そしてウイグル問題の今後について検討した。

第一章「ウイグル略史」では、ウイグル人と中国政府の間に存在する歴史認識の問題を検討した。ウイグル人の先祖は、紀元前三世紀頃の東アジアにおける匈奴という古い民族に遡ることができ、後に突厥汗国やウイグル汗国など強力な国家を樹立し、歴史上、漢民族の農耕文明と対等な遊牧文明をつくった。十三世紀、ウイグル人はモンゴル人と同盟関係を結び、モンゴル帝国の世界制覇にも貢献した。

第二章「中国の民族政策」では、中華民国及び中華人民共和国の民族政策の変遷に注目した。二十世紀初め、「駆除韃虜、恢復中華」のスローガンを掲げて清朝の支配を非難した孫文は、「西欧発祥の近代的国民国家体制」を目指していたはずだが、革命が成功するや否やそれを捨てて、異民族であるモンゴル人やウイグル人、チベット人らの地域を併呑する帝国主義国家志向に変わった。民族政策についても「大漢民族主義」を掲げ、諸民族を「中華民族」に同化することを強調した。蔣介石も孫文を継承し、漢族を「国族」として他の諸民族を漢族に同化する方針であった。毛沢東は、当初、各民族の離脱権を前提にした民族自決権を認め、連邦制国家の建設を志向したが、政権を掌握する前後、民族自決権や連邦制を否定して諸民族の文化的自治権しか認めない民族自治制度を採用した。このように中国の指導者らのいずれも「近代国民国家」を目指していたはずだが、政権を掌握するとその理念を捨てて漢族中心の「中華大一統としての多民族統一国家」の樹立を図り、諸民族に対して同化主義を打ち出したのである。これが現在の中国における民族問題の淵源の一つである。

第三章「ウイグル自治区における諸問題」では、ウイグル自治区で近年発生している深刻かつ重大な問題を列挙した。中国では民族区域自治制度が設けられているものの、事実上は北京の一元的な支配下に置かれている。自治区のトップは北京に配慮する漢族が任命され、政策においてもウイグル人の意識が無視されるという問題が生じている。ウイグル自治区における諸問題の中で人権侵害、同化、搾取、経済格差が顕著である。

ウイグル自治区における人権状況は深刻である。アメリカ、イギリス、人権ＮＧＯ団体などの報告書でウイグル人が受けている人権侵害が頻繁に指摘されている。特に近年はウイグル人などのテュルク系諸民族が強制収容されている実態が国際社会に注目されている。

二〇一七年からウイグル自治区では「再教育キャンプ」と呼ばれる強制収容所が作られ、ウイグル人は第二次大戦中にユダヤ人が経験した絶滅強制収容所と同等の人道危機に瀕している。ウイグル自治区で教育界、文学界、スポーツ・芸能界、経済界、宗教界の有名人は「過激化」を理由に捕まえられ、洗脳教育や強制労働を強いられている。各国政府やＮＧＯ団体の報告書によると、ウイグルにおいて一千か所にのぼる強制収容施設で百万人以上のウイグル人やカザフ人などテュルク系の民族が収容され、そこで洗脳、拷問、レイプなど非人道的行為が繰り返されているという。

同化政策では、中国の憲法や民族区域自治法で各「少数民族」は自民族の言語で教育を受ける権利があると定められているにもかかわらず、ウイグル自治区ではウイグル語は教育の場から追放されている。そして中国政府は積極的に漢族の移民をウイグル自治区に移住させ、ウイグル自治区における漢族の人口の割合は急増している。現在ではウイグル自治区における漢族の人口は一千万人におよび、ウイグル人を上回る規模となっている。ウイグル人は社会や経済など様々な面で差別を受け、ウイグル人社会の後退と中国化、漢族化が進んでいる。経済においては漢族主導の構図ができており、ウイグル人に対する搾取や差別が顕著になっている。

第四章「民族自決の法的概念」では、民族自決の権利を法的に考察した。民族自決の理念は十八世紀の啓蒙期自然法学者ルソーや国際法学者バッテルに起源を持ち、アメリカ独立革命やフランス革命で理念として確立し、第一次及び第二次世界大戦を経て、国際法上の基本的な権利として存在している。しかしベルサイユ体制やヤルタ体制ではヨーロッパ諸民族の民族自決権は議論されたものの、アジアやアフリカの諸民族の自決権は無視された。つまり民族自決の適用範囲はヨーロッパに限定されていた。国連成立後、アジア・アフリカの諸民族は民族自決権を求めて次々と国民国家を樹立し、国連加盟国も増加した。国連は民族自決権を確認し、人権の擁護に取りくんできたが、一九六〇年代以後は、植民地解放がほぼ完成したとみられ、マイノリティの権利が重視されるようになった。主権国家体制では内政不干渉や領土保全の原則も定められている。つまり国連加盟国の国内で起きた民族問題に対して諸外国の干渉は不可とされる。とはいえ、国際社会では近年、ボスニアやルワンダ大虐殺の反省から人命の保護を第一と考える「保護する責任」の概念も注目されている。

第五章「少数民族を弾圧する根源」では、そもそも中国政府がなぜ「少数民族」を弾圧するのか、その根源の要因を考えた。一つは漢族の「中華大一統（統一）」の観念である。中国は長い歴史の中で、常に周辺の「夷狄」に侵略され、近代になってからも列強の「夷狄」に攻められ、何度も「亡国滅種」の国難にさらされた。この経験から漢民族の中で国の統一を守るという意識が強くなり、現在の中国政府が「少数民族」を弾圧している理由にも漢民族のそうした保守的観念が働いていると考えられる。もう一点は地政学上の思惑である。中国の「少数民族」は国境線が貫く辺境地帯に位置しており、かつ豊富な資源を有している。つまり地政学上「少数民族」の地域は国防の要衝、経済の基盤であるため、諸民族に対する管理を強化するのであろう。

最後に第六章では「対応策と今後」について考察した。ウイグル人の現状を改善し、権利を回復するために、ウイグル問題を国際社会、漢人社会、中共自身に幅広く訴える必要性があると考えた。理想としては、国内外においてウイグル人の惨状を知ってもらって、中共に対する非難や制裁などによってウイグル人の状況の改善を期待したい。こうした方策をとっても効果が期待できない場合は、方法論としてウイグル人は自ら同化に応じること、また何もせず政治変化を待つという消極策がある。その一方、自ら積極的にウイグル運動を推進し、武装闘争や非暴力闘争を採用する方法も考えられる。消極策によるウイグル問題の解決はほとんど不可能であるが、積極策を取った場合も楽観視できない。武装闘争は賢明ではなく、テロリスト扱いされる可能性が高い。仮に成功したとしても、独裁的な政権になる危険性が残る。一方で非暴力闘争にも限界があり、また時間もかかる。こうした困難な状況の中で、現実的に考えると、見通しが薄いとしても地道に非暴力闘争を堅持し、ウイグル運動を推進する勢力を育てていくしか方法がないと考えた。

一九四九年、中共はウイグル人を「解放」したとして東トルキスタンを併呑したが、中国に飲み込まれたウイグル人の歴史は歪曲され、文化は否定され、約束された自治権も有名無実化した。習近平政権の発足に伴い、ウイグル人に対する締め付けはさらに強化され、ウイグル人の文化やアイデンティティはもちろん、自身の生存も危うくなっている。筆者自身も二〇一六年まで、ウイグル人出身の中国共産党員として国営鉄道会社で働いていたが、日々強まる抑圧や差別を受け、日本に亡命することを余儀なくされた。二〇〇九年のウルムチ事件以後、筆者が勤める会社では、ウイグル人に対する差別が日常的に行われるようになった。例えば、駅の検問所や列車の中でウイグル人乗客だけが厳しく検査されるようになった。鉄道会社の社員は検査する必要がないはずであるが、ウイグル人である私は毎日厳しい検査を受けなければならなかった。

中国の民族問題も人権侵害も非民主的、抑圧的な中共の一党独裁体制が生み出した問題と考えられるが、これらの問題の解決には究極的には中国の民主化が求められる。巨大な中国の民主化は人類史上初の大事業であるかもしれないが、ウイグルの運命はこの事業の推進と緊密に連動している。ウイグル人が自分たちの幸福を追求し、不公平や不正義を終わらせ、自由を回復することを目的にするとすれば、ウイグル問題の本質は人間としての普遍的な権利の問題ということになる。決してウイグル人と漢族の対立ではない。中共の支配下で人口の大多数を占める漢族も抑圧されている。つまり中共の下で諸民族は等しく抑圧されており、被抑圧者である各民族の対立は、結局、独裁者を助けることになるのである。

中共の独裁支配が続く中では、ウイグル人の状況の改善は期待できないが、ウイグル人は中共の挑発に乗らずに、非暴力闘争を通じて、国内外にウイグル問題を積極的に訴えるべきであろう。そしていつか必ず来る中共崩壊の好機を見据えながら全ての民主化勢力と緊密に連携しつつ、ウイグル運動の勢力を育てることが最も重要といえるだろう。

本書の執筆にあたっては、何よりも私の恩師である饗場和彦先生の熱心なご指導がなければ、完成することはできなかったと強く思っている。日本語で論文を書くことは来日して長くない私にとって困難な作業だった。饗場先生はご自身の専門的な知識やかつてルワンダ問題を研究した経験などを活かして、私を物心両面で支えてくださった。先生のご指導のもと、ウイグル人である私はなるべく客観的な視点から論説を展開することに努めた。また、本書を執筆した際、ちょうどコロナ禍の拡大に直面し、図書館での資料の収集や自分のアルバイトなど、研究や生活など様々な面で支障が出た。しかし幸いなことに、二〇二〇年ロータリー米山記念奨学生に選ばれ、徳島ロータリークラブに大変お世話になった。奨学金を頂いたことにより、毎日アルバイトをする必要がなくなり、生活や研究の面での不安が解消された。本を出版する際に集広舎の川端幸夫社長、並びに編集者の麻生氏ご夫妻の多大なご協力を賜った。さらには大学の先生方や同じくウイグル問題に関心をもってご支援してくださった方々もいらっしゃる。そうした方々に感謝の思いを捧げたい。

解説

饗場和彦

「私は中国に戻れば、間違いなくすぐ拘束されます。故郷にいる家族に連絡もできません。日本以外に行くところはありません」。本書の著者、サウト・モハメド氏は筆者と初めて会った際、そう言って微笑した。深刻な事態をむしろ穏やかに話すその様子に、逆に決意の深さを感じ取れた。「今、ウイグル人はひどい状況に置かれています。私はこの問題の解決を考えたく、また日本や世界の人々に協力をお願いしたく、日本への留学を決意しました」。こう言って二〇一八年四月、徳島大学の門をくぐった。

徳島大学総合科学部で研究生として学び、同大学院に進学、二〇二一年三月、修士の学位を取得した。本書はその学位論文を出版したものである。ウイグル人自身が、日本語で書いたウイグル問題の専門書は前例がない。歴史的、政治的、法的な観点を中心に多角的、網羅的に記述され、当事者ならではの貴重な知見も多い。同氏はこの問題における被害者であるから、主観的、感情的な発想・表現になりがちであるが、本書では極力、客観的、冷静な姿勢に努めている。

まず第一章ではウイグル人の歴史がたどられる。今は中国の新疆ウイグル自治区となっている地域を含め、ウイグル人が住む一帯は東トルキスタンと呼ばれ（現在の中央アジア五か国、タジキスタン、キルギス、カザフスタン、ウズベキスタン、トルクメニスタンは西トルキスタン）、紀元前から遊牧系の人々がいたという。祖先は、史書に記録されている限り、匈奴にさかのぼることができ、匈奴は紀元前三世紀から五世紀ごろまで一帯を支配した。当時、南方では秦や漢の統一王朝が成立、抗争が続き匈奴は北方の異民族とみられていた。六世紀、匈奴に代わり、突厥が伸長し、南では隋、そして唐が版図を広げた。匈奴・突厥が分離・再編される中で、テュルク系の一派が七四四年にオルホン・ウイグル汗国を樹立した。これがウイグル人国家の最初とされる。中国の史書では「回紇汗国」や「回鶻汗国」と書かれているという。

九世紀頃の中央ユーラシアは、唐とウイグル、チベットが鼎立する状況だったが、ウイグル人は唐の安史の乱の鎮圧に協力し友好関係を構築。安定した国情の中、シルクロードの交易で栄えた。ウイグル汗国は一世紀ほど続いたが、天災・疫病、内紛などで混乱するところに、キルギスの攻撃を受け八四〇年、滅亡した。唐の後は小国が乱立する五代十国時代に入った。

三人の王子が天山ウイグル王国、カラハン王国、甘州ウイグル王国を建てたが、小国が分立する中、十世紀ごろからしだいに西方からアラブ勢力が浸透、中央アジアの民にイスラム教が広まった。カラハン朝の改宗をはじめ、一帯はムスリム世界に変わっていった。

モンゴル高原では一二〇六年にチンギス・ハンがモンゴル帝国を樹立し、広大な版図を築いた。モンゴル帝国はウイグルの文字、文化、人材を導入し、ウイグル王家はモンゴル帝国の地域支配の要として重視された。

モンゴル帝国が分裂、衰退していく中、テュルク系・イスラム教徒の国が台頭し、東では元の異民族支配に抗して漢人が明を興した。明も勢威を広げたが、宦官の専横や反乱がおき、満洲人によって滅ぼされた。

十七世紀初め、満洲人の王朝・清が成立し、東トルキスタンは清の支配下におかれた。満洲人を中心に漢人、ウイグル人、チベット人、モンゴル人の五族から成り、地域の独自性を認めた緩い統治を敷いた。清は、乾隆帝・康熙帝の繁栄を迎えたが、アヘン戦争以後は西洋列強や日本の圧力の中、国力は衰微。その混乱の中で一九一一年、漢人による支配奪回を目指して孫文などの革命勢力が辛亥革命を成功させた。

清が衰退する中、東トルキスタンでも独立を求めて蜂起が相次ぎ、一九三三年に第一次東トルキスタン共和国が、一九四四年に第二次東トルキスタン共和国が樹立された。国共内戦を経て、中国共産党による支配が確立した一九四九年、東トルキスタン共和国の要人を乗せた飛行機が墜落する事件が発生、その後、中国共産党との会議に参加したウイグル人側は服属を表明し、中華人民共和国に併合される形で、現在に至る構図が確定した。

この時期、北方の大国ロシアも激動し、革命を経てソ連が発足、引き継いだスターリンらは、中国側の勢力とウイグル人らの勢力の間で立場が変遷した。

こうした歴史的経緯を概観してわかるのは、一つにはウイグル人の歴史の独自性である。一つの民族として長い歴史があり、たびたび独立国を持ち、固有の言語や文化を育んできた。この独自性を鑑みれば、現在、中国の一部に組み込まれ、後述されるように漢人への同化が強いられている実態は不自然で、不当であると認識できる。

もう一点わかる点は、国際関係のリアリズムに翻弄されたウイグル人の悲運である。清朝末期から中国共産党政権確立までの混乱期における国際関係においては、西洋列強とロシア・ソ連、日本という主要アクター間の権力闘争の中で、清朝支配下の諸民族は独立か併合か、紙一重の中で将来が決まっていった。モンゴル人は独立国が持て、チベット人は亡命政府にとどまり、ウイグル人は中国に併合された。ウイグル人の場合はソ連と中国共産党との間の取引材料にされ、独立派のウイグル人要人が死亡した飛行機事故は両者による謀略の疑いがある。

第二章の中国の民族政策では、清朝末期から現在に至る間、新中国の建設とその後の統治において民族問題はどのように考えられ、どのような政策が実施されてきたのか、検証している。孫文ら革命派は清朝に代わる漢人の国家建設を目指した当初、漢人の伝統的な居住地域である十八州を対象に新国家を計画した。しかしながら革命が成功すると、清の版図をすべて引き継ぐ方針に変わり、漢人ではない満洲人、ウイグル人、チベット人、モンゴル人を含めて国家を築く「五族共和論」（後に五族融和論に変質）を提唱。形の上では、諸民族の自治権や独自性が尊重されながらも、実質は漢人中心の「大漢民族主義」の発想に基づく支配体制が強化されていった。清朝の時代は、辺境の諸民族に一定の自立性があり、儒教文明・仏教文明・イスラム文明が共存する緩い支配により治まっていたが、欧米に伍して近代的な国家を建設するには一体性のある「国民」を形成する必要があり、したがって必然的に清朝版図内の少数民族は漢人への同化が強いられる状況となった。

中国共産党政権は、連邦制や離脱権を含む民族自決の概念ではなく、中国内における一定の自治という形で、九割以上の漢人と五十五の少数民族を治めようとしたが、しだいにその矛盾と困難は顕著になった。新疆ウイグル自治区は農産物や鉱物資源の産地として、また核兵器開発の実験場として存在意義が高まる中、冷戦後は世界的に民族問題が表面化し、テロの拡散も深刻化。そうした情勢の下で、中国政府は少数民族への管理と抑圧、漢人への同化を一層強めるようになった。

第三章では、現状、ウイグル人がどのような苦境にいるのか、その深刻な被害が告発される。ひとつは「ジェノサイド」とまで言われるほどの甚だしい人権侵害である。中国政府当局は否定するが、関係者の証言や国際機関などの調査で、その実態が一定程度、明らかにされている。習近平体制になってから各地に強制収容所が設けられ、その数は一千か所ともいわれる。百万人を超えるウイグル人が職業訓練の名目で拘束され、思想統制と虐待にあっているという。強制労働や、女性に対する強制的な出産制限も指弾されている。宗教は、以前は比較的、寛容に認められていたが、近年は規制が強まり、モスクの破壊、ひげやベールの制約など、イスラム教徒としての信仰が妨げられている。その根底には、「進んだ漢人と遅れた少数民族」という認識から、ウイグル人を差別する構造が存在している。

中国政府は同化政策を強めており、その一環として学校における漢語教育を強要している。以前はウイグル語の学校や民族教育も認められていたが、今は漢語のみで授業がなされ、「中華民族」が育てられている。また、漢人の移住も多く、経済・社会活動の主要な部分は漢人が占める状況という。

新疆ウイグル自治区は木綿や小麦を豊富に生産し、石油や天然ガス、石炭などの地下資源も多く埋蔵されているが、中国政府の搾取政策により、その恩恵は中央に吸い取られているという。他方、自治区の砂漠地帯にあるロプノールでは一九六四年以来、四十六回の核実験が繰り返され、高度の汚染や放射能による発病が確認されている。国外の研究者らは環境汚染と健康被害に強い懸念と警告を発している。

経済格差も大きな問題となっている。中国建国当初は、地方の少数民族の文化や権利はある程度保護され、公衆衛生や教育レベルの向上が図られたが、近年はウイグル自治区において漢人の移住が多い都市部や工業地域と、ウイグル人の多い農業地域の間で格差が生じ、経済的にもウイグル人が漢人に隷属する状況が顕著だという。

第四章は法的な概念・権利としての民族自決について、その発展と変遷を概観する。マルクスやエンゲルスはプロレタリア革命が起これば民族問題も解消されるとみて、民族問題を楽観視したが、ロシア革命（十月革命）で社会主義政権を樹立したレーニンは、民族自決論を明確に提唱し、諸民族の圧政からの解放と自由な独立を保障した。その前提には、そうして解放された諸民族は自由な意思で自発的にソ連と連携し、民族を超えた階級的結びつきによって革命が拡大するという期待があった。しかし、そうは進まない世界の現実の中、政権に就いたスターリンは民族自決権は相対的な権利に過ぎないとし、社会主義勢力圏を暴力的に拡大する政策に転じた。結局、ソ連でも民族の権利よりも社会主義イデオロギーが優先された。

第一次世界大戦を機に、アメリカもウィルソンの十四か条原則において民族自決権を提起したが、対象は欧州に限定され、アジア・アフリカなどその他の地域における列強自身が保有する植民地は対象外と目された。レーニンが提起した民族自決論は根底のところで社会主義イデオロギーに従属したし、ウィルソンの民族自決論も列強の既得権益に従属したもので、結局この時点での民族自決論は普遍的な権利というより政策としての認識にとどまっていた。そうした便宜性ゆえ、民族自決の概念は、ナチスドイツが他国を侵略する際、ドイツ系住民を保護するためという口実の論拠ともなり、第二次世界大戦を促進する要因にもなった。

民族自決権が国際法として明示的に確立されるのは、第二次世界大戦後であり、まず国連憲章の第一条で人民の同権および自決の原則の尊重が規定された。植民地独立付与宣言、人種差別撤廃条約により植民地はすべて独立し、一九六六年の国際人権規約の共通第一条で「すべての人民は、自決の権利を有する。……すべての人民は、その政治的地位を自由に決定し並びにその経済、社会的及び文化的発展を自由に追求する。……すべての人民は、……自己のためにその天然の富及び資源を自由に処分することができる」と明記された。

冷戦後は「民族的又は種族的、宗教的及び言語的マイノリティに属する者の権利に関する宣言（マイノリティ権利宣言）」や「先住民族の権利に関する国連宣言」などで、マイノリティや先住民族の権利保障が明文化された。

民族自決権はこうした発展の中、国際法の原則としては確立しているが、その実効性と、他原則との相克において課題がある。中国政府は国際人権規約をはじめ自決権を規定する条約に加入するものの、三章で見たように自決権の保障とはかけ離れた実態がある。また植民地の解放・独立は異論なく進んだが、現状の主権国家内部における民族対立の問題については、内政不干渉原則と武力不行使原則、領土保全原則と論理的に対抗する関係があり、対応は容易でない。ただ近年は「保護する責任」（R2P）の概念をはじめ、国家主権を隠れ蓑にした人権弾圧を看過しない傾向も生じつつある。

中国政府はなぜウイグル人はじめ、少数民族の自決権を否定し弾圧するのか。その根源的な理由が第五章で考察される。一つが漢人社会に広く共有されている「中華大一統」という観念であるという。そもそも中国の王朝は複数の民族による攻防の歴史であり、漢人としては常に周囲の異民族「夷狄」と対抗関係にあった。そうした外敵を治める概念、仕組みが「華夷秩序」であり、皇帝を中心にその威光による徳治によって周辺部を属国・藩部として従え、「冊封・朝貢」制度による緩やかな支配によって「中華帝国」とも称される広大な統治構造をつくった。清や元は満洲人、モンゴル人という異民族の王朝であったが、漢人の伝統的な居住域を越えて、広大な版図を築いた。ところが華夷秩序による国際体系が、主権国家によるウエストファリア体制にとってかわられる清朝末期の激動期においては、清の版図は欧米列強や日本によって蚕食された。この屈辱が反動となり、再び漢人が中心になって中華帝国の栄光を回復するのだという「中華大一統」観念が、近年の中国社会で伸長しているのだという。そうした観念の下、台湾はじめ失地回復に躍起になっているのが今の中国であるから、少数民族の分離・独立などにつながりかねない自決権は論外であり、同化に拍車がかかるのだという。

もう一点、中国政府が少数民族を抑圧する理由は、地政学的な発想に基づいている。清朝末期から新中国の発足に至る激動期において、ウイグル人が居住した東トルキスタンは、対立する英露の間で緩衝地帯として重要視されたため一時期、独立国家が成立したが、第二次世界大戦による国際関係の変質の中、ロシアは米国との対抗関係を重視。モンゴルを独立させ対米緩衝地帯とする一方、代わりに東トルキスタンは中国に併合させる戦略を取り、結果このヤルタ密約によって、現在に至るまでのウイグル人の自決権侵害が制度化されることになった。かくして地政学的に微妙な位置にあった東トルキスタンは大国に翻弄された結果、中国に併合され、その後も中国政府による地政学的な判断によってその自治権は侵害され続けた。中国全土の六分の一を占めるウイグル自治区には石油、天然ガス、石炭をはじめとする豊富な天然資源があり、パイプラインも敷設される。また自治区に重なる長い国境線は国防上も重要だ。経済的にも安全保障の上からも重要なウイグル自治区は、中国の国益にとって不可欠な存在であるから、分離・独立はもとより大幅な自治権の付与など許容されるはずはないのだという。

最後の第六章では、こうしたウイグル人の苦境を改善するにはどうすればよいか、ウイグル人の当事者としてなにができるか、多面的な観点から方策が検討される。

一つは国際社会による外発的な対応である。ウイグル人の窮状を国際世論に訴え、国際社会からの圧力などにより中国政府の政策を変えさせる。すでにアメリカなどはこの問題を重視し制裁措置やジェノサイドとしての非難を公言している。しかしウイグル問題の真相が外からはわかりにくい点（最近でこそ一定程度、国際的に報道されるようになったが）、国際社会は反中・親中に分かれ一枚岩でない点、国連でも中国の影響力が増している点、国家主権の壁などから容易に即座に効果があるとは考えにくい。

他方、中国国内の内発的な変化を促す対応があり得る。人口の九割を占める漢人社会にはウイグル問題に対する無理解と偏見が根強いという。そもそも情報統制によって多くの漢人は著しい人権侵害の現状は知らず、逆に少数民族は優遇されているのになぜ反発するのか、と不審に思っているという。また、政府の教育・プロパガンダによって少数民族は歴史的に中国の一部であり、辺境の遅れた人々という誤った歴史観・差別観から、問題意識自体を持とうとしない。さらに中国共産党政権に潜む本質的な凶暴性についても多くの漢人は認識が薄い。政権をとった一九四九年からの約四十年間で三五二三万人を虐殺し、これは中国の老若男女二十二人に一人を殺した計算という研究もあり、実は少数民族より漢人のほうが多く殺されているという。漢人社会のこうした無理解と偏見をただすことができれば、ウイグル問題をはじめ社会を変える大きな動きが中国国内から内発的に生まれるだろうが、情報や思想、教育を徹底的に管理する今の中国において、現実的には見通しは立たない。

国際社会に訴える、国内社会（漢人社会）に訴える、に加え、政府に訴えるという方法論もある。今の習近平政権に対し、何を根拠に訴えればウイグル問題の政策を変えさせることができるか。一点目は、民族意識の不滅性である。民族的紐帯はその集団のアイデンティティとして連綿と受け継がれる不滅性があるとする本質主義（原初主義）に立てば、いくら同化政策を強要しても成功しないと言える。漢人が満洲人支配の清朝に反発して新中国をつくったという経緯に鑑みれば、逆にウイグル人など少数民族を抑圧する今の統治が不当であり、早晩失敗すると理解できうるのではないか。

二点目は、民主主義の普遍性である。今の中国は権威主義体制に分類されるが、この体制は制度的に脆弱性を抱える。統治者は、支配階層の内部から生じる自身への裏切りと、民衆から生まれる反政府活動を常に警戒せねばならず、抑圧と懐柔のバランスをとるのは容易でない。失敗すれば落命するか永久に政権から放逐される。他方、民主主義体制は、欠点もあるが、結局為政者は政権を失っても民意次第で復権する機会が保障される制度であるから、権力者の立場であっても民主主義を選ぶ方が合理的と言える。中国政府が民主主義体制に変われば、当然、ウイグル人の民意が政治に反映され、現状の改善につながるであろう。また、民主主義は衆愚政治に陥る危険はありつつも、主体的な賢明な市民によって合理的な選択がなされうるから、最終的には権威主義体制の国より、安定した繁栄する国家につながりうる。

さらに中国政府に訴えるべき論点として、漢人ナショナリズムの潜在的危険性がある。中国共産党政権は、当初は社会主義イデオロギー、改革開放期以後は経済発展によってその統治を正当化してきたが、加えて最近は、中華民族の栄光を奪回しようとする「漢人ナショナリズム」も正当性の根拠としている。ただナショナリズムは統制が難しく、漢人ナショナリズムは外に向けて反米・反日などにぶれると外交摩擦を招き、内に向けて異民族の差別・排除にぶれると国内治安を害するなど、いずれにしても国益を損ねる危険性が内在する。よって、国益に逆行しかねない過剰な漢人ナショナリズムを抑制するのは中国政府としても合理性があり、その結果、ウイグル問題への対応も穏健化する期待が持てるだろう。

とはいえ、上記のような訴えをしたところで、即座に中国政府が翻意するとは考えにくい。この閉塞的な現状でウイグル人たち自身がとりうる選択としては、消極策と積極策に分けられる。消極策としては、一つには同化を甘受するという選択肢がある。ただ、漢語教育の強制や伝統文化の禁止によって少数民族の漢族への同化を図っても、歴史的に「華夷」を区別する理念がある中国において、ウイグル人への差別・搾取が霧消するとは考えにくい。また耐えて体制変革を待つという消極策もあるが、国際社会による外部からの体制変換、国内統治エリートによる政権奪取、軍部によるクーデター、民衆蜂起による政権転覆などはいずれも当面、可能性は乏しい。消極策によってウイグル問題の解決を図る方向性は、ほとんど合理性がない。

では、現状に対抗していく積極策としては、どのような方策があるか。一つは武力による対抗である。民族問題を原因とする武力紛争は泥沼化しやすく、被害も大きくなりやすい。民族紛争が手に負えなくなる主因は、紛争の客体が領土や資源ならまだしも、民族というアイデンティティをめぐる争いになると、妥協があり得ないからである。旧ユーゴスラビア紛争のように独立を果たした例もあるが、民族浄化の惨劇と引き換えであったし、国際情勢などの偶然にも左右された結果であった。ウイグル問題のように、国内少数民族と中央政府という対立の構図においては、武力紛争になれば政府側が圧倒的に有利になる。ウイグル人は現状のように徹底した監視・管理体制の下では、武装闘争の準備ができないし、支援を受ける国際ネットワークも乏しい。蜂起しても人民解放軍はじめ政府側の武力は圧倒的。正規戦ではかなわないからゲリラ戦をとれば、テロリスト撲滅という正当性を政府側に与えてしまう。そもそも武装闘争路線は、倫理的に国際世論の共感を得にくいし、親中派の国々も多い今の国際社会においては逆に非難されかねない。

そこで、実効性の点でも倫理的にも難がある武力闘争でなく、非暴力抵抗の方策が注目される。非暴力主義はガンジーやキング牧師が有名だが、その狙いは、対決による相手の駆逐ではなく、相手と共同してあたる問題の解決にある。暴力による対決は、相手側の暴力の報復を呼び、容易に憎悪の悪循環に陥ってしまう。そうなると、問題解決へ向けた冷静な思考や姿勢はとりにくくなる。非暴力の手段であれば憎悪の応酬を避け、相手の理性に問題の矛盾をわからせて、問題の改善に向かわせやすくなる。ただ、非暴力抵抗の成否は、相手がことの理非を判断できる合理性をもっているか、による。よく言われるように、ヒトラーに対してはユダヤ人がガンジーのように抵抗しても無意味だったかもしれない。中国共産党政権は、今のウイグル政策の矛盾を理解できる理性をもっているであろうか。「中華大一統」観念の下、地政学的な国益に固執する習近平政権は、民族意識の不滅性や、民主主義・人権の普遍性、漢人ナショナリズムの危険性などを理解できる合理性を持っているのだろうか。

倫理的に暴力を否定する「原理的非暴力主義」もあるが、ジーン・シャープは実践的な「戦略的非暴力主義」

を提起する。全体主義・独裁主義政権も必ずアキレス腱があり、そこを非暴力抵抗でつけば、体制変革は難しくないという。今の中国においてそのアキレス腱は、漢人社会における鈍麻した政治意識かもしれない。目覚ましい経済発展の恩恵と中華民族復興の自尊心に酔っている漢人社会が、政治的自由を奪われている自分たちの不当な境遇に気付いた時、その覚醒と呼応するならばウイグル人の非暴力抵抗運動は大きな力を発揮するかもしれない、「アラブの春」の市民革命のように。本書で紹介されている、郁離子の猿使いの寓話はこの点で示唆に富んでいる。

したがって、このように考えるとウイグル問題の解決に向けた取り組みは、著者が指摘するように、消極的にならず積極的に抵抗し、しかし非暴力に徹し、地道に活動を維持、拡大する中で、「アキレス腱」をつく好機の到来に備えるという方策が望ましいのだろう。あるいは当面、消去法的にもそれしかないのであろう。

ウイグル人の長い歴史と固有の文化、国際法の民族自決権、人権保障の普遍原則からして、今、中国内でウイグル人が置かれている状況は明白に不当である。他方、中国側にある、華夷秩序による固有の世界観と、欧米列強による屈辱の記憶、国益を最優先する統治心理などは、政治・国際関係をリアリズムでみるとき、ある種、当然ともいえ、その点で中国のウイグル人の状況に諦観を禁じ得ない。とはいっても、このシニシズムも「程度問題」という反論からは免れない。ウイグル人の実態がもはやジェノサイドに当たる可能性がある以上、甘受できる「程度」は超しているだろう。日本をはじめ国際社会としてウイグル人と連帯して問題解決に当たらねばならない必要性は、本書の読了後、いっそう得心できるはずである。

（あいば・かずひこ　徳島大学総合科学部教授／政治学・国際関係論）

註

第一章

（一）中華人民共和国中央人民政府『新疆的若干历史问题』白書（二〇二一年一月二十日アクセス）http://www.gov.cn/zhengce/2019-07/21/content_5412300.htm

（二）同右。

（三）تۇرغۇن ئالماس “ئۇيغۇرلار” دۇنيا ئۇيغۇر قۇرۇلتىيى -يىل, IX。同書の訳書として、トルグン・アルマス（東綾子訳）『ウイグル人』集広舎、二〇一九年。

（四）「服役十一年、なお監視下か　東大院留学のウイグル男性、中国が釈放」『朝日新聞』二〇〇九年二月十一日朝刊。

（五）新免康「新疆ウイグルと中国政治」『アジア研究』四九巻、一号、二〇〇三年、四二頁。

（六）衆議院「質問本文情報」（二〇二一年十二月二十九日アクセス）https://www.shugiin.go.jp/internet/itdb_shitsumon.nsf/html/shitsumon/a171218.htm

（七）“قۇربان نىياز: تارىخچى توختى مۇزات ۋەقەسىدىن كېيىنكى كەچمىشىم، مېنى چەتئەلگە چىقىپ كېتىشكە مەجبۇرلىدى” Radio Free Asia（二〇二二年一月一日アクセス）https://www.rfa.org/uyghur/xewerler/kishilik-ho-quq/toxti-muzat-06042015162854.html

（八）励声（大濱慶子、魯永学訳）『中国新疆歴史と現状』新疆人民出版社、二〇〇六年、一頁。

（九）維吾尔族族簡史編集組『維吾尔族簡史』中国人民出版社、一九九一年、三〜四頁。

（一〇）『史記』は司馬遷とその父が編成し、前九〇年頃完成した第一級の中国の正史と評価される。

（一一）柔然は蠕蠕、芮芮、茹茹と呼ばれるが、それらがどのような原音を写したものかについて明確ではない。東胡の子孫とか匈奴の別種ともいわれる。

（一二）鉄勒は、九つの部族がまとまって連合体をなしていた。テュルク碑文やアラブ・イラン史料ではトクズ（九つ）・オグズ（語源は不明だが、連合体を意味する）、中国史料では九姓鉄勒（のちには九姓回鶻）などと呼ばれ、そのうちの一つがウイグル（回鶻、廻紇）であった。

（一三）励前掲書、五頁。

（一四）王治来『中亜通史——古代巻』新疆人民出版社、二〇〇四年、九七頁。匈奴やフン族の民族的出自について匈奴・フン同族論争が長らく展開され、決着してないようである。
（一五）東山健吾『シルクロードの足跡——人物と遺跡からみる西域史』誠信社、二〇〇四年、一四頁。
（一六）トルグン・アルマス（東綾子訳）『ウイグル人』集広舎、二〇一九年、七四頁。
（一七）新华网「新华调查：长城城，常识背后藏有几多误区？」（二〇二一年十二月二十九日アクセス）http://www.xinhuanet.com//politics/2015-11/05/c_1117052486.htm
（一八）林俊雄『スキタイと匈奴　遊牧の文明』講談社、二〇〇七年、一九八頁。単于とは匈奴を初めとした北アジア遊牧国家の初期の君主号である。
（一九）小松久男『新版世界各国史四——中央ユーラシア史』山川出版社、二〇〇〇年、四一頁。
（二〇）東山前掲書、三六頁。
（二一）中国の西北に位置する中央アジアは、古くは「西域」と呼ばれた。元来、漢代中国世界の西の玄関口となった敦煌西方の玉門関・陽関以西の地域という意味であり、最初はタリム盆地地方、すなわち天山南路だけを指したが、後にはさらにパミール高原の西方まで含むようになる。
（二二）励前掲書、五〜六頁。
（二三）エドヴァルド・ルトヴェラセ（加藤九祚訳）『考古学が語るシルクロード史——中央アジアの文明・国家・文化』平凡社、二〇一一年、一一三頁。
（二四）同右。
（二五）トルグン前掲書、九九頁。
（二六）漢は西域に何度も遠征し、漢軍と西域諸国は争われた。漢が優勢になった時西域諸国は漢に服属し、それと逆の場合は西域諸国が漢から離脱する。服属と離脱は三度も繰り返し、不安定さが続くという状況を三通三絶と称した。
（二七）王治来前掲書、一三二頁。
（二八）小松久雄前掲書、四四〜四五頁。
（二九）鮮卑は烏桓とともに東胡の後裔といわれ、興安嶺南部からシラムレン川流域にかけて住んでいた。
（三〇）クリストファー・ベックウィズ（斉藤純男訳）『ユーラシア帝国の興亡』筑摩書房、二〇一七年、八二頁。

（三一）同右。
（三二）魏良弢「突厥汗国与中亜」『西域研究』二〇〇五年第三期、八頁。
（三三）維吾尔族族簡史編集組『維吾尔族簡史』中国人民出版社、一九九一年、一三頁。土門は、テュルク語で「一万、万人長」を意味するテュメンの漢字表記である。カガン（可汗）は柔然、鮮卑、突厥などの遊牧国家で用いられた君主号である。後にモンゴル人が汗（ハン）と省略して使う。
（三四）王治来前掲書、一八九～一九三頁。
（三五）トルグン前掲書、一二〇～一二一頁。
（三六）池田知正「七世紀までの突厥の政局」『東洋文化研究所紀要』一四九巻、二〇〇六年、三六八頁。
（三七）遠交近攻は兵法三十六計の第二十三計に当たる戦術である。「遠きに交わり近きを攻む」、つまり「遠い国と親しくし近くの国を攻略する」という意味。
（三八）池田前掲書、三六八頁。
（三九）劉錫淦『突厥汗国史』新疆大学出版社、一九九六年、五四～五五頁。
（四〇）ベックウィズ前掲書、二〇七頁。
（四一）小松久雄、前掲書、六七頁。
（四二）劉錫淦前掲書、七八～八二頁。
（四三）同右、二八頁。
（四四）小松久雄前掲書、六八頁。
（四五）スーザン・ウィットフィールド（山口静一訳）『唐シルクロード十話』白水社、二〇〇一年、一〇一頁。
（四六）劉錫淦前掲書、二八頁。
（四七）ルトヴェラセ前掲書、二四七頁。
（四八）節度使とは、唐の時代に辺境警備にあたらせた軍人たちの役職である。
（四九）小松久男前掲書、七六頁。マニ教はイラン人のマニによってバビロンで創唱された宗教で、ゾロアスター、釈迦、キリストを先師とする混成的教理を持ち、善なる公明神と暗黒の悪魔との戦いの末に善霊的精神が解放されるとする。
（五〇）ウィットフィールド前掲書、一四〇頁。キルギスはモンゴル高原の北に広がるエニセイ川の流域で遊牧生活を送っていたテュルク系民族である。元々は匈奴の勢力下に入り、その文化的影響を受けたが、後にテュルク化した。突厥に続いてウイグルの支配を受けたが、ウイグルの分裂に乗じてこれを滅ぼした。彼らが現在のキルギス共和国の人々の先祖と考えられる。

（五一）ベックウィズ前掲書、二四九頁。
（五二）同右、二四九～二五〇頁。
（五三）小松久男前掲書、一七五頁。
（五四）小村不二男『日本イスラーム史』ヴィ・アィ・シー、一九八八年、一一頁。
（五五）同右、一六四頁。
（五六）王治来前掲書、五三頁。
（五七）伊原弘、梅村坦『宋と中央ユーラシア』中央公論社、一九九七年、三三四～三三五頁。
（五八）チンギスの語源はテュルク語の海を意味するテンギズから由来するという説、「烈しい」を意味する説、世界を支配する者の説などがある。ハンは遊牧民国家の君主の称号である。
（五九）中村健太郎「ウイグル語仏典からモンゴル語仏典へ」『内陸アジア言語の研究』二二号、八一頁。
（六〇）元の時代、ウイグル出身の官僚たちが元の大都に来て集中的に住み、ウイグルの村を形成した。昔は畏吾村と記されているが、現在は魏公村と呼ばれる。
（六一）小村不二男前掲書、一九頁。使節団五名は全員斬首された。現在この斬首された施設五名の五人塚が藤沢市内の常立寺境内に建てられている。
（六二）費孝通（西澤治彦、塚田誠之、層士才、菊池秀明訳）『中華民族の多元一体構造』風響社、二〇〇八年、三二頁。
（六三）野田仁、小松久男『近代中央ユーラシアの眺望』山川出版社、二〇一九年、一七頁。
（六四）ホージャとはイスラム圏で使われる称号の一つである。イランを支配したサーマーン朝の官職の名前に由来し、「貴族」を意味する。十六世紀からナクシュバンディー教団の指導者アフマド・カーサーニーの子孫がカシュガルを訪れ、この地で支持者を増やしていた。
（六五）励前掲書、四六頁。
（六六）今谷明『中国の火薬庫――新疆ウイグル自治区の近代史』集英社、二〇〇〇年、六五頁。
（六七）岡田英弘『東アジア史の真像』藤原書店、二〇一五年、一六七頁。

（六八）満洲人には「旗」と呼ばれる社会・軍事集団からなる組織があり、すべての満洲人は八個の旗のいずれかに配属された。彼らは一般に旗人と呼ばれる。
（六九）佐口透『新疆ムスリム研究』吉川弘文館、一九九五年、四頁。
（七〇）小松久男前掲書、三〇六頁。両は清朝時代の貨幣単位である。
（七一）今谷前掲書、一一八頁。
（七二）同右、一二〇頁。
（七三）小松久男前掲書、三〇九頁。
（七四）回とは回教（イスラム教）に由来し、また纏回は彼らが頭に白布を纏っていたことによる。
（七五）片岡一忠『清朝新疆統治研究』雄山閣、一九九一年、一七～一八頁。
（七六）中国ムスリム協会編『中国のムスリムを知るための六〇章』明石書店、二〇一二年、二二三頁。
（七七）カシュガ・ホージャ家は、西トルキスタン起源を持つイスラム神秘主義（スーフィズム）の指導者一族であり、その血筋は預言者ムハンマドに連なるとされている。
（七八）今谷前掲書、一二九頁。
（七九）回族とは、中国語を話すイスラム教の民族集団である。中共が政権樹立前に一つの民族として認定し、現在は五十五の「少数民族」の一つである。テュルク系の人々の中でトンガンと呼ばれる。
（八〇）今谷前掲書、一五五頁。
（八一）岡本隆司『中国の誕生』名古屋大学出版会、二〇一七年、九七頁。
（八二）洋務運動は、清朝末期、ヨーロッパ近代文明の科学技術を導入して清朝の国力増強を目指した運動である。
（八三）直隷総督とは清朝の地方長官の官職である。直隷総督は首都北京近辺（直隷省・河南省・山東省）を統括する長官であり、現在の総理大臣に当たる高官である。
（八四）今谷前掲書、一八五～一八六頁。
（八五）同右、一八六～一八七頁。
（八六）同右、一八九頁。
（八七）小松久男前掲書、三一六頁。

（八八）巡撫は明代及び清代に存在した官職名であり、総督とほぼ同格として皇帝に直属した。
（八九）毛里和子『周辺から中国――民族問題と国家』東京大学出版会、一九九八年、七頁。
（九〇）宮脇淳子『封印された中国近代史』ビジネス社、二〇一七年、二〇六頁。
（九一）岡田英弘前掲書、一七二頁。
（九二）片岡一忠前掲書、一頁。
（九三）深町英夫『孫文――近代化の岐路』岩波書店、二〇一六年、八六頁。
（九四）川島真「近現代中国における国境の記憶――『本来の中国の領域』をめぐる」『境界研究』一号、二〇一〇年、四頁。
（九五）一八九〇年代後半の中国では亡国の危機、すなわち「瓜分」の危機ということが問題にされた。この比喩は分けられる「瓜」としての国土の一体性を前提としている。清に版図はあろうとも、一つの「瓜」に譬えられるような一体性が元来想定されていたわけではない。「瓜分の危機」論は一体性のある国土を強調する議論として機能した。
（九六）孫文は一九一二年に誕生した中華民国の初代大統領である。中華人民共和国からも、台湾の中華民国からも、中国革命の先駆者あるいは国父と呼ばれる。日本に亡命し、長い間支援を受けたが、最後はソ連側について日本を裏切った経緯がある。
（九七）陳劭先『中山文集』文化供応社、一九四九年、四四～五一頁。
（九八）韃虜とは韃靼を貶めた呼称である。モンゴル・テュルク系の人々のことで、広義では中国北方に住む異民族の総称でもある。明代では北元やオイラートへの呼称だったが、清代末期には満洲人を指す言葉として使われていた。この場合の「中華を恢復する」とは、今と違って狭い意味の中華――明朝の領土――に復する「光復」を意味する。
（九九）湖北省で共進会、文化社と呼ばれる革命団体が新軍将兵に対する働きかけを行い、九月に共同会議を開き、旧暦八月十五日の中秋節（西暦では十月六日）の武装蜂起を決めた。中秋節を決行日に選んだのは、元末にモンゴル人の打倒を目指した漢人がこの日に一切蜂起を図り、月餅の中に秘密の手紙を入れて人々に伝えた故事によるものだった。その後準備が整わず、予定日を遅らせることになった。革命派がわざと中秋節を選んだのは「夷狄」に対する憎しみの表れともいえる。
（一〇〇）深町前掲書、一〇六～一〇七頁。

（一〇一）同右、一〇六～一〇七頁。

（一〇二）片岡一忠前掲書、三四二頁。哥老会は十八世紀に四川省で生まれた中国の反体制秘密結社の一つである。農民の互助自衛組織として発展、反清復明を掲げて活動した。清代末期には孫文ら革命派と結び、一九一一年に始まる辛亥革命に重要な役割を果たした。辛亥革命が起こると、「新疆」の漢人の間でも、哥老会に浸透した革命派が反乱を起こした。

（一〇三）同右。

（一〇四）片岡一忠前掲書、三五七～三五八頁。

（一〇五）同右、三五八頁。

（一〇六）井出敬二『中露国境交渉史――国境紛争はいかに決着したのか?』作品社、二〇一七年、四六頁。

（一〇七）ボリス・スラヴィンスキー／ドミートリー・スラヴィンスキー『中国改革とソ連』共同通信社、二〇〇二年、三三二頁。

（一〇八）毛里（一九九八年）前掲書、一三頁。

（一〇九）王柯『多民族国家　中国』岩波書店、二〇〇五年、一九一頁。

（一一〇）山野明男「世界の民族紛争についての一考察」『愛知学院大学教養部紀要』第五七巻第三号、二九頁。
（一一一）都督は中国の歴史で使われた官職。清朝の時使われなくなったが、辛亥革命後、イリ将軍や巡撫などの官職が廃止となり、一地方の軍政担当官として都督が置かれた。
（一一二）寺山恭輔「1930年代初頭のソ連の対新疆政策」『東北アジア研究』六号、二〇〇二年、一〇八頁。
（一一三）ボリス・スラヴィンスキー／ドミートリー・スラヴィンスキー前掲書、三〇六～三〇七頁。
（一一四）寺山前掲論文、一一一頁。
（一一五）寺山恭輔『スターリンと新疆――1931・1949』社会評論社、二〇一五年、五六八～五八〇頁。
（一一六）アフメットジャン・カースミーはグルジャ出身のウイグル人で、モスクワの大学に学んだソ連共産党員である。ブルハン・シャヒディはソ連カザン（現ロシア連邦タタールスタン）出身でドイツ・ベルリン大学に学んだ人物であり、中国刊行の書籍には「ウイグル人」と記されているが、「タタール人」という説もあるようだ。
（一一七）寺山前掲書、五五三頁。
（一一八）李丹慧（吉田豊子訳）「国の中の国――新疆におけるソ連の社会的基盤に関する考察（1945・1965年）」『京都産業大学論集　人文科学系列』四十八号、二〇一五年、四一六頁。
（一一九）田中周「新疆ウイグル自治区における国家統合と民族区域自治政策――1950年代前半の自治区成立過程から考える」『早稲田政治公法研究』九四号、二〇一〇年、六五～六六頁。
（一二〇）同右。

（一二一）同右。
（一二二）玛依努尔・哈斯木『回忆艾合买提江』中国文史出版社、二〇一一年、八一九～八二〇頁。
（一二三）赛福鼎『赛福鼎回忆录』华夏出版社、一九九三年、四七七～四八〇頁。
（一二四）玛依努尔前掲書、八四八頁。
（一二五）加々美光行『中国の民族問題――危機の本質』岩波書店、二〇〇八年、二三七頁。
（一二六）赛福鼎前掲書、四八二～四八三頁。
（一二七）同右、五〇二頁。
（一二八）水谷尚子「『革命的東トルキスタン』紙のタタール人記者 ムニール・イブラギモヴィチ・イェルズィン回想録」『社会システム研究』二四号、二〇一二年、二一〇頁。
（一二九）玛依努尔前掲書、八六四頁。
（一三〇）寺山前掲書、五一三～五二五頁。
（一三一）楊海英『墓標なき草原（上）――内モンゴルにおける文化大革命・虐殺の記録』岩波書店、二〇〇九年、四九頁。

第二章

（一）義和団事件後に孫文は最も早く「駆除韃虜・恢復中華」（韃虜を駆除し、中華を回復する）とのスローガンを掲げて満洲人の王朝の打倒と漢族の共和国の樹立を唱えた。
（二）可児弘明、鈴木正崇、国文良成、関根政美『民族で読む中国』朝日新聞社、一九九八年、七頁。
（三）王柯『辛亥革命と日本』藤原書店、二〇一一年、一一四頁。一九一一年末期の内務省統計によれば、在日外国人総数一四九七四人中、中国人は八一四六人で約五四％を占めていた。
（四）「民族」というのは、明治維新以降の日本人の造語であって、英語で対応語を探すとすれば、ネーション（nation）、ピープル（people）、エスニック＝グループ（ethnic gruop）などがある。
（五）檀上寛『天下と天朝の中国史』岩波書店、二〇一六年、二六五～二六六頁。
（六）中国国民党中央委員会党史委員会『三民主義』中央文物供應社、一九七八年、六～七頁。

（七）毛里前掲書（一九九八年）二三～二四頁。
（八）この場合の「中華を恢復する」とは、今と違って狭い意味の中華——明朝の領土——に復する「光復」を意味する。
（九）陳劭先『中山文集』文化供応社、一九四九年、四四～五一頁。
（一〇）中国国民党台湾省執行委員会『国父全集（四）』台湾省政府秘擑印刷場、一九五〇年、一～一〇頁。
（一一）李谷城『香港「中国旬報」研究』文史哲出版社、二〇一〇年、三一五頁。
（一二）武上真理子「地図にみる近代中国の現在と未来——『支那現勢地図』を例として」『近現代中国における社会経済制度の再編——京都大学人文科学研究所附属現代中国研究センター研究報告』二〇一六年、三三五頁。
（一三）国立国会図書館HP『支那現勢地図』（二〇二〇年十一月十日アクセス）http://dl.ndl.go.jp/info:ndljp/pid/1088984
（一四）王柯前掲書（二〇一一年）二一六頁。
（一五）松本ますみ「孫中山の『徹底した民族主義』——近代的統一への幻想」王柯『辛亥革命と日本』藤原書店、二〇一一年、二一九～二二〇頁。
（一六）松本前掲書、二二三頁。
（一七）同右。
（一八）孫中山「与巴黎『巴黎日報』記者の談話」一九一一年、『孫中山全集』第一巻、五六一～五六二頁。
（一九）张希坡「应当恢复中华民国临时约法的条纹原貌」『法学家——法学争鸣』一九九七年第二期、五六頁。
（二〇）王柯前掲書（二〇〇五年）五〇頁。
（二一）中共中央文献研究室『建国以来重要文献選編　第一冊』中央文献出版社、一九九二年、二頁。
（二二）毛里前掲書（一九九八年）二～三頁。
（二三）加々美前掲書、四七～四八頁。
（二四）同右、五〇頁。
（二五）王柯前掲書（二〇〇五年）四一頁。
（二六）成瀬恭『孫文全集　下巻』原書房、一九六七年、九頁。
（二七）王柯前掲書（二〇〇五年）四三～四四頁。
（二八）张希坡前掲論文、五六頁。

（二九）成瀬恭『孫文全義　中巻』原書房、一九六七年、二一三～二一四頁。
（三〇）王柯前掲書（二〇〇五年）四五頁。
（三一）『孫中山全集』第五巻、四七三～四七五頁。
（三二）中国国民党台湾省執行委員会『国父全集（四）』台湾省政府秘拠印刷場、一九五〇年、一一一～一一三頁。
（三三）王柯前掲書（二〇〇五年）四六頁。
（三四）エドガー・スノー（松岡洋子訳）『中国の赤い星　増補決定版』筑摩書房、一九七五年、五六頁。
（三五）横山宏章『中国の政治危機と伝統的支配　帝国の瓦解と再興』研文出版、一九九六年、二七〇～二七一頁。
（三六）成瀬恭『孫文全義　下巻』原書房、一九六七年、七一頁。
（三七）毛里前掲書（一九九八年）一七頁。
（三八）成瀬恭『孫文全義　上巻』原書房、一九六七年、五～一二頁。
（三九）毛里前掲書（一九九八年）一八～一九頁。
（四〇）王柯前掲書（二〇〇五年）五四頁。国族は人類学や民族学上の概念ではなく、政治目的で形成された「想像の共同体」と言えよう。直接に民族という概念と結びつくわけではない。中華民国を構成する人々は「国族」とされる。たとえばアメリカ人も「国族」という表現ができよう。
（四一）毛里前掲書（一九九八年）二三頁。
（四二）同右、二三～二四頁。
（四三）同右、二四頁。
（四四）同右、二四～二五頁。
（四五）王柯前掲書（二〇〇五年）五四～五五頁。
（四六）波多野乾一『中国共産党史・第一巻』時事通信社出版局、一九六一年、二一～三〇頁。
（四七）同右、四二～四三頁。
（四八）同右、四六～四七頁。
（四九）同右、三九二～三九五頁。
（五〇）同右、一三〇頁。

（五一）林来梵「中国選挙制度の法的構造（一）――その人民代表定数不均衡問題を焦点に」『立命館法学』五、六号、一九九五年、一七九～一八〇頁。

（五二）周飛帆「二〇世紀中国における民族理論から見る国家建設の理念」『言語文化論叢』二号、一九九六年、一〇八頁。

（五三）加々美前掲書、二二七頁。

（五四）スノー前掲書、三五二頁。

（五五）加々美前掲書、九四頁。

（五六）毛里前掲書（一九九三年）三六～三七頁。

（五七）辻康吾、加藤千洋『原典中国現代史四　社会』岩波書店、一九九五年、六四～六五頁。

（五八）加々美前掲書（二〇〇八年）二二六頁。

（五九）毛里前掲書（一九九三年）一一八～一一九頁。

（六〇）加々美前掲書、二二八～二三〇頁。

（六一）宮脇淳子『封印された中国近代史』ビジネス社、二〇一七年、二九三頁。

（六二）可児前掲書、四二六頁。

（六三）丸山敬一『民族自決権の意義と限界』有信堂高文社、二〇〇三年、六頁。

（六四）同右、一一～一二頁。

（六五）同右。

（六六）中共中央文献研究室『建国以来重要文献選編　第十冊』中央文献出版社、一九九四年、二四頁。

（六七）中共中央文献研究室『建国以来重要文献選編　第一冊』中央文献出版社、一二頁。

（六八）中共中央文献研究室『建国以来重要文献選編　第三冊』中央文献出版社、一九九二年、七九頁。

（六九）中国人民代表大会「中华人民共和国宪法（一九五四年）」（二〇二〇年九月十八日アクセス）http://www.npc.gov.cn/wxzl/wxzl/2000-12/26/content_4264.htm

（七〇）鈴木敬夫「『中国化』としての法治――中国の政治司法と『新疆ウイグル自治区過激派除去条例』批判」『札幌学院法学』二〇二〇年、三十七巻、一号、二四七頁。

（七一）中国研究所『新中国年鑑　１９６４』極東書店、一九六四年、二四頁。

（七二）熊倉潤『民族自決と民族団結――ソ連と中国の民族エリート』プログレス、二〇二〇年、一〇八頁。

（七三）松村嘉久「中国の民族問題を読み解く」『統計』二〇一一年、六十二巻、五号、一八頁。

（七四）楊海英「ウイグル人の中国文化大革命」『アジア研究』四巻、二月号、二〇一六年、二〇二～二〇三頁。新疆ウイグル自治区党委員会書記処書記サプライェフ（賽甫拉也夫）、自治区党委員会常務委員イミンノフ（伊敏諾夫）、自治区党委員会常務委員エサハディ（艾斯海提）、自治区文化庁庁長ズヤ・セメティ（孜牙・賽買提）、自治区民政庁庁長イブライントルティ（依不拉音吐爾的）、イリ・カザフ自治州副州長アブドゥリム・エサ（阿不都烈依木・艾沙）、ウルムチ市市長ア・サイド（阿・賽徳）、自治区商業庁副庁長アブレズ・カーリ（阿不列孜・卡里）などリーダーたちは粛清の対象となった。

（七五）楊海英前掲論文、二〇二～二〇三頁。

（七六）毛里和子前掲書（一九九三年）一二二頁。

（七七）金炳鎬『新中國民族政策六〇年』中央民族大學出版社、二〇〇九年、一九頁。

（七八）熊倉潤「文化大革命期（一九六六‐七六年）における新しい少数民族エリートの登場」『問題と研究』第四十七、巻一号、一二七頁、一四三頁。文革期に毛沢東の強い信頼を得たセイフディンを初め、自治区の上層部にいたティムール・ダワメティ（鉄木爾・達瓦買提、ウイグル人）、イスマイル・エメトゥ（司馬義・艾買提、ウイグル人）、ジャナブル（賈那布爾、カザフ人）、ハムドゥン・ニヤズ（阿木冬・尼牙孜、ウイグル族）、イジャハン（依加汗、カザフ族）、田淑珍（回族、女性）などの新しい少数民族エリートが輩出した。

（七九）趙洪慈「一九七二年的中共少數民族工作」『中共研究』七巻一期、一九七三年、六九頁。

（八〇）中華人民共和国中央人民政府HP「中华人民共和国民族区域自治法」（二〇二〇年九月一七日アクセス）http://www.gov.cn/test/2005-07/29/content_18338.htm

（八一）王柯前掲書（二〇〇五年）一四九頁。中央アジアの主要な民族については一九九〇年代ウズベク人は約一四〇〇万、ウイグル人は約七三五万、カザフ人は約六八〇万、タジク人は約三四四万、キルギス人は約二五六万とされている。

（八二）同右、二〇〇頁。

（八三）毛里和子『現代中国政治　第三版』名古屋大学出版会、二〇一二年、一五九頁、一六三頁。

（八四）中華人民共和国中央政府「胡锦涛在中央新疆工作座谈会上讲话」（二〇二〇年九月二十九日アクセス）http://www.gov.cn/jrzg/2010-05/20/content_1610307.htm

（八五）毛里和子、加藤千洋、美根慶樹『21世紀の中国 政治・社会編』朝日新聞出版、二〇一二年、九五頁。
（八六）中国共産党新聞網「中共中央国务院召开新疆工作座谈会 胡锦涛温家宝发表重要讲话」（二〇二〇年九月二十九日アクセス）http://cpc.people.com.cn/GB/64093/67507/11654261.html
（八七）新免康前掲論文、三八頁。
（八八）楊海英前掲書（二〇〇九年）一六六頁。
（八九）丸山前掲書、八八〜八九頁。
（九〇）森安孝夫『シルクロードと唐帝国――興亡の世界史 第五巻』講談社、二〇〇七年、二九頁。
（九一）一九四九年の建国時にはモンゴル、回、チベット、ウイグル、ミャオ、ヤオ、イ、朝鮮、満洲の九民族であった。
（九二）費前掲書、三一三頁。
（九三）同右、三一四頁。
（九四）中国研究所編『中国年鑑 1999』創土社、二七八頁。
（九五）国家統計局HP「第七次全国人口普查主要数据情况」（二〇二一年三月十九日アクセス）http://www.stats.gov.cn/tjsj/zxfb/202105/t20210510_1817176.html
（九六）中華人民共和国国務院新聞弁公室「新疆的人口发展」（二〇二一年三月十九日アクセス）http://www.scio.gov.cn/zfbps/32832/Document/1713595/1713595.htm
（九七）費孝通は一九一〇年生まれ、一九三三〜三五年に清華大学の大学院で人類学を学び、一九三六〜三八年、ロンドン大学に留学した。一九三八年の日中戦争期に帰国し、雲南大学で教鞭をとった。「新中国」成立後、中央の少数民族に対する調査と民族識別工作に加わったが、文化大革命で批判の対象とされ失脚し、文革後名誉が回復され、公職に復帰する。その後、中国人民協商会議全国委員会副主席（第六回）や全国人民代表大会常務委員会副委員長（第七、八回）などを歴任し、少数民族地域の調査や研究に積極的に参加した。一九八八年十一月に香港中文大学で行われた講演において「中華民族の多元一体構造」論を提起した。
（九八）費前掲書、六六頁。
（九九）同右、三二五〜三二六頁。
（一〇〇）同右、三四〇頁。

（一〇一）西澤治彦「解題――費孝通の『中華民族の多元一体構造』をめぐって」、費孝通（西澤治彦、塚田誠之、曽士才、菊池秀明訳）『中華民族の多元一体構造』風響社、二〇〇八年、三四〇～三四一頁。

（一〇二）毛里前掲書（一九九八年）七六頁。

（一〇三）九か国条約の参加国は米、英、仏、日、伊、蘭、ポルトガル、ベルギー、中華民国である。

（一〇四）西村成雄『二〇世紀中国の政治空間――「中華民族的国民国家」の凝集力』青木書店、二〇〇四年、七二頁。

（一〇五）ワシントン会議に出席した九か国は、アメリカ合衆国、イギリス、オランダ、イタリア、フランス、ベルギー、ポルトガル、日本、中華民国である。

（一〇六）湯浅赳男『民族問題の史的構造』現代評論社、一九七三年、一一〇～一一一頁。

（一〇七）ロバート・サーヴィス（中嶋毅訳）『ロシア革命一九〇〇－一九二七』岩波書店、二〇〇五年、三四頁。

第三章

（一）金東勲『国際人権法とマイノリティ地位』東信堂、二〇〇三年、一二二頁。
（二）国際人権Ａ規約は一九九七年に署名し、二〇〇一年二月二十八日、第九回全国人民代表大会常務委員会第二〇回会議で批准した。国際人権Ｂ規約一九九八年十月に調印（署名）しているが、批准されていない。
（三）アムネスティ・インターナショナル『中国の人権――政治的弾圧と人権侵害の実態』明石書店、一九九六年、一五六～一六二頁。
（四）同右、一三五頁。
（五）アムネスティ・インターナショナル『二〇一八年の死刑判決と死刑執行』（二〇二一年二月二日アクセス）https://www.amnesty.or.jp/library/report/pdf/statistics_DP_2019.pdf
（六）中華人民共和国国務院新聞弁公室「中国的人権状況」（二〇二〇年八月三十日アクセス）http://www.scio.gov.cn/index.htm
（七）高原明生『東大塾　社会人のための現代中国講義』東京大学出版会、二〇一四年、一八頁。
（八）「ウイグル人権法成立　米、中国高官らの弾圧制裁」『朝日新聞』二〇二〇年六月十九日朝刊。
（九）「ウイグル人権侵害、米が当局幹部制裁　中国反発」『朝日新聞』二〇二〇年七月十一日朝刊。

（一〇）「中国に『監視団受け入れを』ＥＵが要求、ウイグル問題」『朝日新聞』二〇二〇年九月十五日夕刊。
（一一）「新疆の綿製品、米が禁輸　中国、『強制労働』を否定」『朝日新聞』二〇二〇年九月十八日朝刊。「新疆」は中国の綿花生産の八〇％以上を占め、昨年の米国への織物製品輸出は五〇〇億ドル（約五兆三千億円）とされる。
（一二）中華人民共和国国務院新聞弁公室「新疆的劳动就业保障」（二〇二〇年九月二十五日アクセス）http://www.scio.gov.cn/zfbps/32832/Document/1687588/1687588.htm
（一三）「ウイグル族政策を糾弾『中国、強制的に同化』米ポンペオ氏」『朝日新聞』二〇二一年一月二十一日朝刊。
（一四）日本ウイグル協会「ウイグル問題で意見書採択した地方議会が八十を超えたことを歓迎し、ご尽力いただいた議員の方々に感謝する」（二〇二一年十二月三十日アクセス）https://uyghur-j.org/japan/2021/12/%E3%82%A6%E3%82%A4%E3%82%B0%E3%83%AB%E5%95%8F%E9%A1%8C%E3%81%A7%E6%84%8F%E8%A6%8B%E6%9B%B8%E6%8E%A1%E6%8A%9E%E3%81%97%E3%81%9F%E5%9C%B0%E6%96%B9%E8%AD%B0%E4%BC%9A%E3%81%8C%EF%BC%98%EF%BC%90%E3%82%92/
（一五）Human Rights Watch, 2019 Report on International Religious Freedom : China,（accessed on 2020/8/30）https://www.hrw.org/world-report/2019/country-chapters/china-and-tibet
（一六）Newsweek Japan「ウイグル絶望収容所の収監者数は八十九万人以上」（二〇二一年二月二日アクセス）https://www.newsweekjapan.jp/stories/world/2018/03/89-3.php
（一七）Human Rights Watch, China: Massive Crackdown in Muslim Region, accessed on 2020/8/30, https://www.hrw.org/news/2018/09/09/china-massive-crackdown-muslim-region#
（一八）U.S. Department of State, 2019 Report on International Religious Freedom : China,accessed on 2020/8/30, https://www.state.gov/reports/2019-report-on-international-religious-freedom/china/
（一九）Chinese Human Rights Defenders, China: Massive Numbers of Uyghurs & Other Ethnic Minorities Forced into Re-education Programs, accessed on 2020/12/30, https://www.nchrd.org/2018/08/china-massive-numbers-of-uyghurs-other-ethnic-minorities-forced-into-re-education-programs/
（二〇）BBC NEW, China's hidden camps, accessed on 2020/8/30, https://www.bbc.co.uk/news/resources/idt-sh/China_hidden_camps

（二一）中華人民共和国国務院新聞弁公室「新疆的反恐、去极端化斗争与人权保障」（二〇二〇年八月三十日アクセス）http://www.scio.gov.cn/ztk/dtzt/39912/40016/index.htm

（二二）U.S. Department of State, 2019 Report on International Religious Freedom : China, accessed on 2020/8/30, https://www.state.gov/reports/2019-report-on-international-religious-freedom/china/

（二三）Uyghur Human Rights Project, HRP UPDATE : 435 Intellectuals Detained and Disappeared in the Uyghur Homeland, accessed on 2020/9/15, https://uhrp.org/press-release/uhrp-update-435-intellectuals-detained-and-disappeared-uyghur-homeland.html

（二四）文革中に知識人を軽蔑して地、富、反、坏、右、叛徒、特务、走资派（地主・富農・反革命分子・悪質分子・右派分子・裏切り者・スパイ・資本主義の道を歩む者）の後に序列して「臭老九」と言った。

（二五）「共産党の網をかいくぐりウイグル人支持の輪は広がる」『ニューズウィーク』二〇一九年二月二十六日、一三頁。

（二六）Australian Strategic Policy Institute (ASPI), Xinjiang Data Project website launch, accessed on 2020/10/19, https://www.aspi.org.au/news/xinjiang-data-project-website-launch

（二七）Freedom House, China: Freedom in the World 2020 Country Report , accessed on 2020/10/19, https://freedomhouse.org/country/china/freedom-world/2020

（二八）Human Rights Watch, China : Massive Crackdown in Muslim Region, accessed on 2020/8/30, https://www.hrw.org

（二九）水谷尚子「ウイグル収容施設の惨状」『週刊金曜日』二十六巻、四七号、二〇一八年、二五頁。百十五名の著名ウイグル人の拘束者リストを掲載している。

（三〇）梶谷懐「新疆ウイグル自治区で復活する『労働教養所』」、『週刊　東洋経済』十二号、二〇一九年、七二頁。

（三一）「労働矯正制度、中国で改正論　民主活動家ら、司法経ずに拘束　全人代で議論へ」『朝日新聞』二〇〇七年三月二日朝刊。

（三二）「人権活動家ハリー・ウー氏、国外追放・禁固十五年　中国の裁判所判決」『朝日新聞』一九九五年八月二十四日夕刊。

（三三）ハリー・ウー（山田耕介訳）『労改――中国強制収容所を告発する』ティビーエス・ブリタニカ、一九九六年、一六三〜一六四頁。

（三四）同右、二四頁。ハリー・ウー氏は中国政府の発表の数字ははるかに低い、収容所数は一一五五か所、人数は六百〜八百万、一九四九年以の来推定では労働者は五千万人を超えるという。

（三五）同右、一九〇〜一九一頁。

（三六）櫻井龍彦「開発と紛争――中国新疆地区の『西部大開発』と民族紛争をめぐる諸問題から」『紛争と開発：平和構築のための国際開発協力の研究』五号、二〇〇五年、一三三頁。

（三七）R.J.ラムル（China's Bloody Century 翻訳委員会）『中国の民衆殺戮 義和団事変から天安門事件までのジェノサイドと大量殺戮』星雲社、二〇〇八年、二〇三頁。

（三八）「米、ウイグル問題で輸出規制」『朝日新聞』二〇二〇年五月二十三日夕刊。

（三九）「新疆の綿製品、米が禁輸 中国、「強制労働」を否定」『朝日新聞』二〇二〇年九月十八日朝刊。

（四〇）Freedom House, Freedom in the World 2020 A Leaderless Struggle for Democracy, accessed on 2020/9/16, https://freedomhouse.org/report/freedom-world/2020/leaderless-struggle-democracy

（四一）ウー前掲書、九九頁。

（四二）新免前掲論文（二〇〇三年）三九頁。

（四三）「『市民社会の台頭、始まった』盲目の人権活動家、陳光誠氏に聞く」『朝日新聞』二〇一三年六月二十六日朝刊。

（四四）「（人口：四）パキスタン・中国農村の避妊、国の命運」『朝日新聞』二〇〇七年五月一日朝刊。

（四五）「《朝日新聞デジタル》〈特派員発@北京〉一人っ子政策の闇 吉岡桂子（中国総局員）」『朝日新聞』二〇一一年九月五日デジ専。

（四六）Radio Free Asia "خىتاي ھۆكۈمىتىنىڭ ئۇيغۇر ئېلىدىكى بىر يىللىق پىلانلىق تۇغۇت خىزمىتىنىڭ نىشانى تۇغۇلۇش نىسبىتىنى تۆۋەنلىتىش" accessed on 2021/1/26, https://www.rfa.org/uyghur/xewerler/tepsili_xewer/tughut-cheklesh-01102021173119.html

（四七）The Jamestown Foundation, Sterilizations, IUDs, and Coercive Birth Prevention: The CCP's Campaign to Suppress Uyghur Birth Rates in Xinjiang, accessed on 2020/1/3, https://jamestown.org/program/sterilizations-iuds-and-mandatory-birth-control-the-ccps-campaign-to-suppress-uyghur-birth-rates-in-xinjiang/

（四八）「ウイグル『断種』残酷物語」『ニューズウィーク』二〇二〇年七月十四日、四七〜四九頁。

（四九）Freedom House, Freedom in the World 2020 A Leaderless Struggle for Democracy, accessed on 2020/9/16, https://freedomhouse.org/report/freedom-world/2020/leaderless-struggle-democracy

（五〇）浜勝彦『中国年鑑 ２０１０』毎日新聞社、二〇一〇年、一〇七頁。

(五一)「ウイグル族政策を糾弾 「中国、強制的に同化」 米ポンペオ氏」『朝日新聞』二〇二一年一月二十一日朝刊。

(五二)「三武一宗」とは後魏の道武帝、北周の武帝、唐の武帝と後周の世宗の四人の天子による仏教徒への迫害である。「洗回」とは十九世紀半ばの清朝と二十世紀前半の中華民国の時代で陝西、甘粛、雲南におけるイスラム教徒の回族の虐殺である。

(五三)小村不二男前掲書、一六四頁。

(五四)王柯前掲書(二〇〇五年)一〇四頁。

(五五)中華人民共和国国務院新聞弁公室「中国的宗教信仰自由状況」(二〇二〇年九月五日アクセス)http://www.scio.gov.cn/ztk/dtzt/37868/38146/index.htm

(五六)王柯前掲書(二〇〇五年)一一六頁。

(五七)中華人民共和国国務院新聞弁公室「中国保障宗教信仰自由的政策和実践」(二〇二〇年九月五日アクセス)http://www.scio.gov.cn/ztk/dtzt/37868/38146/Document/1626659/1626659.htm

(五八)王柯前掲書(二〇〇五年)一〇三頁。テュルク系イスラム民族はウイグル、カザフ、キルギス、ウズベク、タタール、タジク(タジク人はイラン系である)がある。漢語を話す民族は回族、東郷、保安、撒拉族である。

(五九)国家宗教事務管理局(二〇二〇年九月一日アクセス)http://www.sara.gov.cn/gjzjswjhtml/index.html

(六〇)ジェームズ・パーマー「ウイグル弾圧は序章なのか」『ニューズウィーク』二〇一九年一月二十二日号、四〇頁。

(六一)中華人民共和国中央人民政府「中华人民共和国宪法」(二〇二一年一月二十一日アクセス)http://www.gov.cn/guoqing/2018-03/22/content_5276318.htm

(六二)全国人民代表大会「中华人民共和国民族区域自治法」(二〇二一年一月二十一日アクセス)http://www.npc.gov.cn/wxzl/gongbao/2001-03/03/content_5004447.htm

(六三)中華人民共和国国務院新聞弁公室「中国的宗教信仰自由状況」(二〇二〇年九月五日アクセス)http://www.scio.gov.cn/ztk/dtzt/76/11/Document/1170380/1170380.htm

(六四)土屋紀義「中国のイスラム教徒 歴史と現況」『レファレンス』三月号、二〇〇四年、五六頁。

(六五)The Association of Religious Data Archives, International Religious Indexes, accessed on 2020/10/18, https://www.thearda.com/internationalData/countries/Country_52_1.asp

(六六)新疆ウイグル自治区人民政府「新疆维吾尔自治区去极端化条例」(二〇二〇年九月五日アクセス)http://www.xinjiang.gov.

cn/xinjiang/fsljzcfg/201810/ce79abb87ad847cdaa7d1e4e07423358.shtml

（六七）王柯「『畏敬』の争奪――現代中国における政治と宗教」『国際問題』六七五号、二〇一八年、四五頁。

（六八）川島久人「ウイグル日記　監視下、消えた笑顔」『世界』第九三五号、二〇二〇年八月、一八〇～一八一頁。

（六九）中国ムスリム協会『中国のムスリムを知るための六〇章』明石書店、二〇一二年、二四三頁。「愛国愛教」は一九二〇年代末に中東から中国にもたらされたハディース（「伝承」を意味するアラビア語。預言者ムハンマドの言行に関する伝承をさす）に基づいた言葉と言われる。ところが、国という単語はクルアーンに存在せず、現代の考証では真正のハディースと認められていない。

（七〇）U.S. Department of State, 2019 Report on International Religious Freedom : China, accessed on 2020/8/30, https://www.state.gov/reports/2019-report-on-international-religious-freedom/china/

（七一）Australian Strategic Policy Institute (ASPI) , Xinjiang Data Project website launch, accessed on 2020/10/19, https://www.aspi.org.au/news/xinjiang-data-project-website-launch

（七二）鈴木前掲論文、二一一～二一二頁。

（七三）中華人民共和国国務院新聞弁公室「政府白皮书」（二〇二〇年八月三十日アクセス）http://http://www.scio.gov.cn/zfbps/index.htm

（七四）Reuters, China official says Xinjiang's Muslims are 'happiest in world', accessed on 二〇二〇/一〇/一五, https://www.reuters.com/article/us-china-xinjiang/china-official-says-xinjiangs-muslims-are-happiest-in-world-idUSKCN一B五〇ID

（七五）中国中央テレビ「新疆的反恐 去极端化斗争」（二〇二〇年九月五日アクセス）https://tv.cctv.com/index.shtml?spm=C28340.P9dhkRStLqPh.EYq0LGFLODJm.1

（七六）湖南省イスラム協会「〝清真〟一词的由来」（二〇二〇年十一月二十一日アクセス）http://hnislam.com/newsitem/271714120

（七七）王柯前掲書（二〇〇五年）一一四頁。

（七八）松村前掲論文、二〇一一年、一八頁。

（七九）中華人民共和国中央人民政府「中华人民共和国宪法」（二〇二〇年九月十五日アクセス）http://www.gov.cn/zhengce/2006-04/30/content_2602186.htm

（八〇）「命の危険『もう帰れない』日本で暮らすウイグル族に迫る迫害」『週刊朝日』二〇一九年三月四日。

（八一）Uyghur Human Rights Project, UHRP REPORT: Weaponized Passports: The Crisis of Uyghur Statelessness, accessed on 2020/9/15, https://uhrp.org/press-release/uhrp-report-weaponized-passports-crisis-uyghur-statelessness.html

（八二）毛里前掲書（一九九八年）一四二～一四三頁。

（八三）アルタイ語族にはトルコ語、モンゴル語、カザフ語、ウイグル語などがあり、朝鮮語、日本語も含まれるとの説がある。

（八四）庫熱西、買合木提江、熱義思『現代維吾爾語』新疆人民出版社、二〇〇三年、一頁。

（八五）高原前掲書、四〇頁。

（八六）片岡一忠前掲書、二〇三頁。

（八七）居来提、色依提「新疆ウイグル自治区少数民族教育と人材育成」『アジア研究紀要』四十三号、一五八頁。

（八八）片岡一忠前掲書、二〇三頁。

（八九）王柯前掲書（二〇〇五年）六〇～六一頁。

（九〇）漢語学校と民族学校は形式として小学校を六年、中学校を三年、高等学校も三年としてそれぞれの教育を行っている。

（九一）アナドラ・グリジャナティ『中国の少数民族教育とその実態――新疆ウイグル自治区における双語教育』三元社、二〇一五年、五八頁。

（九二）中華人民共和国中央人民政府「中华人民共和国民族区域自治法」（二〇二一年一月二十四日アクセス）http://www.gov.cn/test/2005-07/29/content_18338.htm

（九三）漢語水平試験（ＨＳＫ）とは漢語水準テストで、中国語を母語としないものに対する中国語レベルを検定する国家認定試験である。

（九四）「新疆クラス」は「新疆」の少数民族を対象に内地沿岸部の大都市で学習するプログラムである。

（九五）中華人民共和国教育部「教育部、国家计委、财政部关于扩大内地新疆高中班招生规模的通知」（二〇二〇年九月一日アクセス）http://www.moe.gov.cn/s78/A09/mzs_left/moe_752/tnull_1012.html

（九六）中華人民共和国教育部「教育部国家计展改革委财政部关于扩大内地新疆高中班招生规模的意见」（二〇二〇年九月一日アクセス）http://www.moe.gov.cn/srcsite/A09/moe_752/200505/t20050517_77957.html

（九七）中華人民共和国教育部「教育部国家发展改革委财政部关于扩大内地新疆高中班招生规模的意见」（二〇二〇年九月一日アクセス）http://www.moe.gov.cn/srcsite/A09/moe_752/200505/t20050517_77957.html

（九八）グリジャナティ前掲書、六九頁。
（九九）ウイグル語の授業は必須科目ではないため、後退している。
（一〇〇）グリジャナティ前掲書、六九頁。

（一〇一）三浦小太郎「世界ウイグル会議総裁　ドルクン・エイサ　悲痛の訴え」『正論』二〇一八年六月号、一六四頁。

（一〇二）蘆中潔「新疆ウイグル自治区の就学前教育における言語政策法規の変遷から」『子ども学研究紀要』八号、二〇二〇年、一九頁。

（一〇三）アムネスティ・インターナショナル「先住民族／少数民族・ウイグル人」（二〇二〇年八月三十日アクセス）https://www.amnesty.or.jp/human-rights/topic/minority/minority_uyghur.html
（一〇四）いわゆる「国家共通の言語・文字」とは漢語、漢文字を意味する。

（一〇五）王柯前掲書（二〇〇五年）一七六頁。

（一〇六）丸山前掲書、三三～三四頁。

（一〇七）同右、二八～二九頁。

（一〇八）毛里前掲書（一九九八年）五頁。

（一〇九）デイヴィッド・アイマー『辺境中国――新疆、チベット、雲南、東北部を行く』白水社、二〇一八年、二九頁。

（一一〇）中国国民党台湾省執行委員会『国父全集（四）』、一五九頁。
（一一一）中華人民共和国国務院新聞弁公室「《新疆生产建设兵团的历史与发展》白皮书（全文）」（二〇二〇年十二月二十日アクセス）http://www.scio.gov.cn/zfbps/ndhf/2014/Document/1382598/1382598.htm
（一一二）中国统计信息网『新疆生产建设兵团二〇一九年国民经济和社会发展统计公报』（二〇二〇年十二月二十日アクセス）http://www.tjcn.org/tjgb/31xj/36391.html
（一一三）加々美前掲書、一三九頁。
（一一四）大西広『中国の少数民族問題と経済格差』京都大学学術出版会、二〇一二年、三四頁。
（一一五）楊海英『「知識青年」の一九六八年　中国の辺境と文化大革命』岩波書店、二〇一八年、一四五頁。楊海英「ウイグル人の中国文化大革命」『アジア研究』四巻、一月号、二〇一六年、二〇二～二〇三頁。
（一一六）廖亦武（劉燕子訳）『中国底層訪談録「インターナショナル」どん底の世界』集広舎、二〇〇八年、一一七頁。

（一一七）新疆生産建設兵団『新疆生产建设兵团二〇一九年国民经济和社会发展统计公报』（二〇二〇年九月一日アクセス）http://www.xjbt.gov.cn

（一一八）王柯『東トルキスタン共和国研究』東京大学出版会、二〇〇九年、一頁。

（一一九）「シルクロード、眠る大油田開発の波（ルポルタージュ世界）」『朝日新聞』一九九八年六月二十二日朝刊。

（一二〇）侯若虹「新疆はこんなに変わった」『人民中国』十月号、二〇〇五年、一八頁。

（一二一）越路正巳『21世紀の主権、人権および民族自決権』未来社、一九九八年、二六～二七頁。

（一二二）中華人民共和国中央人民政府「中华人民共和国民族区域自治法」（二〇二一年一月二十四日アクセス）http://www.gov.cn/test/2005-07/29/content_18338.htm

（一二三）佐藤悠子「中国の核開発――ウラン鉱探査をめぐる国際政治と中国」『国際政治』一九七号、二〇一九年、二六～三八頁。

（一二四）同右。

（一二五）中国は一九九六年に国連が包括的核実験禁止条約（ＣＴＢＴ）を署名したが、国内批准はしていない。

（一二六）高田純『中国の核実験　シルクロードで発生した地表核爆発災害』医療科学社、二〇〇八年、一二～一八頁。

（一二七）高田純『核の砂漠とシルクロード観光のリスク』医療科学社、二〇〇九年、一四～一六頁。

（一二八）中華人民共和国・統計篇編纂委員会『中華人民共和国　統計編』日中親善促進協会、一九九〇年、二五九～二六〇頁。

（一二九）高田前掲書（二〇〇八年）、一七九頁。

（一三〇）同右、一七七頁。

（一三一）拉莱苏祖克、彭玉华、周康、房新志、王莉「新疆不同民族子宫颈癌发病趋势分析」『新疆医科大学学报』第七期、二〇〇六年、三頁、新疆医科大学学报编辑部出版。

（一三二）张月明「新疆食管癌的分布」『新疆医科大学学报』二期、新疆医科大学学报编辑部出版、一九八八年、一三九～一四四頁。

（一三三）羽倉洋行、一瀬昌嗣「中国の核実験と周辺住民の被曝――カザフスタンから垣間見られた放射能汚染」『素粒子論研究（電子版）』四号、二〇一〇年、三二一頁。

（一三四）同右。

（一三五）「中国、地下核実験を準備か　米紙が報道　米軍機、情報収集してた?」『週刊朝日』二〇〇一年四月十日。

（一三六）「米国『中国の核実験場に懸念』年次報告書」『朝日新聞』二〇二〇年四月十七日朝刊。

（一三七）「中国、今後十年で核弾頭倍増か　米国防総省が見解、核軍拡に強い懸念」『週刊朝日』二〇二〇年九月三日。
（一三八）高田前掲書（二〇一六年）、一七三頁。
（一三九）同右、一七九頁。
（一四〇）「核被害者世界大会でウイグルの元住民実情報告　中国核実験で気象異変」『朝日新聞』一九九二年九月二十六日夕刊。
（一四一）「一九六四年東京オリンピックの光と影　当時中学生の池上彰が振り返る」『朝日新聞』二〇二〇年一月十七日朝刊。
（一四二）「日本上空で放射能汚染探知？　中国が地下核実験失敗米誌報道」『週刊朝日』一九九二年十月二十六日朝刊。
（一四三）同右。
（一四四）マイラ・メメティ「中国新疆ウイグル自治区における貧困と教育の概観」『教育福祉研究』八号、二〇〇二年、二九頁。
（一四五）黄文雄『文明の自殺逃れられない中国の宿命』集英社、二〇〇七年、八五頁。
（一四六）「労働人口・環境が壁　中国成長率、一三年ぶり八％割れ　一人っ子政策、緩和を示唆」『朝日新聞』二〇一三年一月十九日朝刊。
（一四七）楊継縄『中国当代社会階層分析』江西高校出版社、二〇一一年、三四六～三五〇頁。
（一四八）『朝日新聞』「中国改革開放四十二年、迫る転換　あすから五中全会、新政策『双循環』」二〇二〇年十月二十五日朝刊。
（一四九）The World Bank「世界開発報告一九九六——計画経済から市場経済へ」（二〇二〇年十二月一日アクセス）http://documents1.worldbank.org/curated/en/413521468167980298/pdf/158920WDR0JAPANESE0Box124140B00PUBLIC0.pdf
（一五〇）李培林『二〇〇九年中国社会形勢分析与預測』社会科学文献出版社、二〇〇八年、一九～二〇頁。
（一五一）二〇〇〇年まで、中国の大学生の就職先や任地は、統一配分によって国家が決定することになっていた。
（一五二）マイラ前掲論文、二五頁。
（一五三）同右。
（一五四）同右。
（一五五）大西前掲書、一二一～一二二頁。
（一五六）同右、一二五頁。
（一五七）ジュラティ・セイティ「新疆における少数民族の大学卒業生に対する雇用政策」『アジア研究所記要』、四〇巻、二〇一三年、一〇五頁。

（一五八）国家発展改革委員会「能源生产和消费革命战略（二〇一六 - 二〇三〇）」（二〇二〇年九月一日アクセス）https://www.ndrc.gov.cn
（一五九）デイヴィッド・アイマー『辺境中国――新疆、チベット、雲南、東北部を行く』白水社、二〇一八年、二八頁。
（一六〇）同右、二七頁。
（一六一）姚玉馨「国境を超える民族―雲南省と新疆ウイグル自治区を事例として」『Aoyama Journal of International Studies』四号、二〇一七年、一七七頁。
（一六二）マイラ前掲論文、二七頁。
（一六三）櫻井前掲論文、六頁。
（一六四）「(世界発二〇二〇) 強まる管理、薄れる信仰　チベット　共産党統治『ダライ・ラマの話はできない』」『朝日新聞』二〇二〇年十一月二十六日朝刊。
（一六五）岡倉古志郎、長谷川正安『民族の基本的権利（現代の人権双書）』法律文化社、一九七三年、三七～三八頁。
（一六六）田中前掲論文、六五～六六頁。
（一六七）毛里前掲書（一九九八年）一〇六頁。
（一六八）「新疆の綿製品、米が禁輸　中国、『強制労働』を否定」『朝日新聞』二〇二〇年九月十八日朝刊。

第四章

（一）堤功一「国際法における少数者保護問題の輪郭」『立命館法学』二巻、三号、二〇〇五年、二八六頁。
（二）曾我英雄『自決権の理論』啓文堂、一九八七年、二四頁。
（三）中沢和男「国家をもたない民族の概念の国際政治学上の意義について」『東海大学紀要政治経済学部』四十四号、二〇一二年、九頁。
（四）岡倉前掲書、一六七頁。
（五）同右。
（六）同右、一六六頁。

(七) 同右、一六八頁。
(八) 丸山前掲書、六頁、五三頁。
(九) 同右、二六頁。
(一〇) 同右、五二～五三頁。
(一一) 吉川元『民族自決の果てに――マイノリティをめぐる国際安全保障』有信堂高文社、二〇〇九年、四二頁。
(一二) 岡倉前掲書、六五頁。
(一三) 田口冨久治・木下昭『民族の政治学』法律文化社、一九九六年、一七三頁。
(一四) 岡倉前掲書、六六頁。
(一五) 同右、六六頁。
(一六) 吉川前掲書、五六頁。
(一七) 丸山前掲書、五八頁。
(一八) 同右、一一～三二頁。
(一九) 唐渡晃弘『国民主権と民族自決――第一次世界大戦中の言説の変化とフランス』木澤社、二〇〇三年、一二一～一二二頁。
(二〇) 福田誠治「ソビエトロシアにおける民族と言語問題(三)――民族理論の初期の実践(一)」『都留文科大学研究紀要』五十六号、二〇〇二年、一一九頁。
(二一) 丸山前掲書、五九頁。
(二二) 同右、九五頁。
(二三) 同右。
(二四) 同右、六〇～六一頁。
(二五) 高崎通浩『民族対立の世界地図――欧米/北南米/アフリカ編』中央公論新社、二〇〇二年、一〇六頁。
(二六) 丸山前掲書、五一頁。
(二七) 高崎前掲書、一一〇頁。
(二八) 藤井正博「一九一八年一月五日 ロイド・ジョージの戦争目的演説――帝国的戦略的視点からの分析」『神戸山手女子短期大学紀要』三九号、一九九六年、一頁。

（二九）吉川前掲書、五七頁。
（三〇）家正治「民族自決権に関する一覚書」『神戸外大論叢』二十二巻、五号、一九七一年、三頁。
（三一）（一）中国の五・四運動……一九一九年、北京でパリ講和会議の条約に反対する運動、（二）朝鮮の三・一独立運動……一九一九年、日本からの独立を宣言する運動、（三）インドの民族運動……第一次世界大戦直後、ガンジーの非暴力不服従運動が始まった。
（三二）関廣野『民族とはなにか』講談社、二〇〇一年、八頁。
（三三）岡倉前掲書、一七六頁。
（三四）吉川前掲書、四二頁。
（三五）山本草二『国際条約集　一九九六年版』有斐閣、一九九六年、一〇頁、二二頁。
（三六）国連広報センター「加盟国一覧」（二〇二一年一月二十三日アクセス）https://www.unic.or.jp/info/un/un_organization/member_nations/
（三七）岡倉前掲書、六八頁。
（三八）山本前掲書、五四頁。
（三九）家正前掲論文、一〇頁。
（四〇）山本前掲書、五七頁。
（四一）吉田恵利「現代国際法における分離権の位置づけ――救済的分離論の妥当性に関する実証的研究」『北大法政ジャーナル』二三号、二〇一六年、三頁。
（四二）堤功前掲論文、二九五頁。
（四三）高崎前掲書、一〇六～一〇七頁。
（四四）田口前掲書、一頁。
（四五）桐山孝信「『民族紛争』と自決権の変容」『世界法年報』二一号、二〇〇一年、七四頁。
（四六）同右、七五頁。
（四七）吉川前掲書、二〇〇九年、一八八頁。
（四八）吉川元「国内統治を問う国際規範の形成過程」『社會科學研究』五十五巻、五・六号、二〇〇四年、五八頁。

(四九) 植木俊哉『ブリッジブック国際法　第二版』信山社、二〇〇三年、一三三頁。
(五〇) 吉川前掲論文、五八頁。
(五一) 福富満久「『軍事介入の論理』M・ウォルツァーとM・イグナティエフ――シリア問題に寄せて」『一橋社会科学』五巻、二〇一三年、一九頁。
(五二) 山本前掲書、一〇頁。
(五三) 同右、三七頁。
(五四) 吉田前掲論文、三頁。
(五五) 福富前掲論文、三五頁。
(五六) 吉本祐樹「『保護する責任(Responsibility to Protect)』概念の国際法上の位置づけ」『横浜法学』二七号、二〇一九年、五一七～五一八頁。

第五章

(一) 松村嘉久「中国における民族自治地方の設立過程と展開――国家形成をめぐる民族問題」『人文地理』四十九巻、四号、一九九七年、三三三頁。
(二) 井出前掲書、二一〇頁。
(三) 川島掲論文、二頁。
(四) 費前掲書、一〇四頁。
(五) 同右、二三頁。
(六) 茂木敏夫「中国的秩序の理念――その特徴と近現代における問題化」『北東アジア研究』三号、二〇一七年、八四頁。
(七) 清朝はアイグン条約や北京条約で沿海州、南京条約で香港島、日清戦争で台湾・澎湖などの国土を割譲した。またかつて清朝の属国であったベトナム、朝鮮半島や琉球はフランスや日本に奪われた、とみる。
(八) 横山宏章『中国の政治危機と伝統的支配-帝国の瓦解と最興』研文出版、一九九六年、一一頁。
(九) 同右、三頁。

（一〇）王柯前掲書（二〇〇五年）、二一二〜二一三頁。王柯は、中国の「少数民族」問題について、海外では政治学的考えからドミノ理論で解釈する傾向があるという。これは一つの地域の独立を認めれば、他の地域や民族にも必ず同じ要求が出るとみる考え方である。

（一一）茂木敏夫「伝統的統治をどう踏まえるか——東アジア新秩序の構想をめぐって」『国際問題』六二三号、二〇一三年、四八頁。

（一二）高原明生『東大塾　社会人のための現代中国講義』東京大学出版会、二〇一四年、九四頁。

（一三）西村前掲書、一七頁。

（一四）「(リレーおぴにおん) 私の三国志——九　朝鮮にもある三国のロマン　康熙奉さん」『週刊朝日』二〇二〇年一一月一二日。

（一五）「韓国『高句麗、我が歴史』　中国の研究に反発　国会に抗議決議案も」『朝日新聞』二〇〇四年一月十二日朝刊。

（一六）The Wall Street Journal.HP, WSJ Trump Interview Excerpts : China, North Korea, Ex-Im Bank, Obamacare, Bannon, More, accessed on 2020/12/11, https://blogs.wsj.com/washwire/2017/04/12/wsj-trump-interview-excerpts-china-north-korea-ex-im-bank-obamacare-bannon/

（一七）アリストテレス（田中美知太郎、北島美雪、尼々崎徳一、松居正俊、津村寛二訳）『政治学』中央公論新社、二〇〇九年、三二一〜三二三頁。

（一八）福永光司『老子』朝日新聞社、一九六八年、三九七頁。原文では「小国寡民」である。

（一九）鳴子博子「ルソーの戦争論序説——ルソーの戦争論からもう一つのＥＵ統合を考える」『中央大学社会科学研究所年報』一八号、二〇一三年、一五三頁。

（二〇）矢野仁一『近代支那論』京都弘文堂、一九二三年、六一〜六九頁。

（二一）毛里和子『市場経済化の中の中国』日本国際問題研究所、一九九五年、二二頁。

（二二）高木彰彦「地政学研究の課題と文献紹介」『空間・社会・地理思想』一号、一九九六年、三八頁。

（二三）高木彰彦「地政学に関する覚書——地政学概念の変遷をめぐって」『茨城大学教養部紀要』二五号、一九九三年、三九七〜四〇一頁。

（二四）杉井、星野前掲書、一二七〜一二八頁。

（二五）佐藤優『現代の地政学』晶文社、二〇一六年、二一頁。

（二六）片岡一忠前掲書、三五九頁。

（二七）アルチュール・コンド（山口俊章訳）『ヤルタ会談＝世界の分割——戦後体制を決めた八日間の記録』サイマル出版会、一九八六年、二二〇頁。

（二八）同右、二〇一頁。

（二九）山本前掲書、六七三頁。

（三〇）励前掲書、一五〇頁。

（三一）同右、一五一頁。

（三二）段瑞聡「太平洋戦争勃発前蒋介石の対外政略——一九四一年を中心に」山田辰雄、松重充浩『蒋介石研究—政治・戦争・日本—』東方書店、二〇一三年、四四八頁。

（三三）山田辰雄　松重充浩『蒋介石研究——政治・戦争・日本』東方書店、二〇一三年、五四一頁。

（三四）加々美前掲書、二二八〜二三〇頁。

（三五）産経デジタル「大阪正論　『中国の民族弾圧を放置せず関与を』静岡大教授・楊海英氏」（二〇二一年一月二十八日アクセス）https://www.iza.ne.jp/kiji/politics/news/190208/plt19020817410018-n1.html

（三六）産経新聞「ヤルタ密約に疑念　英秘密文書で判明　ロシアの北方四島不法占拠が濃厚に」（二〇二一年一月二十三日アクセス）https://www.sankei.com/world/news/161205/wor1612050024-n1.html

（三七）石井明「毛沢東の外交スタイルについての一考察——スターリン批判と中ソ対立」岡部達味『グレーター・チャイナの政治変容』勁草書房、一九九五年、一五七〜一五八頁。

（三八）王柯前掲書（二〇〇九年）、一頁。

（三九）浜勝彦『中国年鑑　２０１０』毎日新聞社、二〇一〇年、三五九頁。

（四〇）堀江則雄『ユーラシア胎動——ロシア・中国・中央アジア』岩波書店、二〇一〇年、八九頁。

第六章

（一）毛里前掲書（一九九八年）、一頁。清朝は乾隆帝の時期、周縁に対する遠征で、チベット（一七二〇年）、内モンゴル（一七五五年）、東トルキスタン（一七六〇年）を次々と自らの版図にしていった。

(二) 高橋和夫『三訂版　現代の国際政治』放送大学教育振興会、二〇一八年、四九頁。

(三) 中華人民共和国中央人民政府「中国共产党章程」(二〇二〇年九月十五日アクセス) http://www.gov.cn/zhuanti/2017-10/28/content_5235102.htm

(四) ロバート・サーヴィス(中嶋毅訳)『ロシア革命一九〇〇‐一九二七』岩波書店、二〇〇五年、一四四〜一四五頁。「全体主義」は元来ファシスト・イタリアやナチスを分析するために用いられた概念である。定義は必ずしも一様ではなかったが、単一のイデオロギーに基づいて社会に対する全体的支配を志向する、現代的テクノロジーを駆使した新しい型の独裁の様式、という理解が次第に整備され、全体主義論として有力な分析概念となった。

(五) 毛里和子『現代中国政治［第三版］——グローバル・パワーの肖像』名古屋大学出版会、二〇一二年。二頁。

(六) 中華人民共和国中央人民政府「二〇一九年中国共产党党内统计公报」(二〇二〇年八月二十九日アクセス) http://www.gov.cn/index.htm

(七) BBC News Japan「中国、香港懸念の五カ国に『失明に気をつけよ』と警告」(二〇二一年一月四日アクセス) https://www.bbc.com/japanese/55011640

(八) S・P・ハンチントン(坪郷實、中道寿一、薮野祐三)『第三の波　二十世紀後半の民主化』三嶺書房、一九九五年、八五頁。

(九) 毛里和子「改革開放時代の中国外交——外交思想を中心に」岡部達味『グレーター・チャイナの政治変容』勁草書房、一九九五年、一一三頁。

(一〇) 中国は一九九六年に国連海洋法条約を、二〇〇一年にWTOの加盟受諾文書を署名、批准している。

(一一)「ウイグル族との連帯を呼びかけ　香港で市民ら集会」『朝日新聞』二〇一九年十二月二十三日朝刊。

(一二) Freedom House, Freedom on the Net 2020 The Pandemic's Digital Shadow, accessed on 2021/1/4, https://freedomhouse.org/report/freedom-net/2020/pandemics-digital-shadow。チェック数＝スコアが一〇〇〜七〇が自由(Free)、六九〜四〇がやや自由(Partly Free)、三九〜〇は不自由(Not Free)の判定が下される。

(一三) Human Rights Watch, China：Big Data Program Targets Xinjiang's Muslims, accessed on 2021/1/4, https://www.hrw.org/news/2020/12/09/china-big-data-program-targets-xinjiangs-muslims

(一四)「『警鐘鳴らした医師こそ英雄』研究者表彰の中国政府に反発、投稿次々」『朝日新聞』二〇二〇年九月十三日朝刊。

(一五)「封鎖下の武漢を発信、実刑『市民記者』に懲役四年判決　中国」『朝日新聞』二〇二〇年十二月二十九日朝刊。

（一六）Australian Strategic Policy Institute, Mapping Xinjiang's 're-education' camps, accessed on 2020/12/1, https://www.aspi.org.au/report/mapping-xinjiangs-re-education-camps

（一七）「『中国は必ず変わると認識を』『盲目の人権活動家』陳氏初来日」『朝日新聞』二〇一七年十月二十日朝刊。

（一八）中嶋嶺雄『中国の悲劇』講談社、一九八九年、二一七～二一八頁。

（一九）「ノーベル平和賞・劉暁波氏の弟子が明かした『肉声と今』ワイド特集」『朝日新聞』二〇一〇年十二月十日朝刊。

（二〇）Freedom House, FREEDOM IN THE WORLD 2020, accessed on 2021/1/4, https://freedomhouse.org/report/freedom-world/2020/leaderless-struggle-democracy

（二一）Pew Research Center, Unfavorable Views of China Reach Historic Highs in Many Countries, accessed on 2020/12/27, https://www.pewresearch.org/global/2020/10/06/unfavorable-views-of-china-reach-historic-highs-in-many-countries/

（二二）内閣府「外交に関する世論調査（令和元年十月）」（二〇二一年一月十一日アクセス）https://survey.gov-online.go.jp/r01/r01-gaiko/index.html

（二三）非営利シンクタンク言論「中国人の日本に対する良い印象は、過去最高を更新――第十五回日中共同世論調査結果」（二〇二〇年十二月二十九日アクセス）https://www.genron-npo.net/world/archives/9354.html

（二四）ジーン・シャープ（瀧口範子訳）『独裁体制から民主体制へ――権力に対抗するための教科書』筑摩書房、二〇一二年、二一頁。

（二五）「米、中国二十八団体に輸出制限　監視カメラ最大手など　『弾圧』」『朝日新聞』二〇一九年十月九日朝刊。

（二六）「強制労働の生産品、英が排除　新疆ウイグル自治区」『朝日新聞』二〇二一年一月十三日夕刊。

（二七）Freedom House, A Leaderless Struggle for Democracy, accessed on 2021/1/4, https://freedomhouse.org/report/freedom-world/2020/leaderless-struggle-democracy

（二八）「ウイグル弾圧、声あげる米　制裁法めざし、人権外交・ロビー活動」『朝日新聞』二〇一九年十二月二十八日朝刊。

（二九）ハンチントン前掲書、iii頁。

（三〇）Freedom House, Freedom In The World 2020, accessed on 2021/1/4, https://freedomhouse.org/report/freedom-world/2020/leaderless-struggle-democracy

（三一）中沢和男「民族概念の政治学的意義と四つの論点」『東海大学紀要』四二号、二〇一〇年、六二頁。

（三二）櫻井前掲論文、三頁。

（三三）ラムル前掲書、一九六～二〇〇頁。
（三四）辛子陵『紅太陽的隕落――千秋功罪毛澤東』上、書作坊、二〇一一年、三五四頁。
（三五）楊継縄『墓碑――中国六十年代饥荒纪实』下、天地图书、二〇〇八年、九〇四頁。
（三六）中嶋前掲書、一六頁。
（三七）「中国、社会管理強化　温首相、格差不満に危機感」『朝日新聞』二〇一一年三月五日朝刊。
（三八）清水隆雄「テロリズムの定義――国際犯罪化への試み」『レファレンス』五五五号、二〇〇五年、三九頁。
（三九）「チベット・ウイグル族 vs 中国政府『民族問題、政治改革の鍵』王力雄氏に聞く」『朝日新聞』二〇一一年四月二十六日朝刊。
（四〇）王柯前掲書（二〇〇五年）、七三頁。
（四一）丸山眞男『増補版現代政治の思想と行動』未來社、一九六四年、四七五～四七六頁。
（四二）Radio Free Asia「『人民日报刊文称有五类人干扰中国崛起　引批评」（二〇二一年一月十八日アクセス）https://www.rfa.org/mandarin/Xinwen/jyxw-08012012102421.html
（四三）中華人民共和国国務院新聞弁公室HP「新疆的若干历史问题」（二〇二〇年十二月一日アクセス）http://www.scio.gov.cn/zfbps/ndhf/39911/Document/1659932/1659932.htm
（四四）ピーター・ナヴァロ（赤根洋子訳）『米中もし戦わば――戦争の地政学』文藝春秋社、二〇一七年、三三三頁。
（四五）田口前掲書、一二四～一二五頁。
（四六）外務省HP「東ティモール民主共和国（TheDemocraticRepublicofTimor-Leste）基礎データ」（二〇二〇年十一月十三日アクセス）https://www.mofa.go.jp/mofaj/area/easttimor/data.html#section 1
（四七）山野明男「世界の民族紛争についての一考察」『愛知学院大学教養部紀要』五十七巻、三号、二〇頁。
（四八）辛亥革命の指導者の孫文は「駆除韃虜・恢復中華」（韃虜を駆除し、中華を回復し）のスローガンを掲げ、漢族国家の樹立を主張した。
（四九）筒井正夫「社会主義・共産主義的世界観の特質と問題点――剰余価値学説と唯物史観の批判的検討（一）」『彦根論叢』四一八号、二〇一八年、六頁。
（五〇）アリストテレス（田中美知太郎、北島美雪、尼々崎徳一、松居正俊、津村寛二訳）『政治学』中央公論新社、二〇〇九年、一三二頁。

（五一）土屋光芳「独裁制の諸類型と中国の一党支配の展望」『政経論叢』第八十六巻、第五・六号、一頁。
（五二）ハンチントン前掲書、一〇八頁。
（五三）毛里前掲書（一九九三年）、二三二～二三四頁。
（五四）ハンチントン前掲書、六頁。
（五五）同右、二七頁。
（五六）アリストテレス前掲書、二〇九頁。
（五七）久保慶一、末近浩太、高橋百合子『比較政治の考え方』有斐閣、二〇一六年、八一頁。
（五八）同右。
（五九）同右、七六頁。
（六〇）西村前掲書、四九頁。
（六一）漢族の王朝だった明が十七世紀に滅びて以降、漢服は忘れられた存在だった。以前、中国の伝統服と言えば清朝のものである。分かりやすいのは女性が着る旗袍（チーパオ＝チャイナドレス）である。しかし、清朝は満洲族が統治者だったから、今やこれらは淘汰され始めている。「新疆」の学校でも漢服運動が行われている。
（六二）「（インタビュー）『中華民族復興』パトリック・ルーカスさん」『朝日新聞』二〇一五年一月二十五日朝刊。
（六三）「ウイグル弾圧は序章なのか」『ニューズウィーク』二〇一九年一月二十二日、四一頁。
（六四）「（全人代二〇一七）習体制、成果アピールの裏で五日開幕」『朝日新聞』二〇一七年三月一日朝刊。
（六五）「小日本」とは「取るに足らない日本」「度量の狭い日本」「ケチな日本」「小児的な日本」「チビ」という意味になる。日本鬼子と組み合わせ、「小日本鬼子」（小さな日本野郎）と呼ばれることもある。中国語の外国人への蔑称で「小」がつくのは日本人だけ。
（六六）「丹羽大使襲撃犯の背後に大物の影　中国『愛国教育』エリートが…　泥沼領土問題」『週刊朝日』『アエラ』二〇一二年九月十四日週刊。
（六七）楊海英「中国人は他民族と共存する能力なし」『正論』五月号、二〇一九年、一五五頁。
（六八）「『身内』香港もバッタ扱い　新チャイナリスク、中国は柔軟性失い強硬策へ」『朝日新聞』二〇一四年六月九日週刊。
（六九）「『三十五年までに中堅先進国』中国、一人あたりＧＤＰ目標　五中全会閉幕　習氏続投、見方強まる」『朝日新聞』二〇二〇年十月三十日朝刊。

（七〇）松本健一『民族と国家――グローバル時代を見据えて』ＰＨＰ研究所、二〇〇二年、一一二頁。中国人は自ら自分を「文」の栄える「華」の場所とし、周辺諸民族を「東夷」、「南蛮」、「西戎」、「北狄」と扱ってきた。ここの「夷」は弓を引いた人間を表す象形文字であり、「蛮」は蛇や虫の類を表す。「戎」は武器を持つ野蛮人であり、「狄」は獣を火で追い払う野蛮人を指す。

（七一）松本前掲書、二三二頁。

（七二）吉田賢抗『論語』明治書院、一九六〇年、六三頁。

（七三）野間文史『春秋学』研文出版、二〇〇一年、一四五頁。

（七四）中村俊也『公羊家の哲学』白帝社、一九八七年、七四頁。「攘夷」とは「夷狄」を打ち攘《はら》うことである。

（七五）胡適（一八九一～一九六二）は二十世紀前半の中国を代表する知識人である。上海に生まれ、米国で哲学を学び、若くして北京大教授に就任。新文化運動の旗手となり、自由主義の立場から言論を展開。駐米大使や北京大学長も務めた。新中国成立時に米国へ逃れ、後に台湾で中央研究院長となり、在任中に死去。陳独秀（一八七四～一九四二）は二十世紀前半の中国の思想家・政治家・ジャーナリストである。安徽省生まれ、日本に留学した事がある。一九一五年、上海で『青年雑誌』（翌年『新青年』と改名）を刊行し、新文化運動や「五四運動」の中心人物であった。一九二一年、中国共産党の設立者の一人で、初代総書記となった。しかし後に「革命の裏切り者」のレッテルを張られ、失意のなか死去した。

（七六）横山前掲書、二九一頁。

（七七）同右、二九八頁。

（七八）毛里前掲書（二〇一二年）、一二八頁。

（七九）福富前掲論文、三三頁。

（八〇）五十嵐誠一「東アジアと民主化理論――統合的アプローチに向けて」『千葉大学法学論集』二十九巻一・二号、二〇一四年、一一五頁。

（八一）ＢＢＣ中分網「中共下发意识形态文件通报神龙不见首尾」（二〇二〇年九月二十二日アクセス）https://www.bbc.com/zhongwen/trad/china/2013/05/130528_china_thought_control_youth

（八二）山本賢二「中国のジャーナリズム・イデオロギー・憲政運動」『ジャーナリズム＆メディア』七号、二〇一四年、三九〇頁。

（八三）毛里前掲書（二〇一二年）、二〇六～二〇七頁。

（八四）「中国軍備、海に矛先　十三年国防費一〇・七増」『朝日新聞』二〇一三年三月六日朝刊。
（八五）「中国、七軍区を統合　四戦区に　中央の指揮強化」『朝日新聞』二〇一五年十一月二十七日朝刊。二〇一五年、中国軍は軍事改革を行い、従来の北京、瀋陽など陸軍主体の七軍区（北京、瀋陽、済南、南京、広州、成都、蘭州の七大軍区が）と、海空軍、第二砲兵（戦略ミサイル部隊）から構成される部隊を四つの「戦区」に改編し、各戦区に陸海空などからなる作戦指揮部を新設。総参謀部、総政治部、総後勤部、総装備部の四総部を統廃合した。
（八六）五十嵐誠一前掲論文、一一七頁。
（八七）劉暁波『天安門事件から「〇八憲章」へ――中国民主化のための闘いと希望』藤原書店、二〇〇九年、一一頁。
（八八）ハンチントン前掲書、六六頁。
（八九）同右、三三頁。
（九〇）岡部達味『グレーター・チャイナの政治変容』勁草書房、一九九五年、六三頁。一般に、経済発展のために「独裁」を正当化する政治体制を「開発独裁」と呼ばれるが、この場合は、民主化を後回しにして政治安定を維持し、国家の主導のもとで富の蓄積を図ることで経済発展に専念する政治体制を指す。
（九一）中華人民共和国中央人民政府「二〇一九年我国ＧＤＰ近百万亿元，增长六・一％」（二〇二一年一月四日）http://www.gov.cn/xinwen/2020-01/18/content_5470531.htm
（九二）International Monetary Fund. China, People's Republic of Datasets. accessed on 2021/1/4. https://www.imf.org/external/datamapper/profile/CHN
（九三）ピーター前掲書、二八二頁。
（九四）五十嵐前掲論文、一一六頁。
（九五）浦田秀次郎『チャイナ・リスクと地域経済統合に向けた取組』日本国際問題研究所、二〇一四年、一五～一六頁。
（九六）「（コラムニストの眼）中国の脅威　立ち向かう力はあるか　デイビッド・ブルックス」『朝日新聞』二〇一九年二月二十三日朝刊。
（九七）ハンチントン前掲書、一一八頁。
（九八）同右、二八九～二九〇頁。
（九九）Electronic Journal「中国でクーデターは起こらないか」（二〇二〇年十二月二日アクセス）http://electronic-journal.seesaa.

net/article/451000388.html

（一〇〇）「中国の民主化『進展ない』人権活動家が批判　天安門事件二十五年」『朝日新聞』二〇一四年六月四日夕刊。

（一〇一）テロには、個人的テロと政治集団や国家による集団的テロがある。国家や政治権力を持つ集団による場合は本来のテロの原型である恐怖政治につながる。

（一〇二）J＝F・ゲイロー、D・セナ（私市正年訳）『テロリズム——歴史・類型・対策法』白水社、二〇〇八年、一四〜一五頁。恐怖政治とは、恐怖による統治、すなわち法律、裁判所、国民公会の指導権により支えられた巨大な政治マシーンのことである。

（一〇三）同右一四〜一六頁。

（一〇四）権力側によるテロは、国家テロリズムや白色テロと呼ばれる。

（一〇五）セナ前掲書、三〜八頁。第二次世界大戦以降から二〇〇六年までに起こった最も血なまぐさいテロ（百人以上の死者が出た事件）は十二件あり、犠牲者は八千人近いという。

（一〇六）「中国での新疆独立運動が窮地に　米国が『テロ組織』認定」『朝日新聞』二〇〇二年九月十六日週刊。

（一〇七）王前掲書（二〇〇五年）、二〇〇頁。

（一〇八）AFPBB News「米、中国が非難する東トルキスタン・イスラム運動のテロ組織認定解除」（二〇二一年一月二日アクセス）https://www.afpbb.com/articles/-/3314498

（一〇九）西村前掲書、一六頁、一七五〜一七六頁。

（一一〇）中华人民共和国外交部「上海合作组织」（二〇二〇年十二月二十六日アクセス）https://www.fmprc.gov.cn/web/gjhdq_676201/gjhdqzz_681964/lhg_683094/jbqk_683096/t528036.shtml

（一一一）『中ロ、存在感示す狙い　アジア信頼醸成会議』『朝日新聞』二〇〇二年六月五日朝刊。

（一一二）福富「軍事介入の論理」前掲論文、三三頁。

（一一三）シャープ前掲書、二二頁。

（一一四）ハンチントン前掲書、一九九頁。

（一一五）シャープ前掲書、五四頁。

（一一六）寺島俊穂『戦争をなくすための平和学』法律文化社、二〇一五年、六五頁。

（一一七）阿木幸男『非暴力』現代書館、一九八七年、八一頁。

（一一八）寺島前掲書、七九頁。
（一一九）シャープ前掲書、六二頁。
（一二〇）寺島前掲書、九三頁。
（一二一）寺島前掲書、七二頁。
（一二二）『毛沢東選集』第一巻、人民出版社、一九五一年、一八頁。
（一二三）加々美前掲書、二五～二六頁。
（一二四）「（世界発二〇一八）騒乱十年、封じられるチベット　抑圧強める中国政府」『朝日新聞』二〇一八年三月一四日朝刊。
（一二五）アムネスティ・インターナショナル「差別と闘ったために無期懲役に」（二〇二〇年一二月三十日）https://www.amnesty.or.jp/get-involved/postcard/lwm/pdf/lwm16_05.pdf
（一二六）「中国脅かす二つの爆弾　法輪功と回族、続く抗議行動」『朝日新聞』二〇〇一年二月十二日週刊。
（一二七）The World Bank「世界開発報告一九九六：計画経済から市場経済へ」（二〇二〇年十二月一日アクセス）https://www.worldbank.org/ja/country/japan/publication/world-development-report
（一二八）マーシャル・B・ローゼンバーグ『NVC 人と人の関係にいのちを吹き込む法 新版』日本経済新聞出版社、二〇一二年、四三頁。
（一二九）AFPBB News「グアテマラの元将軍に禁錮八〇年、大量虐殺の罪」（二〇二一年一月五日アクセス）https://www.afpbb.com/articles/-/2943387?pid=10724520
（一三〇）ハンチントン前掲書、一八六頁。
（一三一）「（世界発二〇二〇）銃口の先、シリアの日常　トルコの軍事作戦展開から一年」『朝日新聞』二〇二〇年十一月二十四日朝刊。
（一三二）ローゼンバーグ前掲書、三二頁。
（一三三）シャープ前掲書、六四～六五頁。
（一三四）ハンチントン前掲書、一一一頁、一三七頁、一五七頁、一九八頁。
（一三五）「かき消された民主化の旋律　あゝ北京『未完成交響曲』北京政変」『朝日新聞』一九八九年六月六日週刊。
（一三六）世界ウイグル会議「世界ウイグル会議の活動理念」（二〇二〇年十二月二十五日アクセス）https://www.uyghurcongress.

org/jp/category/2-0/2-2/。海外ウイグル人組織の中で世界ウイグル会議が最も影響力がある。その傘下に二十八の組織が入っている。サイトでは活動理念について、平和的、非暴力的、民主的な手段を利用し、ウイグルの人々の自由、民主、人権、民族自決権、そして、東トルキスタンの独立した政治的将来の獲得を目的としており、そのために奮闘すると主張している。

（一三七）寺島前掲書、六六頁。

（一三八）同右。

（一三九）同右、一一八頁。

（一四〇）同右、六一頁。

（一四一）シャープ前掲書、三九頁。

（一四二）阿木前掲書、一〇四頁。

（一四三）今井宇三郎『菜根譚』明徳出版社、一九六七年、一六九～一七〇頁。

（一四四）山室信一「日本の非暴力思想の水脈とその展開」『東洋学術研究』四十九巻、一号、二三四頁。

（一四五）高橋前掲書、一二八頁。

（一四六）「《朝日新聞デジタル》〈特派員発@北京〉一人っ子政策の闇」吉岡桂子（中国総局員）」『朝日新聞』二〇一二年九月五日デジ専。

（一四七）劉基（鈴木敏雄訳）『郁離子』全訳、白帝社、二〇〇七年、八九～九〇頁。

（一四八）西村前掲書、二七～二八頁。

（一四九）ABC NEW, China's Communist Party is at a fatal age for one-party regimes. How much longer can it survive?, accessed on 2020/9/15, https://www.abc.net.au/news/2020-01-05/chinas-communist-party-is-at-a-fatal-age-for-one-party-regimes/11807138

（一五〇）ローゼンバーグ前掲書、四四頁。

（一五一）Ted Robert Gurr "*Peoples Versus States: Minorities at Risk in the New Century*" United States Institute of Peace Press 2000, p. 151-222.

（一五二）中沢和男前掲論文、六二頁。

参考文献一覧

日本語文献

◎アナドラ・グリジャナティ『中国の少数民族教育とその実態――新疆ウイグル自治区における双語教育』三元社、二〇一五年。
◎阿木幸男『非暴力』現代書館、1987年。
◎アムネスティ・インターナショナル『中国の人権――政治的弾圧と人権侵害の実態』明石書店、一九九六年。
◎アリストテレス（田中美知太郎、北島美雪、尼々崎徳一、松居正俊、津村寛二訳）『政治学』中央公論新社、二〇〇九年。
◎アルチュール・コンド（山口俊章訳）『ヤルタ会談＝世界の分割――戦後体制を決めた八日間の記録』サイマル出版会、一九八六年。
◎井宇三郎『菜根譚』明徳出版社、一九六七年。
◎石井明「毛沢東の外交スタイルについての一考察――スターリン批判と中ソ対立」岡部達味『グレーター・チャイナの政治変容』勁草書房、一九九五年。
◎伊藤一彦『中国年鑑　2020』明石書店、二〇二〇年。
◎伊原弘、梅村坦『宋と中央ユーラシア』中央公論社、一九九七年。
◎今谷明『中国の火薬庫――新疆ウイグル自治区の近代史』集英社、二〇〇〇年。
◎井出敬二『中露国境交渉史――国境紛争はいかに決着したのか？』作品社、二〇一七年。
◎植木俊哉『ブリッジブック国際法　第2版』信山社、二〇〇三年。
◎浦田秀次郎『チャイナ・リスクと地域経済統合に向けた取組』日本国際問題研究所、二〇一四年。
◎J＝F・ゲイロー、D・セナ（私市正年訳）『テロリズム――歴史・類型・対策法』白水社、二〇〇八年。
◎エドガー・スノー（松岡洋子訳）『中国の赤い星　増補決定版』筑摩書房、一九七五年。
◎エドヴァルド・ルトヴェラセ（加藤九祚訳）『考古学が語るシルクロード史――中央アジアの文明・国家・文化』平凡社、二〇一一年。
◎岡田英弘『東アジア史の真像』藤原書店、二〇一五年。
◎岡本隆司『中国の誕生』名古屋大学出版会、二〇一七年。
◎岡倉古志郎、長谷川正安『民族の基本的権利（現代の人権双書）』法律文化社、一九七三年。

◎岡部達味『グレーター・チャイナの政治変容』勁草書房、一九九五年。
◎王柯『多民族国家 中国』岩波書店、二〇〇五年。
◎王柯『辛亥革命と日本』藤原書店、二〇一一年。
◎王柯『東トルクスタン共和国研究』東京大学出版会、二〇〇九年。
◎大西広著『中国の少数民族と経済格差』京都大学学術出版会、二〇一二年。
◎加々美光行『中国の民族問題――危機の本質』岩波書店、二〇〇八年。
◎片岡一忠『清朝新疆統治研究』雄山閣、一九九一年。
◎可児弘明 鈴木正崇 国文良成 関根政美『民族で読む中国』朝日新聞社、一九九八年。
◎金東勲『国際人権法とマイノリティ地位』東信堂、二〇〇三年。
◎金炳鎬『新中國民族政策六十年』中央民族大學出版社、二〇〇九 年。
◎熊倉潤『民族自決と民族団結――ソ連と中国の民族エリート』プログレス、二〇二〇年。
◎久保慶一、末近浩太、高橋百合子『比較政治の考え方』有斐閣、二〇一六年。
◎クリストファー・ベックウィズ（斉藤純男訳）『ユーラシア帝国の興亡』筑摩書房、二〇一七年。
◎黄文雄『文明の自殺逃れられない中国の宿命』集英社、二〇〇七年。
◎小村不二男『日本イスラーム史』ヴィ・アィ・シー、一九八八年。
◎小松久男『新版世界各国史4――中央ユーラシア史』山川出版社、二〇〇〇年。
◎越路正巳『二十一世紀の主権、人権および民族自決権』未来社、一九九八年。
◎佐口透『新疆ムスリム研究』吉川弘文館、一九九五年。
◎佐藤優『現代の地政学』晶文社、二〇一六年。
◎サミュエル・P・ハンチントン（坪郷實、中道寿一、薮野佑三）『第三の波 二十世紀後半の民主化』三嶺書房、一九九五年。
◎ジーン・シャープ（瀧口範子訳）『独裁体制から民主体制へ 権力に対抗するための教科書』筑摩書房、二〇一二年。
◎スーザン・ウィットフィールド（山口静一訳）『唐シルクロード十話』白水社、二〇〇一年。
◎杉井敦、星野了俊『防衛大学校で、戦争と安全保障をどう学んだか』祥伝社、二〇一四年。
◎関廣野『民族とはなにか』講談社、二〇〇一年。

◎曾我英雄『自決権の理論』啓文堂、一九八七年。
◎檀上寛『天下と天朝の中国史』岩波書店、二〇一六年。
◎高原明生『東大塾　社会人のための現代中国講義』東京大学出版会、二〇一四年。
◎高田純『中国の核実験――シルクロードで発生した地表核爆発災害』医療科学社、二〇〇八年。
◎高田純『核の砂漠とシルクロード観光のリスク』医療科学社、二〇〇九年。
◎高崎通浩『民族対立の世界地図――欧米／北南米／アフリカ編』中央公論新社、二〇〇二年。
◎高橋和夫『三訂版　現代の国際政治』放送大学教育振興会、二〇一八年。
◎高原明生『東大塾　社会人のための現代中国講義』東京大学出版会、二〇一四年。
◎田口冨久治　木下昭『民族の政治学』法律文化社、一九九六年。
◎辻康吾『原典中国現代史4　社会』岩波書店、一九九五年。
◎唐渡晃弘『国民主権と民族自決――第一次世界大戦中の言説の変化とフランス』木澤社、二〇〇三年。
◎トルグン・アルマス(東綾子訳)『ウイグル人』集広舎、二〇一九年。
◎寺山恭輔『スターリンと新疆――一九三一 - 一九四九』社会評論社、二〇一五年。
◎寺島俊穂『戦争をなくすための平和学』法律文化社、二〇一五年。
◎中国ムスリム協会『中国のムスリムを知るための六〇章』明石書店、二〇一二年。
◎中国研究所『新中国年鑑　1964』極東書店、一九六四年。
◎中国研究所編『中国年鑑　1999』創土社、二〇〇一年。
◎中華人民共和国・統計篇編纂委員会『中華人民共和国　統計編』日中親善促進協会、一九九〇年。
◎デイヴィッド・アイマー『辺境中国――新疆、チベット、雲南、東北部を行く』白水社、二〇一八年。
◎段瑞聡「太平洋戦争勃発前蒋介石の対外政略――一九四一年を中心に」山田辰雄、松重充浩『蒋介石研究――政治・戦争・日本』東方書店、二〇一三年。
◎中嶋嶺雄『中国の悲劇』講談社、一九八九年。
◎中村俊也『公羊家の哲学』白帝社、一九八七年。
◎成瀬恭『孫文全義　中巻』原書房、一九六七年。

◎成瀬恭『孫文全義　下巻』原書房、一九六七年。
◎野田仁、小松久男『近代中央ユーラシアの眺望』山川出版社、二〇一九年。
◎野間文史『春秋学』研文出版、二〇〇一年。
◎西村成雄『二十世紀中国の政治空間――「中華民族的国民国家」の凝集力』青木書店、二〇〇四年。
◎波多野乾一『中国共産党史・第一巻』時事通信社出版局、一九六一年。
◎波多野乾一『中国共産党史・第四巻』時事通信社出版局、一九六一年
◎浜勝彦『中国年鑑　２０１０』毎日新聞社、二〇一〇年。
◎ハリー・ウー（山田耕介訳）『労改――中国強制収容所を告発する』ティビーエス・ブリタニカ、一九九六年。
◎東山健吾『シルクロードの足跡――人物と遺跡からみる西域史』誠信社、二〇〇四年。
◎費孝通（西澤治彦、塚田誠之、曽士才、菊池秀明訳）『中華民族の多元一体構造』風響社、二〇〇八年。
◎深町英夫『孫文――近代化の岐路』岩波書店、二〇一六年。
◎福永光司『老子』朝日新聞社、一九六八年。
◎堀江則雄『ユーラシア胎動――ロシア・中国・中央アジア』岩波書店、二〇一〇年。
◎ボリス・スラヴィンスキー／ドミートリー・スラヴィンスキー『中国改革とソ連』共同通信社、二〇〇二年。
◎ピーター・ナヴァロ（赤根洋子訳）『米中もし戦わば――戦争の地政学』文藝春秋社、二〇一七年。
◎松本健一『民族と国家――グローバル時代を見据えて』ＰＨＰ研究所、二〇〇二年。
◎丸山敬一『民族自決権の意義と限界』有信堂高文社、二〇〇三年。
◎マーシャル・Ｂ・ローゼンバーグ『ＮＶＣ　人と人の関係にいのちを吹き込む法　新版』日本経済新聞出版社、二〇一二年。
◎丸山眞男『増補版　現代政治の思想と行動』未來社、一九六四年。
◎毛里和子『周辺から中国――民族問題と国家』東京大学出版会、一九九八年。
◎毛里和子『現代中国政治「第三版」――グローバル・パワーの肖像』名古屋大学出版会、二〇一二年。
◎毛里和子、加藤千洋、美根慶樹『二十一世紀の中国――政治・社会編』朝日新聞出版、二〇一二年。
◎毛里和子『市場経済化の中の中国』日本国際問題研究所、一九九五年。
◎毛里和子「改革開放時代の中国外交――外交思想を中心に」岡部達味『グレーター・チャイナの政治変容』勁草書房、一九九五年。

◎森安孝夫『シルクロードと唐帝国――興亡の世界史　第五巻』講談社、二〇〇七年。
◎宮脇淳子『封印された中国近代史』ビジネス社、二〇一七年。
◎山本草二『国際条約集　一九九六年版』有斐閣、一九九六年。
◎山田辰雄、松重充浩『蔣介石研究――政治・戦争・日本』東方書店、二〇一三年。
◎矢野仁一『近代支那論』京都弘文堂、一九二三年。
◎吉川元『民族自決の果てに――マイノリティをめぐる国際安全保障』有信堂高文社、二〇〇九年。
◎吉田賢抗『論語』明治書院、一九六〇年。
◎横山宏章『中国の政治危機と伝統的支配　帝国の瓦解と最興』研文出版、一九九六年。
◎楊海英『墓標なき草原（上）――内モンゴルにおける文化大・虐殺の記録』岩波書店、二〇〇九年。
◎林俊雄『スキタイと匈奴　遊牧の文明』株式会社、講談社、二〇〇七年。
◎R・J・ラムル（China's Bloody Century 翻訳委員会）『中国の民衆殺戮　義和団事変から天安門事件までのジェノサイドと大量殺戮』星雲社、二〇〇八年。
◎ロバート・サーヴィス（中嶋毅訳）『ロシア革命一九〇〇‐一九二七』岩波書店、二〇〇五年。
◎廖亦武（劉燕子訳）『中国底層訪談録「インターナショナル」どん底の世界』集広舎、二〇〇八年。
◎劉暁波『天安門事件から「〇八憲章」へ――中国民主化のための闘いと希望』藤原書店、二〇〇九年。
◎劉基（鈴木敏雄訳）『郁離子』全訳、白帝社、二〇〇七年。
◎湯浅赳男『民族問題の史的構造』現代評論社、一九七三年。

中国語文献

◎陳劭先『中山文集』文化供応社、一九四九年。
◎庫熱西・買合木提江・熱義思『現代維吾爾語』新疆人民出版社、二〇〇三年。
◎励声（大濱慶子、魯永学訳）『中国新疆歴史と現状』新疆人民出版社、二〇〇六年。
◎李培林『二〇〇九年中国社会形勢分析与預測』社会科学文献出版社、二〇〇八年。

◎劉錫淦『突厥汗国史』新疆大学出版社、一九九六年。
◎李谷城『香港「中国旬報」研究』文史哲出版社、二〇一〇年。
◎玛依努尔・哈斯木『回忆艾合买提江』中国文史出版社、二〇一一年。
◎『毛沢東選集』一巻、人民出版社、一九五一年。
◎魏良弢「突厥汗国与中亜」『西域研究』三期、二〇〇五年。
◎維吾尔族簡史編集組『維吾尔族簡史』中国人民出版社、一九九一年。
◎王治来『中亜通史――古代巻』新疆人民出版社、二〇〇四年。
◎赛福鼎『赛福鼎回忆录』华夏出版社、一九九三年。
◎孫中山「与巴黎『巴黎日報』記者の談話」『孫中山全集』一巻、一九一一年。
◎『孫中山全集』五巻、一九三九年。
◎辛子陵『紅太陽的隕落――千秋功罪毛澤東』上、書作坊、二〇一一年。
◎楊継縄『墓碑――中国六十年代饥荒纪实』下、天地图书、二〇〇八。
◎楊継縄『中国当代社会階層分析』江西高校出版社、二〇一一年。
◎中国国民党中央委員会党史委員会『三民主義』中央文物供應社、一九七八年。
◎中国国民党台湾省執行委員会『国父全集（四）』台湾省政府秘拠印刷場、一九五〇年。
◎中国国民党台湾省執行委員会『国父全集（四）』台湾省政府秘拠印刷場、一九五〇年。
◎中共中央文献研究室『建国以来重要文献選編　第一冊』中央文献出版社、一九九二年。
◎中共中央文献研究室『建国以来重要文献選編　第十冊』中央文献出版社、一九九四年。
◎中共中央文献研究室『建国以来重要文献選編　第三冊』中央文献出版社、一九九二年。

英語文献

◎Ted Robert Gurr "*Peoples Versus States: Minorities at Risk in the New Century*" United States Institute of Peace Press, 2000.

ウイグル語文献

◎ئالماس تۇرغۇن "ئۇيغۇرلار" ئۇيغۇر قۇرۇلتىيى, دۇنيا -يىل 2010, IX

日本語論文

◎池田知正「七世紀までの突厥の政局」『東洋文化研究所紀要』一四九巻、二〇〇六年。
◎五十嵐誠一「東アジアと民主化理論――統合的アプローチに向けて」『千葉大学法学論集』二十九巻一・二号、二〇一四年。
◎姚玉馨「国境を超える民族――雲南省と新疆ウイグル自治区を事例として」"Aoyama Journal of International Studies" 四号、二〇一七年。
◎王柯「畏敬」の争奪――現代中国における政治と宗教『国際問題』六七五号、二〇一八年。
◎川島真「近現代中国における国境の記憶――『本来の中国の領域』をめぐる」『境界研究』一号、二〇一〇年。
◎川島久人「ウイグル日記　監視下、消えた笑顔」『世界』九三五号、二〇二〇年。
◎桐山孝信「『民族紛争』と自決権の変容」『世界法年報』二一号、二〇〇一年。
◎梶谷懐「新疆ウイグル自治区で復活する『労働教養所』」、『週刊　東洋経済』一二号、二〇一九年。
◎熊倉潤「文化大革命期（一九六六－七六年）における 新しい少数民族エリートの登場」『問題と研究』四七巻一号、二〇一八年。
◎家正治「民族自決権に関する一覚書」『神戸外大論叢』二十二巻、五号、一九七一年。
◎佐藤悠子「中国の核開発――ウラン鉱探査をめぐる国際政治と中国」『国際政治』一九七号、二〇一九年。
◎櫻井龍彦「開発と紛争――中国新疆地区の「西部大開発」と民族紛争をめぐる諸問題から―」『紛争と開発――平和構築のための国際開発協力の研究』五号、二〇〇五年。
◎新免康「新疆ウイグルと中国政治」『アジア研究』四十九巻、一号、二〇〇三年。
◎清水隆雄「テロリズムの定義――国際犯罪化への試み」『レファレンス』二〇〇五年。
◎鈴木敬夫「『中国化』としての法治――中国の政治司法と『新疆ウイグル自治区過激派除去条例』批判」『札幌学院法学』三十七巻、一号、二〇二〇年。
◎周飛帆「二十世紀中国における民族理論から見る国家建設の理念」『言語文化論叢』二号、一九九六年。

◎ジェームズ・パーマー「ウイグル弾圧は序章なのか」『ニューズウィーク』二〇一九年一月二十二日号。
◎ジュラティ・セイティ「新疆における少数民族の大学卒業生に対する雇用政策」『アジア研究所記要』四十巻、二〇一三年。
◎居来提・色依提「新疆ウイグル自治区少数民族教育と人材育成」『アジア研究紀要』四三号、二〇一六年。
◎田中周「新疆ウイグル自治区における国家統合と民族区域自治政策——一九五〇年代前半の自治区成立過程から考える」『早稲田政治公法研究』九四号、二〇一〇年。
◎高木彰彦「地政学研究の課題と文献紹介」『空間・社会・地理思想』一号、一九九六年。
◎高木彰彦「地政学に関する覚書——地政学概念の変遷をめぐって」『茨城大学教養部紀要』二五号、一九九三年。
◎堤功一「国際法における少数者保護問題の輪郭」『立命館法学』二巻、三号、二〇〇五年。
◎筒井正夫「社会主義・共産主義的世界観の特質と問題点——剰余価値学説と唯物史観の批判的検討（一）」『彦根論叢』、四一八号、二〇一八年。
◎寺山恭輔「一九三〇年代初頭のソ連の対新疆政策」『東北アジア研究』六号、二〇〇二年。
◎土屋紀義「中国のイスラム教徒 歴史と現況」『レファレンス』三月号、二〇〇四年。
◎土屋光芳「独裁制の諸類型と中国の一党支配の展望」『政経論叢』八六巻五・六号、二〇一八年。
◎中村健太郎「ウイグル語仏典からモンゴル語仏典へ」『内陸アジア言語の研究』二二号、二〇〇七年。
◎中沢和男「国家をもたない民族の概念の国際政治学上の意義について」『東海大学紀要政治経済学部』四四号、二〇一二年。
◎中沢和男「民族概念の政治学的意義と四つの論点」『東海大学紀要』四二号、二〇一〇年。
◎鳴子博子「ルソーの戦争論序説——ルソーの戦争論からもう一つのEU統合を考える」『中央大学社会科学研究所年報』一八号、二〇一三年。
◎羽倉洋行、一瀬昌嗣「中国の核実験と周辺住民の被曝—カザフスタンから垣間見られた放射能汚染—」『素粒子論研究（電子版）』四号、二〇一〇年。
◎福富満久「軍事介入の論理——シリア問題に寄せて」『一橋社会科学』五巻、二〇一三年。
◎福田誠治「ソビエトロシアにおける民族と言語問題（三）——民族理論の初期の実践（一）」『都留文科大学研究紀要』五六号、二〇〇二年。
◎藤井正博「一九一八年一月五日ロイド・ジョージの戦争目的演説——帝国的戦略的視点からの分析」『神戸山手女子短期大学紀要』三九号、一九九六年。
◎武上真理子「地図にみる近代中国の現在と未来——『支那現勢地図』を例として」『近現代中国における社会経済制度の再編——京都大学人文科学研究所附属現代中国研究センター研究報告』二〇一六年。

◎侯若虹「新疆はこんなに変わった」『人民中国』十月号、二〇〇五年。
◎マイラ・メメティ「中国新疆ウイグル自治区における貧困と教育の概観」『教育福祉研究』八号、二〇〇二年。
◎松村嘉久「中国における民族自治地方の設立過程と展開――国家形成をめぐる民族問題」『人文地理』四十九巻、四号、一九九七年。
◎松村嘉久「中国の民族問題を読み解く」『統計』五月号、二〇一一年。
◎水谷尚子『「革命的東トルキスタン」紙のタタール人記者ムニール・イブラギモヴィチ・イェルズィン回想録」『社会システム研究』二四号、二〇一二年。
◎水谷尚子「共産党の網をかいくぐりウイグル人支持の輪は広がる」『ニューズウィーク』二〇一九年二月二十六日。
◎茂木敏夫「中国的秩序の理念―その特徴と近現代における問題化」『北東アジア研究』三号、二〇一七年。
◎茂木敏夫「伝統的統治をどう踏まえるか―東アジア新秩序の構想をめぐって」『国際問題』六二三号、二〇一三年。
◎山野明男「世界の民族紛争についての一考察」『愛知学院大学教養部紀要』五十七巻、三号、二〇一〇年。
◎山本賢二「中国のジャーナリズム・イデオロギー・憲政運動」"Journalism & Media" 七号、二〇一四年。
◎山室信一「日本の非暴力思想の水脈とその展開」『東洋学術研究』四九巻、一号、二〇一〇年。
◎楊海英「ウイグル人の中国文化大革命」『アジア研究』四巻、二月号、二〇一六年。
◎吉田恵利「現代国際法における分離権の位置づけ――救済的分離論の妥当性に関する実証的研究」『北大法政ジャーナル』二三号、二〇一六年。
◎吉川元「国内統治を問う国際規範の形成過程」『社會科學研究』五十五巻、五・六号、二〇〇四年。
◎吉本祐樹『「保護する責任（Responsibility to Protect）」概念の国際法上の位置づけ』『横浜法学』二七号、二〇一九年。
◎李丹慧（吉田豊子訳）「国の中の国――新疆におけるソ連の社会的基盤に関する考察（一九四五～一九六五年）」『京都産業大学論集』四八巻、二〇一五年。
◎林来梵「中国選挙制度の法的構造（一）――その人民代表定数不均衡問題を焦点に」『立命館法学』五・六号、一九九五年。
◎蘆中潔「新疆ウイグル自治区の就学前教育における言語政策法規の変遷から」『子ども学研究紀要』八号、二〇二〇年。

中国語論文

◎拉莱、苏祖克、彭玉华、周康、房新志、王莉「新疆不同民族子宫颈癌发病趋势分析」『新疆医科大学学报』七期、二〇〇六年。

◎张希坡「应当恢复中华中华民国临时约法的条纹原貌」『法学家』「法学争鸣」二期、一九九七年。
◎趙洪慈「一九七二年的中共少數民族工作」『中共研究』七巻、一期、一九七三年。
◎张月明「新疆食管癌的分布」『新疆医科大学学报』二期、一九八八年。

その他

◎楊海英「中国人は他民族と共存する能力なし」『正論』五月号、二〇一九年。
◎「服役十一年、なお監視下か　東大院留学のウイグル男性、中国が釈放」『朝日新聞』二〇〇九年二月十一日朝刊。
◎「ウイグル人権法成立　米、中国高官らの弾圧制裁」『朝日新聞』二〇二〇年六月十九日朝刊。
◎「ウイグル人権侵害、米が当局幹部制裁　中国反発」『朝日新聞』二〇二〇年七月十一日朝刊。
◎「中国に『監視団受け入れを』ＥＵが要求、ウイグル問題」『朝日新聞』二〇二〇年九月十五日夕刊。
◎「新疆の綿製品、米が禁輸　中国、『強制労働』を否定」『朝日新聞』二〇二〇年九月十八日朝刊。
◎「ウイグル族政策を糾弾　「中国、強制的に同化」　米ポンペオ氏」『朝日新聞』二〇二一年一月二十一日朝刊。
◎「労働矯正制度、中国で改正論　民主活動家ら、司法経ずに拘束　全人代で議論へ」『朝日新聞』二〇〇七年三月二日朝刊。
◎「人権活動家ハリー・ウー氏、国外追放・禁固十五年　中国の裁判所判決」『朝日新聞』一九九五年八月二十四日夕刊。
◎「米、ウイグル問題で輸出規制」『朝日新聞』二〇二〇年五月二十三日夕刊。
◎「新疆の綿製品、米が禁輸　中国、「強制労働」を否定」『朝日新聞』二〇二〇年九月十八日朝刊。
◎「『市民社会の台頭、始まった』盲目の人権活動家、陳光誠氏に聞く」『朝日新聞』二〇一三年六月二十六日朝刊。
◎「人口：四）パキスタン・中国農村の避妊、国の命運」『朝日新聞』二〇〇七年五月一日朝刊。
◎「《朝日新聞デジタル》〈特派員発@北京〉一人っ子政策の闇　吉岡桂子（中国総局員）」『朝日新聞』二〇一二年九月五日デジ専。
◎「ウイグル族政策を糾弾　「中国、強制的に同化」　米ポンペオ氏」『朝日新聞』二〇二一年一月二十一日朝刊。
◎「命の危険「もう帰れない」　日本で暮らすウイグル族に迫る迫害」『週刊朝日』二〇一九年三月四日週刊。
◎「シルクロード、眠る大油田開発の波（ルポルタージュ世界）」『朝日新聞』一九九八年六月二十二日朝刊。
◎「中国、地下核実験を準備か　米紙が報道　米軍機、情報収集してた？」『週刊朝日』二〇〇一年四月十日朝刊。

◎「米国「中国の核実験場に懸念」年次報告書」『朝日新聞』二〇二〇年四月十七日朝刊。
◎「中国、今後十年で核弾頭倍増か米国防総省が見解、核軍拡に強い懸念」『朝日新聞』二〇二〇年九月三日朝刊。
◎「核被害者世界大会でウイグルの元住民実情報告　中国核実験で気象異変」『朝日新聞』一九九二年九月二十六日夕刊。
◎「一九六四年東京オリンピックの光と影　当時中学生の池上彰が振り返る」『朝日新聞』二〇二〇年一月十七日朝刊。
◎「日本上空で放射能汚染探知？　中国が地下核実験失敗　米誌報道」『朝日新聞』一九九二年十月二十六日朝刊。
◎「労働人口・環境が壁　中国成長率、十三年ぶり八％割れ　一人っ子政策、緩和を示唆」『朝日新聞』二〇一三年一月十九日朝刊。
◎『朝日新聞』「中国改革開放四十二年、迫る転換　あすから五中全会、新政策『双循環』」二〇二〇年十月二十五日朝刊。
◎「（世界発二〇二〇）強まる管理、薄れる信仰　チベット　共産党統治『ダライ・ラマの話はできない』」『朝日新聞』二〇二〇年十一月二十六日朝刊。
◎「新疆の綿製品、米が禁輸　中国、『強制労働』を否定」『朝日新聞』二〇二〇年九月十八日朝刊。
◎「（リレーおぴにおん）私の三国志：九　朝鮮にもある三国のロマン　康熙奉さん」『朝日新聞』二〇二〇年十一月十二日朝刊。
◎「韓国『高句麗、我が歴史』　中国の研究に反発　国会に抗議決議案も」『朝日新聞』二〇〇四年一月十二日朝刊。
◎「ウイグル族との連帯を呼びかけ　香港で市民ら集会」『朝日新聞』二〇一九年十二月二十三日朝刊。
◎「『警鐘鳴らした医師こそ英雄』研究者表彰の中国政府に反発、投稿次々」『朝日新聞』二〇二〇年九月十三日朝刊。
◎「封鎖下の武漢を発信、実刊『市民記者』に懲役四年判決　中国」『朝日新聞』二〇二〇年十二月二十九日朝刊。
◎「『中国は必ず変わると認識を』『盲目の人権活動家』陳氏初来日」『朝日新聞』二〇一七年十月二十日朝刊。
◎「ノーベル平和賞・劉暁波氏の弟子が明かした「肉声と今」ワイド特集」『朝日新聞』二〇一〇年十二月十日週刊。
◎「米、中国二十八団体に輸出制限　監視カメラ最大手など　『弾圧』」『朝日新聞』二〇一九年十月九日朝刊。
◎「強制労働の生産品、英が排除　新疆ウイグル自治区」『朝日新聞』二〇二一年一月十三日夕刊。
◎「ウイグル弾圧、声あげる米　制裁法めざし、人権外交・ロビー活動」『朝日新聞』二〇一九年十二月二十八日朝刊。
◎「中国、社会管理強化　温首相、格差不満に危機感」『朝日新聞』二〇一二年〇三月〇五日朝刊。
◎「チベット・ウイグル族 vs 中国政府『民族問題、政治改革の鍵』王力雄氏に聞く」『朝日新聞』二〇一一年四月二十六日朝刊。
◎「（インタビュー）『中華民族復興』　パトリック・ルーカスさん」『朝日新聞』二〇一五年二月二十五日朝刊。
◎「ウイグル弾圧は序章なのか」『ニューズウィーク』二〇一九年一月二十二日。

◎「（全人代二〇一七）習体制、成果アピールの裏で　五日開幕」『朝日新聞』二〇一七年三月一日朝刊。
◎「丹羽大使襲撃犯の背後に大物の影　中国『愛国教育』エリートが……　泥沼領土問題」『朝日新聞』二〇一二年九月十四日週刊。
◎「『身内』香港もバッタ扱い　新チャイナリスク、中国は柔軟性失い強硬策へ」『朝日新聞』二〇一四年六月九日週刊。
◎「『三十五年までに中堅先進国』　中国、一人あたりGDP目標　五中全会閉幕　習氏続投、見方強まる」『朝日新聞』二〇二〇年十月三十日朝刊。
◎「中国軍備、海に矛先　十三年国防費一〇.七増」『朝日新聞』二〇一三年三月六日朝刊。
◎「中国、七軍区を統合　四戦区に　中央の指揮強化」『朝日新聞』二〇一五年十一月二十七日朝刊。
◎「（コラムニストの眼）中国の脅威　立ち向かう力はあるか　デイビッド・ブルックス」『朝日新聞』二〇一九年二月二十三日朝刊。
◎「中国の民主化『進展ない』　人権活動家が批判　天安門事件二五年」『朝日新聞』二〇一四年六月四日夕刊。
◎「中国での新疆独立運動が窮地に　米国が「テロ組織」認定」『朝日新聞』二〇〇二年九月十六日週刊。
◎「中ロ、存在感示す狙い　アジア信頼醸成会議」『朝日新聞』二〇〇二年六月五日朝刊。
◎「（世界発二〇一八）騒乱一〇年、封じられるチベット　抑圧強める中国政府」『朝日新聞』二〇一八年三月十四日朝刊。
◎「中国脅かす二つの爆弾　法輪功と回族、続く抗議行動」『朝日新聞』二〇〇一年二月十二日週刊。
◎「（世界発二〇二〇）銃口の先、シリアの日常　トルコの軍事作戦展開から一年」『朝日新聞』二〇二〇年十一月二十四日朝刊。
◎「かき消された民主化の旋律　あ、北京『未完成交響曲』　北京政変」『朝日新聞』一九八九年六月六日週刊。
◎「《朝日新聞デジタル》〈特派員発@北京〉一人っ子政策の闇　吉岡桂子（中国総局員）」『朝日新聞』二〇一二年九月五日デジ専。
◎「ウイグル『断種』残酷物語」「ニューズウィーク」二〇二〇年七月十四日。

日本語インターネット

◎国立国会図書館『支那現勢地図』（二〇二〇年十一月十日アクセス）http://dl.ndl.go.jp/info:ndljp/pid/1088984
◎アムネスティ・インターナショナル「差別と闘ったために無期懲役に」（二〇二〇年十二月三十日）https://www.amnesty.or.jp/get-involved/postcard/lwm/pdf/lwm16_05.pdf
◎アムネスティ・インターナショナル『二〇一八年の死刑判決と死刑執行』（二〇二一年二月二日アクセス）https://www.amnesty.or.jp/

library/report/pdf/statistics_DP_2019.pdf
◎Amnesty International「先住民族／少数民族－ウイグル人」（二〇二〇年八月三十日アクセス）https://www.amnesty.or.jp/human-rights/topic/minority/minority_uyghur.html
◎The World Bank「世界開発報告一九九六：計画経済から市場経済へ」（二〇二〇年十二月一日アクセス）http://documents1.worldbank.org/curated/en/413521468167980298/pdf/158920WDR0JAPANESE0Box124140B00PUBLIC0.pdf
◎国連広報センター「加盟国一覧」（二〇二一年一月二十三日アクセス）https://www.unic.or.jp/info/un/un_organization/member_nations/
◎産経デジタル「大阪正論「中国の民族弾圧を放置せず関与を」静岡大教授・楊海英氏」（二〇二一年一月二十八日アクセス）https://www.iza.ne.jp/kiji/politics/news/190208/plt19020817410018-n1.html
◎産経新聞「ヤルタ密約に疑念　英秘密文書で判明　ロシアの北方四島不法占拠が濃厚に」（二〇二一年一月二十三日アクセス）https://www.sankei.com/world/news/161205/wor1612050024-n1.html
◎BBC NEWS Japan「中国、香港懸念の五カ国に「失明に気をつけよ」と警告」（二〇二一年一月四日アクセス）https://www.bbc.com/japanese/55011640
◎内閣府「外交に関する世論調査（令和元年十月）」（二〇二一年一月十一日アクセス）https://survey.gov-online.go.jp/r01/r01-gaiko/index.html
◎非営利シンクタンク言論「中国人の日本に対する良い印象は、過去最高を更新――第十五回日中共同世論調査結果」（二〇二〇年十二月二十九日アクセス）https://www.genron-npo.net/world/archives/9354.html
◎外務省「東ティモール民主共和国（The Democratic Republic of Timor-Leste）基礎データ」（二〇二〇年十一月十三日アクセス）https://www.mofa.go.jp/mofaj/area/easttimor/data.html#section1
◎Electronic Journal「中国でクーデターは起こらないか」（二〇二〇年十二月二日アクセス）http://electronic-journal.seesaa.net/article/451000388.html
◎AFPBB News「米、中国が非難する東トルキスタン・イスラム運動のテロ組織認定解除」（2021年1月2日アクセス）https://www.afpbb.com/articles/-/3314498
◎The World Bank「世界開発報告一九九六：計画経済から市場経済へ」（二〇二〇年十二月一日アクセス）https://www.worldbank.org/ja/country/japan/publication/world-development-report

◎AFPBB News「グアテマラの元将軍に禁錮八十年、大量虐殺の罪」（二〇二一年一月五日アクセス）
◎https://www.afpbb.com/articles/-/2943387?pid=10724520
◎世界ウイグル会議「世界ウイグル会議の活動理念」（二〇二〇年十二月二十五日アクセス）https://www.uyghurcongress.org/jp/category/2-0/2-2/

中国語インターネット

◎BBC中分網「中共下发意识形态文件 通报神龙不见首尾」（二〇二〇年九月二十二日アクセス）https://www.bbc.com/zhongwen/trad/china/2013/05/130528_china_thought_control_youth
◎中華人民共和国中央人民政府『新疆的若干历史问题』白書、（二〇二一年一月二十日アクセス）http://www.gov.cn/zhengce/2019-07/21/content_5412300.htm
◎中国人民代表大会「中华人民共和国宪法（一九五四年）」（二〇二〇年九月十八日アクセス）http://www.npc.gov.cn/wxzl/wxzl/2000-12/26/content_4264.htm
◎国家宗教事務管理局（二〇二〇年九月一日アクセス）http://www.sara.gov.cn/gjzjswjhtml/index.html
◎中華人民共和国中央人民政府「中华人民共和国宪法」（二〇二一年一月二十一日アクセス）中華人民共和国中華人民共和国中央人民政府「中华人民共和国民族区域自治法」（二〇二一年一月二十四日アクセス）http://www.gov.cn/test/2005-07/29/content_18338.htm
◎全国人民代表大会「中华人民共和国民族区域自治法」（二〇二一年一月二十一日アクセス）http://www.npc.gov.cn/wxzl/gongbao/2001-03/03content_5004447.htm
◎中華人民共和国中央政府「胡锦涛在中央新疆工作座谈会上讲话」（二〇二〇年九月二十九日アクセス）http://www.gov.cn/jrzg/2010-05/20/content_1610307.htm
◎中国共産党新聞網「中共中央国务院召开新疆工作座谈会　胡锦涛温家宝发表重要讲话」（二〇二〇年九月二十九日アクセス）http://cpc.people.com.cn/GB/64093/67507/11654261.html
◎中華国人民共和国中央人民政府「中国民族」（二〇二〇年九月二十六日アクセス）http://www.gov.cn/test/2005-07/26/content_17366_2.htm

◎中華人民共和国国務院新聞弁公室「中国的人権状况」（二〇二〇年八月三十日アクセス）http://www.scio.gov.cn/index.htm
◎中華人民共和国国務院新聞弁公室「新疆的劳动就业保障」（二〇二〇年九月二十五日アクセス）http://www.scio.gov.cn/zfbps/32832/Document/1687588/1687588.htm
◎中華人民共和国国務院新聞弁公室「新疆的反恐、去极端化斗争与人权保障」（二〇二〇年八月三十日アクセス）http://www.scio.gov.cn/ztk/dtzt/39912/40016/index.htm
◎中華人民共和国国務院新聞弁公室「中国的宗教信仰自由状况」（二〇二〇年九月五日アクセス）http://www.scio.gov.cn/ztk/dtzt/37868/38146/index.htm
◎中華人民共和国国務院新聞弁公室「中国保障宗教信仰自由的政策和实践」（二〇二〇年九月五日アクセス）http://www.gov.cn/guoqing/2018-03/22/content_5276318.htm
◎新疆ウイグル自治区人民政府「新疆维吾尔自治区去极端化条例」（二〇二〇年九月五日アクセス）http://www.xinjiang.gov.cn/xinjiang/fsljzcfg/201810/ce79abb87ad847cdaa7d1e4e07423358.shtml
◎中華人民共和国国務院新聞弁公室「政府白皮书」（二〇二〇年八月三十日アクセス）http:// http://www.scio.gov.cn/zfbps/index.htm
◎中国中央テレビ「新疆的反恐 去极端化斗争」（二〇二〇年九月五日アクセス）https://tv.cctv.com/index.shtml?spm=C28340.P9dhkRStLqPh.EYq0LGFLODJm.1
◎湖南省イスラム協会「〝清真〟一词的由来」（二〇二〇年十一月二十一日アクセス）http://hnislam.com/newsitem/271714120
◎中華人民共和国中央人民政府「中华人民共和国护照法」（二〇二〇年九月十五日アクセス）http://www.gov.cn/zhengce/2006-04/30/content_2602186.htm
◎中華人民共和国教育部「教育部、国家计委、财政部关于扩大内地新疆高中班招生规模的通知」（二〇二〇年九月一日アクセス）http://www.moe.gov.cn/s78/A09/mzs_left/moe_752/tnull_1012.html
◎中華人民共和国教育部「教育部 国家发展改革委 财政部关于扩大内地新疆高中班招生规模的意见」（二〇二〇年九月一日アクセス）http://www.moe.gov.cn/srcsite/A09/moe_752/200505/t20050517_77957.html
◎中華人民共和国国務院新聞弁公室「《新疆生历建设兵团的历史与发展》白皮书（全文）」（二〇二〇年十二月二十日アクセス）http://www.scio.gov.cn/zfbps/ndhf/2014/Document/1382598/1382598.htm
◎中国统计信息网『新疆生产建设兵团二〇一九年国民经济和社会发展统计公报』（二〇二〇年十二月二十日アクセス）http://www.tjcn.org/

tjgb/31xj/36391.html
◎国家発展改革委員会「能源生产和消费革命战略（二〇一六－二〇三〇）」（二〇二〇年九月一日アクセス）https://www.ndrc.gov.cn
◎中華人民共和国中央人民政府「中国共产党章程」（二〇二〇年九月十五日アクセス）http://www.gov.cn/zhuanti/2017-10/28/content_5235102.htm
◎中華人民共和国中央人民政府「二〇一九年中国共产党党内统计公报」（二〇二〇年八月二十九日アクセス）http://www.gov.cn/index.htm
◎中華人民共和国中央人民政府「二〇一九年我国ＧＤＰ近百万亿元、增长六・一％」（二〇二一年一月四日）http://www.gov.cn/xinwen/2020-01/18/content_5470531.htm
◎中华人民共和国外交部「上海合作组织」（二〇二〇年一二月二十六日アクセス）https://www.fmprc.gov.cn/web/gjhdq_676201/gjhdqzz_681964/lhg_683094/jbqk_683096/t528036.shtml
◎Radio Free Asia「『人民日报刊文称有五类人干扰中国崛起　引批评」（二〇二一年一月十八日アクセス）https://www.rfa.org/mandarin/Xinwen/jyxw-08012012102421.html

英語インターネット

◎ABC NEW, China's Communist Party is at a fatal age for one-party regimes. How much longer can it survive?, accessed on 2020/9/15, https://www.abc.net.au/news/2020-01-05/chinas-communist-party-is-at-a-fatal-age-for-one-party-regimes/11807138
◎Australian Strategic Policy Institute（ASPI）HP, Xinjiang Data Project website launch, accessed on 2020/10/19, https://www.aspi.org.au/news/xinjiang-data-project-website-launch
◎https://freedomhouse.org/country/china/freedom-world/2020
◎Australian Strategic Policy Institute, Mapping Xinjiang's 're-education' camps, accessed on 2020/12/1, https://www.aspi.org.au/report/mapping-xinjiangs-re-education-camps
◎Chinese Human Rights Defenders, China: Massive Numbers of Uyghurs & Other Ethnic Minorities Forced into Re-education Programs, accessed on 2020/12/30, https://www.nchrd.org/2018/08/china-massive-numbers-of-uyghurs-other-ethnic-minorities-forced-into-re-education-programs/

◎Freedom House, FREEDOM IN THE WORLD 2020, accessed on 2021/1/4, https://freedomhouse.org/report/freedom-world/2020/leaderless-struggle-democracy

◎Freedom House, A Leaderless Struggle for Democracy, accessed on 2021/1/4, https://freedomhouse.org/report/freedom-world/2020/leaderless-struggle-democracy

◎Freedom House, Freedom on the Net 2020 The Pandemic's Digital Shadow, accessed on 2021/1/4, https://freedomhouse.org/report/freedom-net/2020/pandemics-digital-shadow

◎Human Rights Watch, 2019 Report on International Religious Freedom : China, accessed on 2020/8/30, https://www.hrw.org/world-report/2019/country-chapters/china-and-tibet

◎Human Rights Watch, China: Massive Crackdown in Muslim Region ,accessed on 2020/8/30, https://www.hrw.org/news/2018/09/09/china-massive-crackdown-muslim-region#

◎Human Rights Watch, China: Big Data Program Targets Xinjiang's Muslims,accessed on 2021/1/14, https://www.hrw.org/news/2020/12/09/china-big-data-program-targets-xinjiangs-muslims

◎International Monetary Fund, China, People's Republic ofDatasets, accessed on 2021/1/4, https://www.imf.org/external/datamapper/profile/CHN

◎Pew Research Center, Unfavorable Views of China Reach Historic Highs in Many Countries, accessed on 2020/12/27, https://www.pewresearch.org/global/2020/10/06/unfavorable-views-of-china-reach-historic-highs-in-many-countries/

◎Reuters, China official says Xinjiang's Muslims are 'happiest in world', accessed on 2020/9/15, https://www.reuters.com/article/us-china-xinjiang/china-official-says-xinjiangs-muslims-are-happiest-in-world-idUSKCN1B50ID

◎The Jamestown Foundation, Sterilizations, IUDs, and Coercive Birth Prevention: The CCP's Campaign to Suppress Uyghur Birth Rates in Xinjiang, accessed on 2020/1/3, https://jamestown.org/program/sterilizations-iuds-and-mandatory-birth-control-the-ccps-campaign-to-suppress-uyghur-birth-rates-in-xinjiang/

◎The Wall Street Journal, WSJ Trump Interview Excerpts: China, North Korea, Ex-Im Bank, Obamacare, Bannon, More, accessed on 2020/12/11, https://blogs.wsj.com/washwire/2017/04/12/wsj-trump-interview-excerpts-china-north-korea-ex-im-bank-obamacare-bannon/

◎The Association of Religious Data Archives, International Religious Indexes, accessed on 2020/10/18, https://www.thearda.com/internationalData/countries/Country_52_1.asp

◎United States Department of State, 2019 Report on International Religious Freedom : China, accessed on 2020/8/30, https://www.state.gov/reports/2019-report-on-international-religious-freedom/china/

◎Uyghur Human Rights Project, HRP UPDATE: 435 Intellectuals Detained and Disappeared in the Uyghur Homeland, accessed on 2020/9/15, https://uhrp.org/press-release/uhrp-update-435-intellectuals-detained-and-disappeared-uyghur-homeland.html

◎Uyghur Human Rights Project, UHRP REPORT: Weaponized Passports: The Crisis of Uyghur Statelessness, accessed on 2020/9/15, https://uhrp.org/press-release/uhrp-report-weaponized-passports-crisis-uyghur-statelessness.html

ウイグル語インターネット

◎Radio Free Asia “خىتاي ھۆكۈمىتىنىڭ ئۇيغۇر ئېلىدىكى بۇ يىللىق پىلانلىق تۇغۇت خىزمىتىنىڭ نىشانى تۇغۇلۇش نىسبىتىنى تۆۋەنلىتىش” accessed on 2021/1/26, https://www.rfa.org/uyghur/xewerler/tepsili_xewer/tughut-cheklesh-0110201217311

装幀と目次の写真について

◎カバー写真　二〇〇九年十二月、バインゴリン・モンゴル自治州チャルチャン（中国語、且末）周辺のゴビ砂漠で撮影。厳しい環境やでこぼこ道で走ることに優れているロバは、気候が乾燥しているウイグルの農民たちに好まれる家畜だ。ロバは嫌いな相手から指示をされたら反抗的な態度を示す一方、信頼している人間にはよくなつくとされる。
◎表紙（前）二〇一〇年十二月、クチャ（中国語、庫車市）で撮影。屋根で遠方を眺めているウイグル女性。習近平政権になってから、多くのウイグル人の男性は強制収容され、家に残された妻や娘たちは、「親戚関係制度」という名目で家に入り込んできた中国人の役員に監視されている。
◎表紙（後）二〇一二年十月、カシュガルの象徴的な寺院エイティガールモスクの隣の町で撮影。ウイグルの伝統文化が軽視されている中国で、ウイグルの伝統的な町は次々と壊され、このようなウイグル風の町は消えつつある。
◎目次（四〜五頁）二〇一〇年十二月、バインゴリン・モンゴル自治州チャルチャン（中国語、且末）の砂漠で撮影。一九八〇年代以降、タクラマカン砂漠の中で石油が発見され、中国政府は石油の開発や道路の建設を急いだ。ここも石油開発の関係で作られた町の一つだ。
◎目次（六〜七頁）二〇一二年七月、かつて著者は中国の鉄道会社で働いていたが、この写真はトルファンに近い駅で撮影。新疆ウイグル自治区は常に中国政府による軍事演習や反テロキャンペーンなどの活動が行われ、緊張感の高い地域である。
◎目次（八〜九頁）二〇一二年十月、カシュガルの人民広場で撮影。カシュガル市が設立されて六十周年（一九五二〜二〇一二年）の時期、「祖国万歳、団結万歳」という中国政府のプロパガンダのスローガンが掲げられた。

ロシア
アルタイ
ジュンガル盆地
カラマイ
モンゴル国
ウルムチ
山
脈
トルファン盆地
クチャ
トルファン
クムル(ハミ)
内モンゴル自治区
コルラ
ロプノール
グル自治区
キスタン
甘粛省
盆地
カン砂漠
青海省
ニヤ(民豊)
チベット自治区

東トルキスタン地図
タルバガタイ(塔城)
カザフスタン
グルジャ(イーニン)
天
山
キルギス
アクス
ウズベキスタン
新
疆
ウ
イ
東
ト
ル
カシュガル
タ
リ
ム
タジキスタン
ヤルカンド
タ
ク
ラ
マ
パミール高原
ホータン
ケリヤ
(于田)
アフガニスタン
インド
パキスタン

1911年	新軍の革命党が武昌占領、辛亥革命が始動
1912年	中華民国政府樹立、「五族共和」論提起
1912年以降	漢人軍閥が東トルキスタンを統治
1919年	孫文が国民党を結党、「五族共和」を批判、「五族融和」を提唱
1921年	9か国条約、中国共産党が成立
1922年	「中共第2次全国大会決議案」で中華連邦共和国の樹立を宣言
1924年	国民党第1次全国代表大会で「各民族の自由連合の民国の組織」に言及
1929年	国民党第3回全国代表大会で各民族が「国族」になることを提唱
1931年	「中華ソビエト共和国憲法大綱」で少数民族の自決と連邦制の導入を提唱
1933年	東トルキスタン・イスラム共和国が成立（第1次東トルキスタン共和国）
1944年	東トルキスタン共和国成立（第2次東トルキスタン共和国）
1945年	ヤルタ密約でモンゴルの現状維持を合意
1946年	「新疆省連合政府」が発足
1947年	内モンゴル自治区が成立
1949年	東トルキスタン共和国の首脳らの搭乗機が墜落（8月）、セイプディン・エズィズィが中国人民政治協商会議に参加し中国への合流を表明（9月）、中華人民共和国が成立（10月）、人民解放軍が東トルキスタンに侵攻（11月）
1954年	「新疆生産建設兵団」が成立
1955年	「新疆ウイグル自治区」が成立
1962年	ウイグル自治区のカザフ人やウイグル人6万以上ソ連に越境
1964-96年	中国政府が46回に及ぶ核実験をロプノールで実施
1966-76年	文化大革命がウイグル自治区に波及
1984年	「民族区域自治法」発効
1988年以降	タリム盆地で油田が発見
1990年	アクト県バレン郷事件（4月）
1997年	グルジャ事件（2月）
2000年	西部大開発を提起、ウイグル自治区で「中国化」「漢化」が進展
2001年	上海協力機構設立、「テロリズムなどに関する上海公約」に調印
2002年	中国が東トルキスタン・イスラム運動をテロ組織と認定、アメリカも続いて認定
2003年	中国政府が「新疆」の4組織をテロ組織と認定
2009年	ウルムチ事件（7月）
2016年	陳全国がウイグル自治区党書記に就任、大規模な強制収容施設を建設
2018年	国連人種差別撤廃委員会で100万人単位のウイグル人強制収容問題が議論
2019年	ウイグル弾圧の実態が記された共産党の内部文書が流出
2020年	トランプ米前大統領が中国当局者に制裁を科す「ウイグル人権法案」に署名（6月）
2021年	アメリカ政府が中国のウイグル政策をジェノサイドと認定（1月）、バイデン米大統領が「ウイグル強制労働防止法案」に署名（12月）、馬興瑞が陳全国に代わってウイグル自治区のトップに就任（12月）

ウイグル関連年表

西暦年	ウイグル関連事項
前3世紀頃	北方の遊牧民族匈奴と中国の秦が統一国家を樹立
前210年頃	秦が農民反乱で崩壊、西漢が成立
前200年	白登の囲みで匈奴の莫頓単于が漢の劉邦を撃破
前139年	漢の武帝が張騫を西域に派遣
前54年	匈奴が東西に分裂
48年	匈奴が南北に分裂
552年	突厥汗国樹立
580年代	突厥が東西に分離
581-618年	中国が隋によって統一
618-907年	中国が唐によって統一
630年	東突厥が唐に降伏
657年	西突厥が唐により滅亡
682年	東突厥が唐から独立
744年	ウイグル汗国が樹立
751年	アラブ軍ダラス河畔で唐軍を撃破
840年	ウイグル汗国が滅亡。後に天山ウイグル王国、カラハン王国、甘州ウイグル王国樹立
13世紀初め	西遼が東トルキスタンを統治
1211年	天山ウイグル王国がチンギス・ハンに帰順
13世紀以降	東トルキスタンがチャガタイ汗国の属領に
1260年	フビライ・ハン、モンゴル帝国に大汗に即位、民衆を蒙古、色目、漢、南人に区別
14世紀	チャガタイ汗国の後裔がイスラム受容
1514年	スルターン・サイード・ハンがヤルカンド汗国を樹立
1644年	満洲人が入関、中国支配を開始
1662年	清の「藩部」を管理する理藩院が6部と同格に昇格
1679年	ジュンガル、ヤルカンドを征服、翌年ヤルカンド汗国は滅亡
1755年	清朝がジュンガルを征服
1759年	清朝が東トルキスタンを征服
1762年	イリ将軍を派遣
1864年	クチャムスリム蜂起、清朝の東トルキスタン支配崩壊
1865年	ヤクブ・ベグ王国樹立
1871-81年	帝政ロシアがイリ占領
1878年	ヤクブ・ベグ王国滅亡
1884年	清朝が東トルキスタンに「新疆省」設置
1894年	孫文がハワイで興中会を結成、「満洲人を駆除、中華を回復」
1905年	孫文が東京で同盟会を設立

人名索引（五十音順）

あ行

か行

さ行

た行

は行

ま行

や行

ら行

地名・事項索引（五十音順）

あ行

か行

さ行

た行

な行

は行

ま行

や行

ら行

著者プロフィール

サウト・モハメド（Sawut Muhammad）。1977年、東トルキスタン（新疆ウイグル自治区）のウルムチ生まれ。中国で学業を終えた後、ウルムチの国営鉄道会社に勤務、2009年にウルムチ事件を経験し、出国を決心。2016年に来日した。徳島大学総合科学部研究生を経て、2021年、徳島大学大学院修了（修士）。その後、日本ウイグル協会に勤め、現在、理事。日本を中心にウイグル人の人権活動、異文化交流などに取り組んでいる。KENJI YAGI『ウイグルからの手紙』に寄稿。

ウイグル人と民族自決　全体主義体制下の民族浄化

令和4年（2022年）10月01日　第1刷発行
令和4年（2022年）11月18日　第2刷発行

著者　サウト・モハメド
発行者　川端幸夫
発行　集広舎
〒812-0035 福岡市博多区中呉服町5-23
TEL：092（271）3767　FAX：092（272）2946
https://shukousha.com/

造本・装幀　玉川祐治（studio katati）
印刷・製本　大村印刷株式会社

ISBN 978-4-86735-035-5 C0031